Udo Houben

flüchtig und doch

Gedichte

Fotografien vom Autor

LICHTpunkte Band 144

LICHTpunkte

TRIGA
Der Verlag

Bibliografische Information der Deutschen Nationalbibliothek
Die Deutsche Nationalbibliothek verzeichnet diese Publikation in der Deutschen Nationalbibliografie; detaillierte bibliografische Daten sind im Internet über http://dnb.d-nb.de abrufbar.

1. Auflage 2021

Herstellung: TRIGA – Der Verlag UG (haftungsbeschränkt), GF: Christina Schmitt
Leipziger Straße 2, 63571 Gelnhausen-Roth
www.triga-der-verlag.de, E-Mail: triga@triga-der-verlag.de

Fotos: Udo Houben

Druck: Druckservice Spengler, 63486 Bruchköbel
Printed in Germany

ISBN 978-3-95828-283-4

Udo Houben

flüchtig und doch

Gedichte

»Eine fertige Weltanschauung verträgt keine Dichtung.«

Robert Musil

lebensspanne

in die freiheit bist du geworfen
du erkennst sie nicht
noch nicht
mach dich auf den weg
erhasche einen zipfel von ihr
du kannst ihr nicht entgehen

ohne kompass

er machte sich auf den weg
die zukunft zu (er)finden
er musste umkehren
hatte er doch vergessen
hut und mantel anzuziehen
die verschmutzten schuhe
wirbelten staub auf

regenschein

nirgendwo ist hier
kommst du an
leg eine pause ein
bevor du fragst

höhle: ans licht

wer hat sie gefesselt
an schenkeln und hals
wer hinderte sie daran
den kopf herumzubewegen

wo waren sie
bevor sie in die höhle
verbannt wurden

befreit von den fesseln
traten sie ans tageslicht
sie waren nicht blind

man wollte sie daran hindern
zu erkennen
sie erkannten
dies war ihr glück

ein gelber herrscher verneigt sich nicht

die kameras auf den straßen und plätzen
schützen den menschen vor torheiten
sie weisen ihnen den rechten pfad

die unfreiheit aller ist nun die freiheit aller
im land der verbotenen stadt
»ich wage zu fragen

*was der grund für all das ist« **

* Zhuangzi (365-290 v. Chr.)

niemand

ich schaute mich um
kein zweiter in der nähe
ich hatte mich übersehen

im zenit

niedergestreckt lag mein
schatten auf dem heißen asphalt
gleißend das sonnenlicht

ich reichte ihm beide hände

und zog ihn zu mir heran
der schatten verließ mich
als die sonne über mir stand

alles fließt

aus delphi zu den flüssen
hölderlin am neckar
celan an der seine
mayröcker an der donau

ihre orakel geben dem menschen rätsel auf
rätselhaft verborgen ihr vogelflug
er nähert sich ihnen
noch ohne zweifel

mittagspause

plötzlich die stille
kein windhauch
bäume und blumen
bewegen sich nicht
fernes wetterleuchten
tief hängen die wolken
ohne sonnenlicht
der donner überrascht
stark fällt der regen
die natur hält den atem an
und trinkt sich satt

abendstille

sanft ging der abend über in die nacht
die rosenhecke versteckte den tag
der mond streute helles licht zur erde
fledermäuse flogen unter ihm her

tanz der ameise auf einem luftballon

sie kann nicht fallen
sie kann nicht steigen
sie rennt zum anfang ohne ende
sie rennt zum ende ohne anfang
groß ist das ganze
unfassbar die grenze

ohne vergleich

betrachte die blume
lass sie blühen
sie ist um ihrer selbst willen schön
verschone sie mit bildern
aus einer ihr unbekannten welt

camelia

knospenfülle
blütenpracht
äste beugen sich
schönheit wird zur last
insekten laben sich
im roten grund

flügeltanz im garten

hellsichtig ihre flügel
schwebt die libelle
durch den blumengarten

fliegt lautlos dahin

am ohr fliegt sie vorbei
die stille in den flügeln
hört mein ohr

glasperle

ein wassertropfen fiel
aufs fensterglas von
einem blatt verweht

der sonnenstrahl erfasste ihn
und ließ den tropfen glänzen
perlengleich

partitur

ein klangteppich wehte durch die luft
regen fiel auf büsche und bäume
wie mag ein regentropfen klingen
den ich mit der hand zu fangen suche
bevor er platzt

drei pappeln im bruch

hoch gewachsen
wohl hundert jahre alt
stehen sie am wegesrand
die mittagssonne fällt
durchs bunte astwerk
goldgelbe blätter segeln herab
eins landet auf meinem haar
ich schaute hinauf
ich winkte zurück
es ist herbst

siesta am niederrhein

von licht und hitze geschwächt
flimmerte der wind über meine haut
die härchen legten sich flach

allein | er wartet

bevor der nebel aufstieg
saß er schon am ufer des flusses
er träumte flussaufwärts
er träumte flussabwärts
die angel bog sich
er zog die leine an
sachte löste er den fisch vom haken
der fluss nahm ihn wieder auf
die morgenröte erhellte sein gesicht
vogelgezwitscher störte nicht

lebender torso

ein baumstumpf grau
und alt geworden
hockt am straßenrand
geduldig sein vergehen

doch was geschah im frühjahr
unverhofft und leise
wuchsen ahorntriebe
jung und kraftvoll

der autofahrer staunte
wendete sein auto
und bewunderte das frische grün
am straßenrand

hochzeitsflug

zwei zitronenfalter tanzen synchron
im bunten blumengarten
schweben auf und nieder
sie fliegen in den schmetterlingsstrauch
herrlich duften die gelbweißen rosen
leise schließe ich das gartentor

lichteinfall

mit sonnenlicht gefüllt wiegen sich
rotgelbe tulpen im abendwind
kleine lampions vor einbruch der nacht

vorüberziehend

eine graue wolke zieht vorüber
verdeckt die weiße wolke am blauen himmel
leichter regen nieselt bis die sonne
die graue wolke zu sich nimmt

song

so sieht
also der tod aus
sagte der gaffer

was geschieht
wenn er klingelt
und ich nicht
zu hause bin

er kennt die straße
auf der du
unterwegs bist

ganga ma

ach mein schönes indien
seufzte mutter ganga
sie weinte bitterlich und ist untröstlich

du gehst in meinen fluss
reinigst dich von den zehn sünden
und erbittest dir wiedergeburt

du bist eitel und selbstsüchtig
du hörst nicht meine klagen
taub sind deine ohren
geblendet deine augen

du siehst den virus nicht
du glaubst
was man nicht sieht gibt es nicht

öffne deine sinne
mein schönes indien
damit du begreifst und handelst

ich kann dir nicht helfen
es ist deine aufgabe
zu heilen und zu retten

als ganga ma habe ich dich geboren
dich in die welt gesetzt
reinige den heiligen fluss

sein unrat stinkt zum himmel

corona ist unterwegs

stumm stehen sie am grab
keine berührung
keine blumenkränze
die maske trocknete die tränen
die augen sind gerötet
stumm verlassen sie den friedhof

so heißt es

der tod

ein »meister aus deutschland«
wurde des landes verwiesen
unter falschem namen
bekam er
in einigen ländern asyl
ständig auf der flucht

der meister

zweite klasse

die sirene ertönte
fliegeralarm
wir stellten uns auf
in zweierreihen
geschlossen gingen wir zum bunker
zügig und schweigend
1000 m von der schule entfernt
erwachsene hockten auf ihren koffern
die bomben fielen
das licht ging an und aus
die lampen wackelten
still war es im bunker

bis eine stimme rief
ihr könnt wieder nach draußen
wir stellten uns auf
in zweierreihen
geschlossen gingen wir zur schule
1000 m vom bunker entfernt –
über der innenstadt
hingen schwarze rauchwolken
in der schule übten wir
schönschreiben
der rektor zeigte sein
rohrstöckchen

wer schneller ist

sie starten
die motoren heulen auf
sie geben gas
den fuß nehmen sie nicht vom pedal
sie rasen durch die innenstadt
bäume traten nicht zur seite
es krachte
der tod war schneller
(keiner hatte es ihnen gesagt)

stille in der innenstadt
morgen ein neuer tag

am sterbebett

für ihn

ich näherte mich
hörte seinen atem

mit offenem mund
atmete er ein
atmete er aus

nur wenig heben und senken
sich brust und bauch

sekunden vergingen
einatmen
ausatmen

ich beuge mich über
seinen mund
kein hauch auf seinen lippen

sein mund hielt
fest den atem
er wendete ihn nicht

antierzählung

trockenen fußes ging die frau
durch das rote meer
das rettende ufer hieß
auschwitz-birkenau
der rabbi irrte
jahwe war nicht zu haus'
*die frau »hat ein grab in den lüften«**

*aus: P. Celan, Todesfuge

tiefe

gedichte sind quellwasser
hell und klar
schaust du ihren grund
übersteigen sie dein wissen

ins geschlossene

für Friedrich Hölderlin

die natur
die du liebtest
deren geist du
in dir trugst
diese natur
nahm dir die sehnsucht
über dich
hinauszugehen
diese natur
verwirrte deinen geist
den du in dir trugst
und ließ dich allein –
nun ein hohles gefäß

wo ist das eigene

emma *

in schöner nacktheit schreitet sie
(fast unwirklich) die treppe herab
wo geht sie hin
zu peter paul rubens
was will sie dort
sie will ihm sagen
dass frauen nicht nur körper sind
er muss sehen lernen und
ihren geist entdecken

* Zeichnung von Gerhard Richter

von geistern und dämonen

zwischen reclamheftchen
steht der kleine martin luther
in playmobilformat aus st. jacobi
in der linken hand die bibel
in der rechten eine feder

schreiben kann er gut
aber auch schimpfen und rülpsen
zur buße geht er auf die wartburg
und wirft tintenfässchen an die wand
und tötet seine quälgeister

verklammert im zettelraum

für Friederike Mayröcker

das grimmsche wörterbuch ist geleert
wörter hängen liegen im raum
orientierungslos im spinnennetz
einige wörter haben sich befreit

worte nisten sich ein in ihre ohren
ihre finger tasten nach dem einen wort
ihre augen formen inwendig
zeilen in spröder syntax

ein feiner spott umspielt ihre lippen
bald wird sie aufschauen
und den ersten vers singen

»alle schönen dinge
gebe ich an dich weiter«
pythia gab wieder rätsel auf

j. b. = 100

er nahm einen kräftigen schluck
aus seiner honigpumpe
gut gelaunt und rheinisch fromm
zog er hinaus in die böse welt
seine jünger folgten ihm

doch sie nahm ihn nicht auf
so nahm er den hut den pilgerstab
und floh in die neue welt
nur ein kojote folgte ihm
und vetraute sich ihm an

hohe kunst

du stehst am fluss
du stehst am ufer des meeres
du stehst auf dem gipfel des berges
über dir der himmel
nicht immer blau und wolkenlos

du erwartest hoffst und
drängst auf inspiration
edle einfalt stille größe

zwing nicht den geist
zwing nicht die natur
dir zu geben
was nicht aus dir

waldweg

an einer erle im wald
hing ein zettel mit dem satz
›sinn gesucht | nicht gefunden‹

die erle wunderte sich
ist der stamm nicht eine stütze
bin ich dir nicht sinn genug

goldmarie

für Amanda Gorman

sonnengelb ihr festtagskleid
anmutig schön
präsentierte sie dem neuen herrn
ein loblied in der muttersprache
eine hymne voller stolz
unvergleichlich groß das land

mit poesie und macht bekränzt

schwungvoll tanzten ihre finger
zu vertrauten schönen worten
hin und her auf und nieder
das fingerballett verbeugte sich
(oder waren es marionetten)
wörter segelten dahin

ausgeführt

das gebot lautete
macht euch die erde untertan
der mensch gehorchte und

machte sich die erde untertan
zurück blieb ein schwarzes loch
unterm sternenzelt

brüderchen und schwesterchen

der junge stand am brunnen
das wasser unsichtbar
abgrundtief der brunnen
der junge erschauderte nicht
lange schaute er den abgrund

bis der abgrund ihn erblickte
und zu seiner rettung rief:
die schwärze ist dir noch verborgen
noch ist deine jugend wolkenlos
tritt zurück und geh

das leben erwartet dich

ohne zögern

*»gott kam im walfisch über ihn«**
der sturm hatte sich gelegt
das meer sich beruhigt
jona verließ den walfisch und

ging zielstrebig an land

er schüttelte den schleim von den füßen
gott blieb im bauch des fisches
und segelte mit ihm um kap hoorn
das wasser hinterließ keine spuren

*Herman Melville, Moby Dick

junger mythos

die erste schöpfung wurde ertränkt
sie ging zugrunde
einige menschen wurden errettet
und lebten wie zuvor

die zweite schöpfung dümpelt dahin
sie trocknet aus
vögel gibt es nicht mehr
zweige sind verdorrt

eine arche muss nicht gebaut werden
eine dritte schöpfung hat sich erledigt
sie gibt es nicht

menschenleer

ekstase

sie tanzen und singen
gemeinsam im kreis
um götter in tierischer gestalt
golden das kalb
weiß das lamm *
verzückt entrückt hand in hand
bis sie in trance niederfallen
zu ehren der götter
in tierischer gestalt

* van Eyck,
Die Anbetung des Lamm Gottes (1432)

gläubiges staunen

lazarus kehrte ins leben zurück
und wie war's
wurde er gefragt
keine ahnung antwortete er
ich habe den tod verschlafen

unterwegs nach emmaus *

zu fragen ist
zu dritt gingen sie den sandigen weg
einer berührte seine schulter
er schaute sie nicht an
sie erkannten ihn
doch der wind wehte
sand in ihre augen
weiß das sonnenlicht

* Bild von Janet Brooks Gerloff

rabbi schmuel

wenn gott fenster hätte
hätte man ihm schon lange
längst die scheiben eingeschlagen
erzählte rabbi schmuel

die fenster waren aus panzerglas
das wusste der rabbi nicht

so döst jahwe vor sich hin
er bohrt in seiner nase
murmelte rabbi schmuel

anmaßend trotzig
höhnte er – gläubig

auf den marktplätzen

bevor paul nach athen reiste
besuchte er frankfurt und berlin
seine worte verhallten
seine briefe wurden nicht gelesen
in athen war der stein mit der aufschrift
›einem unbekannten gott‹
für den straßenbau zerbröselt worden
ernüchtert zog paul sich zurück
man hat ihn nicht mehr gesehen

translater babelfisch

der turmbau zu babel wurde fortgesetzt
der fluch der vielsprachigkeit ist beendet
mit einem knopf im ohr verstand
ein jeder ihn in seiner muttersprache

ob die menschen nach fertigstellung
den himmel offen sahen und wie g'tt wurden
(den sie übrigens nicht kennen)
wurde noch nicht überliefert

schriftgelehrte ringen um worte

»Babelfisch« – eine Figur aus dem Roman
»Per Anhalter durch die Galaxis«,
vom Schriftsteller Douglas Adams

palimpsest

das sind heilige worte
sie irren sich nicht
es sei denn
der autor hat sie gefälscht

herrenhäuser

synagoge kirche moschee
drei häuser des herrn
entscheide dich nicht
und halte abstand
um des friedens willen

sand in den schuhen

elija und jesus trafen sich
am rand der leeren wüste
warum schweigt dein vater
ich meine nicht den tischler

ich weiß es nicht bekam er zu antwort
am kreuz werde ich ihn nochmals rufen
schweigt er auch dann
bin ich tot

armer kerl murmelte elija
wind kam auf und wehte ihnen
scharfen sand in die ohren

erste zähnchen

maria verlor die nerven
ihr sohn quengelte
er schrie
er ließ sich nicht beruhigen
sie legte ihn übers knie
sie gab ihm einen klaps
auf den hintern *
der junge schwieg sogleich
und schaute seine mama
schelmisch an
ihr wurde warm ums herz

* Max Ernst,
Die Jungfrau züchtigt das Jesuskind vor drei Zeugen

noch ist es nacht

ich denke gedanken
ohne nachzudenken
nimm dich in acht

ich begriff dass ich nicht
dahinterschauen konnte
ich trat zur seite

o ja

du bist habgierig
schon wieder willst du
einen kuss von mir
kannst du nicht warten
bis meine lippen erröten

vorsorglich

unmerklich zittern
ihre weichen lippen
die lippen verweigern
den ersten kuss
er sehnt sich nach
verbotener nähe

ungleichzeitig

die frau (fertig erzogen)
sah aus dem fenster
ihr mann spielte mit kindern fußball
er scherzte und lachte
ja ja das kind im manne
seufzte sie und murmelte

es gibt viel zu tun

frage mit blume

er kniete vor seiner braut
mit einer blume in der hand
er fragte sie
willst du mich heiraten

sie stutzte
warum stehst du nicht auf
und küsst mich
dann weißt du es

drehtür

rein und raus
das kind dreht die tür
stemmt sie
vor und vor
immer draußen
immer drinnen
es lacht
es juchzt
sein vater sieht es
mit vergnügen
rein und raus

in der dämmerung

sie vefluchte den mann
und seine rippe
die sie hörig machte
sie verließ den garten
er blieb gebeugt zurück

sieht gut aus

eng schmiegt sich die jeanshose
um beine hüfte und po
wie ein stützstrumpf hält
die hose den aufrechten gang
sie rundet und gibt form
es wäre doch sehr schade
wenn es nicht gesehen würde

selbstbewusst

die muslima trug ihr haar
unter einem schwarzen tuch
als er sie aufforderte
zeig es mir
zog sie eine perücke
(tiefschwarz glänzend)
aus der einkaufstasche
ihre augen funkelten –
amüsiert

erhaben

unsichtbar ist die zeit
sie flieht dahin
sie bleibt stehen
sie schaut sich um
sie vergeht und ist da
und nicht zu fassen
metaphernschön tickt
die uhr von der wand
unsichtbar ist die zeit

schwingungen

ein sisyphos der moderne ist der poet
ein trampolinhüpfer der morgenröte
er springt und springt und

berührt den schweif des kometen
die erdenschwere hält ihn zurück
bevor er seinen träumen entflieht

licht und schatten

er trat ans licht
die schatten waren verschwunden
er machte sich auf den weg
er schaute nicht zurück
was er suchte
war unbekannt
er ließ nicht locker
die frage blieb
doch w e l c h e

wanderers taglied

gedichte sind auf wanderschaft
im rucksack tanzen sie
im rhythmus des wanderers
verse und reime lösen sich ab

er legte eine pause ein
er griff in den rucksack
die gedichte wollte er auswendig lernen
für die abendliche lesung

doch sie hatten sich verkrümelt

sonnenfeld

halt an
sieh doch
dort hinten auf dem feld
hat sich die sonne niedergelassen
fahr hin
bitte
wir fuhren hin
leuchtend gelb strahlte das
rapsfeld in der mittagsstunde

es wurde still im land

er zog sich zurück
immer mehr zog er sich zurück
das eigene blieb ihm noch
das schneckenhaus explodierte

blinde sehen lahme gehen
ihn übergab man dem
vergessen –
schweigen

missverständnis

das was ihr nun schwarz auf weiß besitzt
sagte der lehrer zu seinen schülern
könnt ihr getrost nach hause tragen

sie trugen es nach hause sie falteten flieger
handfest und biegsam das papier
unbedeutend was geschrieben stand

gesang der musen

der leser sprang ins meer der metaphern
er holte luft tauchte unter
tauchte wieder auf
die augen hielt er geschlossen
seine ohren hörten unbekanntes rauschen
er sprang aus dem wasser
er entschied sich
das schwimmabzeichen zu machen
bevor er wieder in das meer
der metaphern sprang

ungelöste frage

eilig fuhr ich nach hause
ich memorierte das gedicht
bis zu seiner niederschrift

als ich es niederschrieb
fehlte der letzte vers
die konzentrierte autofahrt
hatte ihn vergessen –

der torso schwieg

blick auf den neckar

auf dem weg zu den göttern
nahm er viele strapazen auf sich
krank und ermattet kehrte er heim
er musste einsehen
(wider seinen willen)
dass die götter kein interesse
am menschen hatten
er schloss sich ein
und blieb allein

konzentrat

das gedicht ist
knapp und präzise
wäre der dichter ein bildhauer
blieb vom baumstamm nur
eine scheibe übrig

marionettentheater

die marionetten zerschnitten die fäden
sie wollten keine hampelmänner sein
freudig trunken torkelten sie über die bühne
riefen tanzten und sangen
|: *wir sind frei* :|
|: *wir sind frei* :|
verwirrt suchten sie nach dem ausgang
orientierungslos riefen sie um hilfe
verknotet wurden die losen fäden –
es herrschte wieder ruhe auf der bühne

icheinsamkeit

gemeinsam allein sein

deine erfahrung werde ich nie erfahren
du: der ganz andere

meine erfahrung wirst du nie erfahren
ich: der ganz andere

unaufhebbar unser anderssein

was bleibt

der mönch am meer wo schaut er hin
schweigend vor der grenzenlose leere

der schrei reißt auf den mund
verzerrt das gesicht verschlingt sich selbst

die treppe führt hinauf ins nirgendwo
der mensch verschwand im abendrot

die kerze verbrannte die leere
die der mensch zurückgelassen

pendel

die sprache sagt
dies ist
diesseits

die sprache sagt
dies ist
jenseits

das wort ist eine amphibie
es schwimmt im becken

zwischen
diesseits und jenseits
hin und her

was ist wenn
die sprache schweigt

von bösen mächten oder verschwörungsgläubige

von dunklen mächten schrill umgeben
heimatlos und sehr verwundbar
wir können diese tage gar nicht leben
geht doch corona schon ins zweite jahr

warum musst' das alte jahr uns quälen
leid und tod sind eine schwere last
böse mächte bedrängen unsere seelen
wer bist du der du dies geschaffen hast

wer reicht den virenkelch den bitteren
gefüllt mit mutanten bis an den höchsten rand
wir weigern uns die hände zittern
unsichtbare viren aus dem fernen land

drachen wollen keine freude schenken
sie wollen herrschen ohne sonnenglanz
wir wollen an die gegenwart nur denken
uns gehört das leben gar und ganz

antisemiten erneut entflammen
unerklärliches hat die welt gebracht
tumb halten sie zusammen
lieben sie doch die dunkelheit der nacht

wenn sich die stille in der klinik breitet
zu hören nur der röchelnde klang
die kranke welt unsichtbar sich weitet
der tod erhebt den triumphgesang

von bösen mächten heillos verdorben
wehren sie sich was auch kommen mag
die mythen schwirren schon am morgen
und enden nicht am nachmitttag

unsichtbar

corona streift sanft umher
entschleunigt hilft der mensch
dem nachbarn
mehr sein
weniger haben

frauenpower

judith trug den kopf des holofernes
(sie war schön von gestalt)
in einem sack in die nahe stadt

salome trug den kopf des johannes
(die mutter gab ihr den tipp)
auf einem goldtablett nach hause

gab es für die ersten feministinnen
keine andere möglichkeit
sich der männer zu entledigen

bei tagesanbruch

frühmorgens auf dem rasen
tau treten und die zehen strecken
(fkk für zwei füße mit
rosarot lackierten nägeln)

flügeltanz im garten

hellsichtig ihre flügel
schwebt die libelle
durch den blumengarten

fliegt lautlos dahin

am ohr fliegt sie vorbei
die stille in den flügeln
hört mein ohr

rotkehlchen

es sitzt auf dem gartenzaun
und äugt
es fliegt ins apfelbäumchen
und äugt
es fliegt aufs blumenbeet
frisch gelockert duftet die erde
es lässt mich nicht aus den augen
seine äuglein blitzen wie zwei perlen
ich beuge mich vor
es fliegt davon

neuzeitlicher vorgarten

geschreddert und abgetragen faulen
gras und blumen auf der deponie
auf fruchtbaren boden wurde
ausgeschüttet grauweißer schotter

jegliches leben ist dauerhaft gesteinigt

vereinsamt steht am rand die birke
verkrochen hat sich der regenwurm
spinnen weben keine netze
vögel ziehen vorbei

siehst du

schon immer fließe ich
von der quelle zur mündung
wild und gelassen
warum willst du
mich mit namen rufen
stell dich ans ufer
und schau mir nach
ich fließe dahin
und du weißt
wer ich bin

rheinaue

geduldig steht der reiher
das wasser leicht gekräuselt
bunte herbstblätter segeln vorüber
kaum merklich wechselt der reiher das bein
die sonne zieht sich zurück
nebel steigt auf
der reiher wird unsichtbar
es wird kühl

naturschönheit

regenschauer ziehen gen norden
die sonne glänzt im abendrot
hell steigt auf der regenbogen
noch halb verborgen hinter einer Birke
prächtig leuchten seine farben
sobald der halbkreis sich vollendet hat

windgespür

du spürst den wind
er fasst dich an
du siehst ihn nicht
du beugst dich vor
er weht dahin

der fischer und sein storch

ruhig gleitet das boot dahin
stolz steht der storch am bug
erwartungsvoll schaut er nach dem fischer
der in der früh fische gefangen hatte
der fischer wirft sie ihm zu
gesättigt steigt der storch in die höhe
umfliegt den fischer und
kehrt zurück ins nest im dorf –
verträumt schaut der fischer ihm nach

ende juni

glühwürmchen tanzen zauberhaft
durch die warmen sommernächte
die männchen leuchten auf

ihr licht bezirzt die weibchen
das weibchen legt die eier in die erde
noch in derselben nacht sind beide tot

sie lebten für die liebe
die lichter sind erloschen

»Eigne dich dir an« (Seneca)

X

schon dreihzehn jahre alt

ohne zu fragen
nahm ich mich
an die hand

an der
kreuzung
verließ ich mich

unnütz

was soll diese fragerei
ich lebe jetzt
ich brauche keine erinnerungen
morgen werde ich wissen
ob es sinnvoll war

rotzfrech

ich bin nicht jemand anders
rief der junge
spuckte auf die straße
bohrte in der nase
und lief mit löchern in der hose
ich bin ich
schreibt es euch hinter
beide ohren

luftige höhe

das kind warf zahlen in die luft
fing buchstaben auf
und schrieb den ersten satz:

ich bin da

wohlgeruch

öffne das märchenbuch
es erzählt geheimnisvolle welten
berühr mit deiner nase vergilbte blätter

märchenduft steigt auf
folge brüderchen und schwesterchen
noch einmal
dann nimmer mehr

gemeinsam

ich geh mit meiner laterne
die laterne geht mit mir
die kerze ist erloschen

ich hänge an meinem handy
das handy hängt an mir
das display leuchtete grün

ich will endlich reden
niemand redet mit mir
ich nur mit mir

in der dämmerung

jungen spielten auf der straße
geht die laterne an
kommt ihr nach haus'
gemeinsam traten sie
gegen die laterne
das licht ging aus
sie kicherten und lachten
sie gingen nicht nach haus'

natürlich

die kälte fror
das kind stellte eine weiße kerze
auf die fensterbank

es hatte mitleid

die kälte zauberte weiße sterne
ans fensterglas
das kind hauchte beglückt

schlittenfahrt

sonniger kalter wintertag zehn grad unter null
mit einem schlitten zogen die fünf brüder in die
niederrheinische höhenlandschaft
die jüngsten saßen auf dem schlitten

sechs kilometer hin
frohgelaunt und warme socken an den füßen
sechs kilometer zurück
müde schweigsam die füße nass und kalt

die rinne in der endmoräne war schneebedeckt
und bald spiegelglatt gefahren
voll beladen zu zweit zu dritt
verwegen auch zu viert ging es bergab
die eisrinne hielt (nur viel zu kurz)
stürze wurden inszeniert und bejubelt
schürfwunden brachten sie als trophäen mit

die eltern wunderten sich nicht
über die wilde rasselbande
eine heiße rinderbrühe wärmte sie
bevor sie erschöpft in die betten fielen

ein punkt verlässt den kreis

kein punkt darf den kreis verlassen
tut er es dennoch
wird der kreis zu einem torso
er verliert seine vollkommenheit
orientierungslos torkelt der punkt dahin
und zieht die anderen mit

Inhaltsverzeichnis

Mandy Domke

Eternal Trust: Choose Your Fate

VOL. 1

FSC
www.fsc.org
MIX
Papier aus verantwortungsvollen Quellen
Paper from responsible sources
FSC® C105338

Impressum

ETERNAL TRUST: CHOOSE YOUR FATE VOL. 1

Ursprüngliche Fassung unter dem Titel: One of Us: Das Erwachen
Autor: Mandy Domke

1. Auflage

c/o IP-Management #24614
Ludwig-Erhard-Str. 18
20459 Hamburg

Covergestaltung: © zakinaputri, © Mandy Domke
Illustrationen: © zakinaputri, © vudinhlan
Lektorat: © Lisa Kanigowski, Kismetbooks
Korrektorat: © Julie Roth, Kismetbooks
Buchsatz: © Stefanie Scheurich

Taschenbuch-ISBN: 978-3-7579-9814-1

Herstellung und Druck über tolino media GmbH & Co. KG,
Albrechtstr. 14, 80636 München. Printed in Germany.
Fragen zu Produktsicherheit an: gpsr@tolino.media.

CONTENTWARNUNG

Die Welt in »Eternal Trust« ist düster und birgt für Subjekte unzählige Gefahren. Gerade durch die brutale und effiziente Umsetzung der Hetzpropaganda enthält dieses Buch potenzielle Triggerwarnungen.

Bei manchen lösen diese Themen negative Empfindungen und Erinnerungen aus. Daher findest du am Ende des Buches eine Liste mit sensiblen Inhalten.

ETERNAL TRUST

1

Choose your Fate

Mandy Domke

INHALTSVERZEICHNIS

GLOSSAR

Subjekt Menschen mit einzigartigen Fähigkeiten. Sie erlangen ihre Gabe nicht sofort. Es ist ein schmerzhafter Prozess, der meist gegen Ende der Jugendzeit beobachtet wird. Die Veränderung wird in der Bevölkerung als ein Mahnmal angesehen.

NOS steht für *Nationale und flächenübergreifende Operation der Sicherheit* und ist eine von der Regierung berufene Sondereinheit, die es sich zur Aufgabe gemacht hat, Subjekte zu trainieren, ihre Fähigkeiten zu studieren und Abtrünnige zu töten. Seit ihrer Gründung entstanden weltweit zahlreiche Partnerorganisationen und Bündnisse.

Abtrünnige Subjekte, die sich gegen die Prinzipien von NOS stellen und ein verstecktes Leben unter den Menschen führen. Warnen andere Subjekte davor, NOS bedingungslos zu vertrauen.

Spezialisten Agenten, die bereits im Kindesalter von NOS trainiert werden, Subjekte zu jagen. Sind Meister in Waffenkunde und Nahkampf. In Ausnahmefällen werden sie an die Front gerufen, um das Land zu verteidigen.

Informations-kommando ausgebildete Spezialisten, die im Hintergrund agieren und Subjekte beobachten. Sie sind Teil des Militärs, die eine überwachende Position innehaben.

Schutzgarde neben dem Informationskommando eine Teilstreitkraft des Militärs und NOS unterstellt. Ihre Aufgabe ist die Wahrung der öffentlichen Sicherheit. Die Gardisten halten Abtrünnige auf und verfolgen ihre Verbrechen. Meist arbeiten sie mit der Polizei zusammen und stellen ihre Waffen zur Verfügung. Sie sind in schwarzer Uniform mit Panzerrüstung gekleidet.

Aufseher stellen sicher, dass die Regeln innerhalb der Einrichtung eingehalten werden, und bestrafen diejenigen, die sie brechen. Sind mit vollautomatischen Gewehren ausgestattet.

AUTORITÄT oberste Befehlsmacht von NOS. Nur sehr wenige kennen seine Identität. Sein Wort ist Gesetz. Er sprach sich gegen die Auslöschung der Subjekte aus und will stattdessen ihr Potenzial nutzen, um die Welt zu verbessern.

TOBIAS
Die perfekten Werkzeuge der Regierung

KAPITEL 1

Ich lehne die Stirn gegen das Glas und schließe die Augen. Die Scheibe ist kalt, kühlt eine Hälfte meines erhitzten Gesichts, und doch kann sie meine Gedanken nicht beruhigen.

Ich werde dich niemals allein lassen.

Es sind nur sechs Worte. Ein einfaches Versprechen, das eine grauenhafte Lüge beinhaltet.

Damals, denke ich verbittert und beobachte, wie die Regentropfen unaufhörlich gegen das Autofenster prasseln, *hat es genauso geregnet.*

»Hey«, sagt eine Stimme und als ich den Kopf neige, sehe ich Mason, der mich sorgenvoll mustert. Er hat dichtes dunkelrotes Haar und große rehbraune Augen. Mit einem warmen Lächeln auf den Lippen knufft er mich in die Seite. »Du wirkst abwesend.«

»Mir fehlt nichts«, antworte ich kurz angebunden.

»Komm schon, mir kannst du es sagen«, bleibt er hartnäckig und rückt näher. Seine Stimme wird leiser. »Du denkst an *ihn*, hab ich recht?«

Hitze schießt mir in die Wangen. »Überhaupt nicht!«

»Gib's ruhig zu«, stichelt Mason weiter.

Ich rolle die Akte auf meinem Schoß zusammen und schlage nach ihm, als wäre er eine lästige Fliege. »Jetzt hör schon auf, du Arsch!«

»Jungs!«, ruft Isaac vom Fahrersitz. »Wir sind hier nicht zum Spaß.«

Ich sehe auf die Straße. Mit einhundert Meilen pro Stunde fahren wir über den Highway und folgen dem schwarzen SUV, der von zwei Streifenwagen flankiert wird. Nach ein paar Sekunden senke ich den Blick und betrachte die Mappe in meinen Händen. Mattes Rot mit einem goldenen Schriftzug und darunter ein Löwenkopf über einem Kreuz. Er soll Tapferkeit und Gerechtigkeit verkörpern – er ist das Emblem von NOS.

Unser Auftrag klingt simpel. Sicherstellung des Transports. In dem SUV befindet sich ein Subjekt, Alter und Geschlecht unbekannt. Seine Fähigkeit: Dehydration. Anhand der gesammelten Daten kann es Lebewesen wie Gegenständen mit einer einzigen Berührung das Wasser entziehen. Die Schnelligkeit des Vorgangs wird auf dreißig Sekunden geschätzt, allerdings stand in einer Randnotiz, dass die Kraft sich von äußeren Faktoren beeinflussen lässt. So etwas wie Hitze oder Regen.

»Wir sollten wachsam bleiben«, sage ich an Mason gerichtet.

Dieser schnalzt genervt die Zunge. »Seit wann nimmst du das so ernst?«

»Tobias hat recht«, meint Liam vom Beifahrersitz aus und schaut zu uns auf die Rückbank. Durch sein grau gefärbtes Haar und seine ungewöhnlich helle Augenfarbe wirkt sein Blick übermäßig streng. In den Händen hält er ein Tablet, welches unsere geplante Route und aktuelle Position anzeigt. »Wir erreichen bald Memphis.«

»O Mann, wovor habt ihr eigentlich solchen Schiss, hm?« Mason zeigt auf den SUV. »Wir sind seit Stunden unterwegs und bislang ist nichts passiert. Also macht euch locker, ja?«

Keine Ahnung, woher er die Gelassenheit nimmt, aber ich lehne mich zurück und schaue aus dem Seitenfenster. Über uns schweben mehrere Drohnen, die den Verlauf der Mission aufzeichnen und dabei ein Auge auf uns haben. Sie sind ein wirksames Kontrollinstrument, um sicherzustellen, dass wir die Befehle von NOS ausführen. Für die

Regierung sind wir formbare Waffen, die nach ihrem Willen funktionieren. Nicht mehr. Niemals mehr.

Wir verlassen den Highway und es wird dunkler, bis ich nur noch die Umrisse der Wagen vor uns und deren Bremslichter erkenne. Memphis hat sich verändert. Statt lebendigen Straßen, die in grelle Lichter gehüllt sind, herrscht eine gespenstische Stille. Einst haben hier Tausende von Menschen gewohnt und ein normales Leben geführt. Doch Unsicherheiten, Existenzängste und Panik haben sich wie ein Lauffeuer verbreitet. Innerhalb von wenigen Monaten beherrschte Chaos die Stadt.

Als Isaac den Wagen verlangsamt, huschen meine Augen zu einer Backsteinwand. Sie ist mit Plakaten zugekleistert, die meisten halb heruntergerissen. Dort stehen lauter Dinge, die mir schon bekannt sind, entweder dank der medialen Dauerbeschallung oder weil ich selbst darüber gelesen habe. Warnungen vor den Subjekten und ihre Erkennungsmerkmale. Auf einem Zettel steht ein Appell an die Bevölkerung, an ihre Kinder zu denken. In den Köpfen existiert das wirre Bild einer Krankheit, die vor allem unter Teenagern hochansteckend ist. Ein Heilmittel gibt es nicht. Weder Tabletten noch eine Impfung halten die Symptome auf. Stattdessen kursieren Empfehlungen, wie man sich zu verhalten hat. Abstand halten. Kein Körperkontakt. Ausgangsbeschränkungen. Selbst öffentlich jemanden zu küssen wurde untersagt. Wer sich nicht daran hält, muss mit hohen Bußgeldern rechnen.

Auf einigen der Plakate erkenne ich mehrmals das Gesicht eines Mannes, das in Schatten gehüllt ist. Darunter der Slogan:

NOS ist gut
Die AUTORITÄT beschützt euch

Die Menschen glauben die Parole. Sie haben nichts, was ihnen Hoffnung schenkt, außer den Reden dieses Mannes. Dabei kennen sie nur seine Stimme. Laut den Medien dient das dem Eigenschutz und niemand hinterfragt es. Sie folgen einer unbekannten Persönlichkeit und schöpfen Kraft aus seinen Worten. Ehrlich gesagt halte ich das für ausgesprochen dumm, doch es steht mir nicht zu, zu urteilen.

Der SUV biegt in eine Hauptverkehrsstraße ab und nimmt mir die Sicht auf weitere Plakate. Rechts und links erheben sich dunkle Betonkolosse, die mindestens zwanzig Stockwerke hoch sind. Die Scheiben der unteren Geschäfte sind eingeschlagen oder mit Holzbrettern verriegelt. Auf den Gehwegen sammeln sich Schutt, Verpackungsmüll und zurückgelassene Habseligkeiten.

»Was ist hier eigentlich passiert?«, fragt Mason. Mit beiden Händen stützt er sich an der Kopflehne von Liam ab, um einen besseren Blick aus der Windschutzscheibe zu erhaschen.

»Vor zwei Jahren wurde in Memphis der Ausnahmezustand ausgerufen«, gibt Isaac zurück.

»Soll heißen?«

»Hast du die Berichte nicht gelesen?«, fragt Isaac mit hochgezogener Augenbraue.

Mürrisch lässt Mason sich im Sitz zurückfallen. »Woher hätte ich die Zeit nehmen sollen?«

»Das ist dein Job.«

»Nun sag's mir einfach«, drängt Mason.

»Laut den damaligen Zeugen und Liveübertragungen haben mehrere Subjekte die Kontrolle verloren, sodass sie anfingen, nicht-infizierte Menschen anzugreifen«, erklärt Isaac nüchtern. »NOS wurde gerufen, um die Situation zu klären.«

Liam stößt ein bitteres Raunen aus. »Nicht um zu klären. Sondern um zu töten.«

Mason brummt verständnisvoll. »Und dafür haben sie eine ganze Stadt aufgegeben? Ich halte das für unvorstellbar.«

»Nicht wenn man sich die Lage anschaut«, erwidere ich.

»Was meinst du?«

»Es ist ein Netz«, sage ich, ohne wegzuschauen. »Was glaubst du, wie viele Subjekte würden hier Schutz suchen? Memphis liegt zentral und bietet genügend Versteckmöglichkeiten.«

»Dann ist es Absicht?«, schlussfolgert er.

Ich nicke. »Dass NOS die Route wählt, ist ebenfalls Taktik. Allein im letzten Monat mussten drei Fluchtversuche verhindert werden. Die Schutzgarde hat dabei mindestens zehn Offiziere verloren.«

»Ty.«

Ich sehe hoch und begegne Isaacs warnendem Blick im Rückspiegel. Als Gruppenführer ist es seine Aufgabe, uns unter Kontrolle zu halten. Das schließt nicht nur unsere Fähigkeiten mit ein, sondern auch jegliches Misstrauen gegenüber NOS. Mir ist bewusst, dass Isaac mich schützen möchte, aber manchmal stellt sich mir die Frage, ob er wirklich so naiv ist.

»Ein Moment«, sagt Mason völlig perplex. »Willst du ernsthaft andeuten, dass wir die Strecke fahren, um die Vorfälle zu provozieren? Warum sollte NOS das verantworten?«

Die Antwort ist ganz einfach. »Um uns zu zeigen, wie machtlos wir sind.«

Mason zieht eine Braue hoch. »Ist das nicht total bescheuert? Sie geben Subjekten die Chance, zu fliehen, und nehmen bewusst in Kauf, dass ihre eigenen Männer dabei draufgehen.«

Ich seufze. »Vielleicht dient es zum Training der Schutzgarde.«

»Das ist krank!«, ruft Mason entsetzt von der Vorstellung.

»Mag sein«, sagt Liam gedehnt. »Doch es ist nicht unsere Aufgabe, die Motive von NOS zu hinterfragen.«

Sollte es aber sein. Schließlich trifft Mason einen entscheidenden Punkt. Es ist abwegig, dafür eine gesamte Stadt zu opfern. Für die Regierung und unsere Einrichtung scheint das jedoch ein effektiver Weg zu sein, um mit uns ihr sadistisches Spiel zu spielen.

Leben oder sterben.

Wir haben keine Wahl.

Ich sehe auf das schwarze Metallarmband, welches um mein rechtes Handgelenk gewickelt ist. In regelmäßigen Abständen blinkt es gelb. Ein Zeichen, dass ich NOS als Subjekt diene und im Namen der Regierung bedingungslos ihren Befehlen gehorche.

»Mir gefällt das nicht«, spricht Mason seine Bedenken aus.

»Keine Bange«, sagt Isaac. »Ich bin die Strecke schon tausendmal gefahren. Ich kenne sie in- und aus-«

Plötzlich werde ich nach vorn geschleudert und vom Gurt wieder zurückgerissen. Unser Wagen schlingert und kommt mit einem fürchterlichen Quietschen ruckartig zum Stehen. Ich pralle mit dem Kopf gegen die Fensterscheibe. Weiße Blitze explodieren vor meinen Augen und ein schriller, schmerzerfüllter Schrei lässt mich ganz taub werden. Das Blut rauscht in meinen Ohren und es dauert mehrere Herzschläge, bis ich mich fange. Dabei nehme ich kaum wahr, wie Isaac den Schlüssel zieht und aus dem Fahrzeug springt.

»Was ist passiert?«, frage ich heiser, während ich fahrig den Gurt löse.

»Ich weiß es nicht«, antwortet Mason gepresst.

Unser Wagen ist seitwärts zur Fahrbahn zum Stehen gekommen. Ein Streifenwagen parkt unversehrt am Rand, der zweite ist gegen eine Laterne gekracht, aber es scheint, als wäre durch den Aufprall niemand verletzt worden. Beim SUV zeigt sich ein ganz anderes Bild.

Als ich die Tür hinter mir zuwerfe, spüre ich den kühlen Wind erbarmungslos in mein Gesicht schlagen. In der Luft hängt ein muffiger, nasser Geruch. Ich schiebe die Ärmel meiner Dienstjacke über die Fingerknöchel und trete langsam an den Unfallwagen. Das Erste, was mir auffällt, ist die rechte Hintertür. Sie steht sperrangelweit offen.

Liam greift zur Taschenlampe. Im kaltweißen Licht erkenne ich seine verhärteten Züge, als er sich vorlehnt und einen Blick in die Fahrerkabine riskiert.

»Wir müssen das Subjekt finden«, meint er trocken. »Es ist gefährlich und scheint keine Gnade zu kennen.«

Zu gern hätte ich ihm widersprochen, doch der Anblick, der sich mir offenbart, lässt sämtliche Worte im Keim ersticken. Da ist so viel Blut. Die Halsschlagader des Beifahrers wurde mit einem sauberen Schnitt durchtrennt. Eine unscheinbare Rasierklinge liegt im Getränkehalter der Mittelkonsole.

Auf der Rückbank finde ich zwei weitere Personen, deren Haut völlig ausgetrocknet und mit tiefen Falten übersät ist. Sie haben keine äußerlichen Wunden, aber an ihrem Zustand erkenne ich, dass sie tot sind.

Ich gehe um das Heck herum. Das zerbrochene Glas knirscht unter meinen Timberlands. Auf der anderen Seite versucht Mason, die hintere Tür zu öffnen, allerdings ist sie durch den Aufprall völlig eingedrückt. Mir stockt der Atem, als ich die Blutlache entdeckte. Die rote Flüssigkeit tropft von der B-Säule, vermischt sich mit dem Regen und rinnt in langsamen Bahnen in meine Richtung. Für den Eingequetschten kommt jede Hilfe zu spät.

»Was ist hier los?!«, verlangt eine donnernde Stimme, die kalt von den Mauern widerhallt. Ein stämmiger Mann schiebt sich in den Vordergrund. Er ist groß, hat dunkelbraune Haut und trägt die Uniform der Schutzgarde. Sein schwarzes Haar ist glatt zurückgekämmt, aber das schwache Licht seiner Zigarette offenbart einige graue Strähnen. An seiner Brust pinnt der Anstecker von NOS.

»Kommandant Reed.« Ein junger Polizist tritt an seine Seite. Ein wenig unbeholfen verlagert er das Gewicht von einem Fuß auf den anderen. »Wir können nicht feststellen, was genau passiert ist, jedoch –«, seine Stimme senkt sich, »– konnte das Subjekt entkommen.«

Reeds Züge verfinstern sich bedrohlich. Schnaufend holt er aus der Innentasche seiner Jacke eine Fernbedienung. Über mir höre ich den durchgehenden Brummton einer Drohne, die sich herabsenkt und vor Reeds Oberkörper schweben bleibt. Mit einem Klickgeräusch öffnet sich die vordere Verkleidung und ein Hologrammbild zeigt die letzten Minuten vor dem Unfall. Wirklich nützlich ist das Video nicht, da es weder erklärt, wie es dazu kommen konnte, noch, wohin das Subjekt geflohen ist. Das scheint auch Reed klar zu sein, denn er schlägt mit geballter Hand neben das Seitenfenster.

»Ich will, dass es auf der Stelle gefunden wird«, raunt er. Dann dreht er sich zu mir. »War es nicht eure beschissene Aufgabe, so etwas zu verhindern?!«

Schützend baut Isaac sich vor mir auf. »Mit Respekt, Kommandant Reed, wir sind Subjekte, keine Hellseher.«

»Nutzloser Abschaum. Findet es!«

Kopfschüttelnd zieht Isaac mich zu unserem Wagen. Mittlerweile hat der Regen nachgelassen und ich schaue im Vorbeigehen auf die Gebäude, die dunkler als die Wolken sind. Der fehlende Strom macht es wesentlich schwieriger, eine Bewegung wahrzunehmen.

Am Wagen angekommen, teilt Isaac die Gruppe auf. Liam und Mason sollen die unmittelbare Umgebung absuchen und auf weitere Befehle warten, er selbst bleibt bei Reed, um den Überblick über die Situation zu behalten.

»Ty«, dreht Isaac sich zu mir. »Ich muss dir hoffentlich nicht erklären, was du zu tun hast, sollte das Subjekt eine Kooperation verweigern.«

»Hältst du mich für so dumm?«, erwidere ich tonlos.

»Ich mein's ernst.«

»Ich ebenfalls.«

Er wartet drei, vier Sekunden lang, ehe er einen tiefen Atemzug nimmt und aus dem Handschuhfach einen Stadtplan hervorholt, den er auf der Motorhaube ausbreitet.

»Dann sag mir, wohin das Subjekt geflohen ist«, fordert er.

Unschlüssig betrachte ich die Karte. Es gibt einige Wohnhäuser und Geschäfte, die aufgrund ihrer Lage genügend Schutz bieten; allerdings wäre das keine dauerhafte Lösung. Unsere Zielperson muss etwas anderes im Sinn haben. Seine Tat zeugt von purer Verzweiflung. Ihm war es egal, wie viele Menschen bei dem Unfall sterben, und die Brutalität dahinter beweist, dass ihm jedes Mittel recht ist. Meine Augen gleiten an den östlichen Rand. Dort befindet sich eine Farm. Gerüchten zufolge soll diese ein Sammelpunkt für Abtrünnige sein, die sich zu kleinen Widerstandsgruppen zusammenfinden.

»Die Farm?«, fragt Isaac.

»Sie ist abgelegen und führt direkt zur Stadtgrenze.«

»Geh schon mal«, schlägt er vor. »Kontaktiere uns, falls dir was auffällt.«

Da ich nichts einzuwenden habe, folge ich der Straße. Vor mir liegt ein Meer aus Glasscherben und bröckelndem Beton. An den Seiten stehen verlassene Autowracks. Die Szenerie wirkt wie aus einem schlechten Horrorfilm.

Aus der Gürteltasche hole ich eine Taschenlampe hervor und leuchte den Gehweg hinunter, doch der ist so lang, dass der Lichtkegel ihn nicht vollständig erhellen kann.

Meine Nackenhaare stellen sich auf. Die erdrückende Stille ist unheimlich. In höchster Alarmbereitschaft laufe ich eine ganze Weile, begleitet vom Brummton einer Drohne, die die verwinkelten Gassen um mich herum absucht.

An der dritten Weggabelung halte ich an. Eines ist klar: Die Stadt wurde nicht in Ruhe evakuiert. Auf den Wegen finde ich persönliche Gegenstände, die im Chaos zurückgelassen worden und im Gedränge zu Bruch gegangen sind. Ich hebe einen kleinen Stoffbären auf. Er ist plattgetreten und im Gesicht fehlt ein Knopfauge.

Je länger ich ihn betrachte, desto mehr erinnert er mich an eine Zeit, die ich aus meinen Gedanken verbannen wollte. Aber mein närrisches Herz will es nicht verstehen und klammert sich an den Erinnerungen fest. Es weiß einfach nicht, was loslassen bedeutet. Dabei gibt es für mich kein Zurück mehr.

Ich schaue auf, hoch zu den pechschwarzen Wolken, in der Hoffnung, zwischen ihnen einen kleinen Lichtkörper zu finden; jedoch treffen meine Augen auf die Drohne. Ihr rotes Visier erfasst mich und scheint auf irgendetwas zu warten.

Peinlich berührt kratze ich mir den Hinterkopf. Scheiße! Ich muss konzentriert bleiben.

Achtlos lasse ich den Stoffbären aus der Hand gleiten. Mir ist klar, dass ich mich beeilen muss, wenn ich das Subjekt einholen will. So schnell ich kann, setze ich meine Suche fort. Aber bis auf leere Seitengassen gerät nichts in mein Blickfeld. Es ist, als wäre ich vollkommen allein. Umgeben von einer klaffenden Finsternis, die mich zu verschlingen droht.

Auf einmal kracht etwas zu Boden – blechern schallt es durch die verlassenen Mauern. Sofort schärfen sich meine Sinne. Das Geräusch führt mich zu einer mit Graffitis beschmierten Hauswand und gerade noch rechtzeitig registriere ich jemanden auf der Feuertreppe, der ins Innere flieht. Schnell klettere ich auf den Müllcontainer und hieve mich auf das metallene Gerüst.

Oben angekommen, steige ich durch dasselbe Fenster und leuchte mit der Taschenlampe in den Raum. Ein großzügiges Zimmer mit Doppelbett, Einbauschränken, TV- und LAN-Anschluss.

Ein Hotel, denke ich und trete vorsichtig zur Tür. Bevor ich hinausgehe, verschaffe ich mir mithilfe des Notfallplanes einen groben Überblick. Die Zimmer sind in U-Form angeordnet und laut der grünen Fluchtroute ist der schnellste Weg aus dem Gebäude, sich rechts zu halten. Angespannt lausche ich auf das Knarren des Dielenbodens, das die Position der Gestalt verraten könnte, und achte auf Anzeichen jeglicher Gefahr. Bedacht bewege ich mich Schritt für Schritt den Gang hinunter.

Das Hotel hat nichts Besonderes an sich. Roter Teppichboden, beige Wände, gerahmte Naturbilder in Acrylfarben. Ab und an stehen die Türen zu den Zimmern offen, was den Eindruck verstärkt, dass das Gebäude in Eile verlassen wurde.

An einer Glasverkleidung halte ich an. Sie führt direkt ins Treppenhaus. Mit der Taschenlampe strahle ich nach unten und lasse den Lichtschein über das Geländer schweifen. Irritiert richte ich mich auf. Das Subjekt muss hier sein – daran besteht kein Zweifel.

Ich will mich gerade umdrehen und beginnen, die Zimmer auf dieser Etage zu untersuchen, als ich auf einmal einen kraftvollen Druck am Handgelenk spüre. Sofort überkommt mich ein Gefühl von Schwäche. Meine Sicht verzerrt sich und meine Ohren fangen an zu dröhnen. Ich kneife die Augen zusammen und taumle seitwärts gegen das Geländer. Dabei entgleitet mir die Taschenlampe, die mir für den Bruchteil einer Sekunde das Gesicht meines Angreifers zeigt. Sein panischer Ausdruck lässt mich innehalten, bevor ich mit ganzer Kraft aushole. Kaum haben sich die Finger von meinem Handgelenk gelöst, kippt der Raum und schwankt unter mir. Schwerfällig schlucke ich. Meine Kehle ist staubtrocken.

Ich Vollidiot! Genau davor hat mich die Fallakte gewarnt. *Angewandt auf einen Menschen, kann Dehydration tödlich enden – Berührungen, wenn möglich, vermeiden*, tauchen die Zeilen wie ein rotes Warnsignal in meinen Gedanken auf.

Ich gehe in Angriffsposition, doch überraschenderweise rührt sich das Subjekt nicht vom Fleck. Sein Gesicht ist nass, die Nase blutig. Verängstigt tritt meine Zielperson einige Schritte zurück. Mir fällt es schwer, nach meiner Waffe zu greifen, denn vor mir steht nicht einfach ein gesuchtes Subjekt, das vier Menschen getötet hat. Nein. Vor mir steht ein dürrer Körper in durchnässten und blutverschmierten Kleidern, die zu dünn sind, um ihn vor der Kälte zu schützen. Vor mir steht ein Körper, der kleiner, schmächtiger und viel jünger ist, als ich angenommen habe. Vor mir steht ein verdammtes Kind!

»Hör zu«, bringe ich mit kratziger Stimme hervor. »Ich will dir –«

Ein Knacken in meiner Gürteltasche unterbricht mich.

»Ty? Hast du das Subjekt gefunden?«, meldet sich Isaac über das Funkgerät.

Ganz schlechtes Timing.

Das Gesicht des Mannes – nein, des Kindes – ändert sich schlagartig. Pures Entsetzen und Panik bestimmen ihn. Mein Versuch, ihn zu beruhigen, stößt ins Leere. Seine kleinen Hände drücken mich zur Seite. Noch völlig überwältigt, lasse ich ihn entkommen.

»Was ist los?«, fragt Isaac eindringlich.

»Er ist ein Kind«, murmle ich. »Ein verdammtes Kind, Isaac!«

»Das ändert nichts an unserem Auftrag.«

Ist ihm bewusst, wie er sich gerade anhört? Verflucht kalt, gleichgültig, so fucking monoton.

»Du hast es gewusst«, klage ich ihn an.

Darauf erwidert er nichts und mir ist klar, weshalb er schweigt. Für meinen Gruppenführer zählen die Befehle von NOS. Persönliche Interessen oder Gewissenskonflikte haben da keinen Platz, wichtig ist nur der Erfolg.

Mit zusammengebissenen Zähnen laufe ich dem Jungen hinterher. Allerdings habe ich die Auswirkungen seiner Fähigkeit unterschätzt. Bereits nach wenigen Schritten wird mir schwindelig und meine Beine quittieren den Dienst.

Verflucht.

Wie nachlässig von mir.

Der menschliche Körper besteht zu siebzig Prozent aus Wasser. Kein Wunder also, dass die beiden Offiziere im SUV derart vertrocknet aussahen und daran gestorben sind.

Nach einem tiefen Atemzug schüttle ich das Gefühl von Schwäche ab, überwinde die letzten Stufen und werfe die Metalltür hinter mir zu. Ich schaue zuerst nach links, dann nach rechts, ehe ich einen Schatten in der Düsternis wahrnehme. Eilig rufe ich mir gedanklich den Stadtplan auf und verfolge den Jungen. Über das Funkgerät gebe ich meinen Standort durch. Zielgerichtet nimmt eine Drohne den Flüchtigen ins Visier, sodass er mir nicht entwischen kann. Er hat keinen großen Vorsprung. Blindlings überquert er eine Kreuzung und springt über eine niedrige Mauer. Genau wie ich es erwartet habe. Er flieht Richtung Farm. Liam und Mason stoßen hinzu und treiben das Subjekt weiter in die Enge. An einem riesigen Gebäudekomplex endet die Verfolgungsjagd.

Vor mir reihen sich Polizeiwagen auf, die sämtliche Straßen absperren. Dahinter stehen in sicherer Entfernung bewaffnete Beamte. Ihre Mündungen richten sich auf den Jungen. Der scheint vor Angst wie gelähmt zu sein. Nur seine Unterlippe zittert, während er immer und immer wieder hektisch in alle Richtungen blickt.

»Das Spiel ist aus«, sagt Reed, wobei seine Mundwinkel sich zu einem schmierigen Grinsen ziehen. »Entweder du ergibst dich oder du stirbst.«

»Das ist keine Wahl, wenn beides mit dem Tod endet«, spuckt der Kleine ihm mutig entgegen.

»Du –«

Bevor Reed sich weiter aufregen kann, fällt Isaac ihm ins Wort. »Lassen Sie uns das regeln.«

»Dieses Ding hat vier meiner besten Männer getötet!« Reed hebt seine Dienstwaffe. Der Zorn in seiner Stimme erschreckt mich und innerlich stellt sich mir die Frage, wie viele Kollegen und Freunde er bereits verloren hat. »Meine Geduld ist am Ende. Es hatte die Chance zu kooperieren.«

Tobias.

Eine Stimme. Isaacs Stimme – fordernd und deutlich.

Du musst den Jungen einfangen.

Der Befehl hallt durch meinen Kopf, bohrt sich bis zum tiefsten Teil meines Schädels durch. Glühende grüne Augen heften sich auf meine.

Wenn du verhindern willst, dass der Junge hier und jetzt erschossen wird, musst du handeln.

Fassungslos von seinen Worten, von der puren Intention, die dahintersteckt, bleibe ich stehen. In Isaacs Haltung erkenne ich kein Wanken. Er meint es ernst. Er will wirklich, dass ich meine Kraft vor all den Leuten einsetze.

Ich trage die Verantwortung, setzt er nach. *Kümmere dich um das Subjekt.*

Also gut. Ich weiche einen Schritt zurück, darauf bedacht, keine Aufmerksamkeit auf mich zu lenken. Dabei fällt mir ein Mann auf, der hinter Reed steht. Mit beiden Händen richtet er seine Waffe auf den Jungen.

Mir bleibt kaum Zeit, mich zu fragen, ob er wirklich schießen würde, da drückt er schon den Abzug. Ich schreie und dann passieren vier Dinge unmittelbar nacheinander.

Erstens: ein lauter Knall.

Zweitens: Die Patrone bleibt mitten in der Luft schweben.

Drittens: Vor dem Jungen knistern kleine blaue Funken, die ihn wie ein Schild beschützen.

Viertens: Der Junge rennt zu mir.

Reflexartig ziehe ich meine Pistole aus dem Holster, doch kaum erfassen mich seine kindlichen Augen, halte ich inne.

Ich weiß genau, was von mir erwartet wird, und ich weiß auch, welche Konsequenz es mit sich bringt, sollte der Moment der Schwäche gegen mich verwendet werden. Doch seine Augen. Seine unschuldigen Augen …

Der Polizist, der soeben geschossen hat, traktiert den Jungen mit Schlägen und drückt dessen Kopf brutal zu Boden. »Du krankes Monster! Ich werde dich töten!«

Unter seinem hasserfüllten Wutausbruch zittert der Kleine und zieht die Knie schützend an seinen Körper. Vergeblich. Zahlreiche Tritte gegen seine Brust lassen ihn laut wimmern.

»Bitte … lasst mich gehen … ich habe nichts getan«, schluchzt der Junge gebrochen. Unzählige Tränen fließen über sein Gesicht. Doch niemand der Anwesenden stoppt den wutzerfressenen Mann. Sie lassen es zu, aus eigener Genugtuung.

Mein Herz beginnt zu rasen. Ungewollt sprudeln Erinnerungen hoch, Erinnerungen, die ich in die hinterste Ecke meines Bewusstseins verbannt habe.

Ein Kind, das von seiner Mutter in den dunklen Keller gezerrt und für endlose Stunden eingesperrt wird. Schmerzhaft tauchen Bilder jener grässlichen Tage auf. Von meiner eigenen verdammten Machtlosigkeit und der tief verwobenen Angst. Mit ihr kehrt ihre Stimme zurück, die mit süßlicher Kälte spricht: »*Du bist ein Niemand. Ein Monster! So entsetzlich schwach und nutzlos. Keiner liebt dich. Deine bloße Existenz ist eine –*«

Jemand berührt meinen Oberarm und zieht mich zurück in die Realität. Liam spritzt dem Jungen eine bläuliche Lösung in den Nacken. Jetzt liegt er ganz schlaff in den Armen meines Freundes. Eine Offizierin legt ihm Handschellen an und zerrt ihn vom Platz.

»Tun wir wirklich das Richtige?«, flüstere ich.

Masons rote Haare rücken in mein Sichtfeld. Besorgt mustert er mich, doch er sagt nichts, und ich weiß auch warum. Er findet selbst keine Antwort.

Es klingt unlogisch. Wir leben, um andere Subjekte einzufangen, um sie NOS zu übergeben. Weigern wir uns, sterben wir. Wir tun es, um die nationale Sicherheit zu gewährleisten. Aber wenn uns die Bevölkerung doch so sehr verabscheut und uns eigentlich ausradieren möchte, aus welchem Grund werden wir dann am Leben gelassen?

»Denk nicht nach«, meint Mason belegt.

Ich könnte ihm jetzt antworten, wie dumm seine Worte sind. Nicht denken, nicht hinterfragen, nicht nach freiem Willen entscheiden und schon gar nicht nach den eigenen Gefühlen urteilen und handeln. Ich könnte ihm sagen, dass ich mich seit Monaten nervös frage, was NOS für Ziele verfolgt. Warum wir gejagt und für unsere bloße Existenz weggesperrt werden; nur um dafür trainiert zu werden, für ebenjene, die uns töten wollen, Aufträge auszuführen. Stattdessen lächle ich und sage: »Ich weiß.«

Auch Mason lächelt. »Okay, dann lass uns gehen.«

Wir sind auf halber Strecke zu unserem Wagen, als ich Reeds laute Stimme vernehme. Mit großen Schritten schließt er zu uns auf.

»Scheiße, was sollte das?«, spuckt er. Seine Finger krallen sich in den Stoff meiner Jacke, ziehen und zerren. »Wieso hast du, verdammt noch mal, gezögert?!«

»Ich hatte keine Wahl.«

»Du hättest das Monster entkommen lassen.«

»Unser Befehl lautete, den Jungen lebendig zu fangen«, erinnere ich ihn ruhig. »Hätte ich geschossen, hätte ich weitaus mehr Probleme gehabt.«

»*Probleme*?«, brüllt er angesäuert. Die Ader an seinem Hals pulsiert kräftig. »Verarsch mich nicht. Du hast aus einem ganz anderen Grund gezögert! Ich sehe es in deinem Blick. Du hattest Mitleid.«

Natürlich denkt er das. Ich verabscheue seine gewissenlose Art. Reed war zunächst ein Möchtegern-Polizist, der lieber alle Subjekte höchstpersönlich erschießen wollte. Er ist naiv, impulsiv und viel zu ungeduldig für jemanden in seiner Position. Doch NOS ist zufrieden mit seiner Arbeit, so sehr, dass sie ihn vor einem Jahr zum Kommandanten der Schutzgarde der Unit 32 befördert haben.

»Antworte mir gefälligst!«

Ich balle die Hände zu Fäusten. »Sie irren sich.«

In dem Moment kommen Isaac und Liam zu uns rübergelaufen.

»Ist was vorgefallen?«, fragt Isaac.

Gleichgültig zucke ich die Schultern. »Nichts.«

»*Nichts*?« Reed lässt endlich von mir ab. »Dein *Kollege* hat gezögert. Ein Verhalten, das im schlimmsten Fall noch mehr meiner Männer hätte umbringen können.«

»Darf ich Sie daran erinnern, Kommandant Reed, dass es einer *Ihrer* Männer war, der geschossen und damit unsere Mission bewusst gefährdet hat?«, kontert Isaac.

Das habe ich nicht erwartet. Normalerweise tut Isaac alles, um der Schutzgarde in den Arsch zu kriechen. Immerhin schreiben sie die offiziellen Berichte und legen sie der AUTORITÄT vor.

Reed kräuselt die Lippen. »Nein.« Dann lehnt er sich vor, sein Mund dicht an meinem Ohr. Der unangenehme Geruch von Tabak steigt mir in die Nase. »Vergiss nicht, Junge. Kreaturen wie diese haben kein Mitleid verdient.«

Zu gern hätte ich ihm eine sarkastische Antwort entgegengefeuert, aber mir sind die Konsequenzen bewusst. Um meiner Einheit keinen unnötigen Ärger zu machen, setze ich ein falsches Lächeln auf. »Werde ich nicht.«

Denn wie könnte ich etwas vergessen, was mir tagtäglich vorgelebt wird?

Wir sind Abscheulichkeiten. Das Übel auf der Welt. Grauenhafte Monster und die Schatten in den Albträumen der Bevölkerung. Wir sind Marionetten. Schachfiguren auf dem Spielbrett der Regierung, die sie nach Belieben einsetzen und austauschen können.

Ja.

Ich weiß es.

Wir sind keine Menschen.

Wir sind perfekte Werkzeuge der Regierung.

KAPITEL 2

Die Mensa ist hell, trotz der fensterlosen grauen Betonwände. An der Decke surren Leuchtstoffröhren, die grelles Licht durch den weitläufigen Raum werfen. An jeder Ecke finden sich Aufseher in schwarzen Uniformen mit dem Emblem von NOS auf der Brust. In den Händen halten sie Sturmgewehre, während sie routiniert ihren Rundgang durch die Sitzreihen ausführen. Im Grunde wirken sie wie Maschinen. Ausdrucklose Gesichter. Einstudierte Abläufe. Präzise Umsetzung ihrer Befehle. Streng halten sie uns an der kurzen Leine, darauf bedacht, dass wir uns den Regeln beugen.

Der Kontrast zwischen ihnen und dem Rest ist ein wenig verstörend.

Überall wimmelt es von Subjekten. Sie sind laut, rufen wild durcheinander, temperamentvoll und gestenreich. Die meisten unter ihnen sind noch im Kindesalter. Danach kommt eine kleinere Anzahl von Jugendlichen und jungen Erwachsenen. Keiner älter als fünfundzwanzig. Niemand spricht es aus, aber ich ahne den Grund dafür. Sie sind erziehbar. Manipulierbar.

In der Einrichtung wird uns beigebracht, wie wir unsere Fähigkeiten kontrollieren können und dass es ein Geschenk ist, der AUTORITÄT zu dienen. Ohne seinen Schutz wären wir tot. So einfach ist das.

Eine Schar von Kindern rennt an mir vorbei. Ihr Gelächter dringt in meine Ohren und ich spüre ein kleines Lächeln in den Mundwinkeln. Es ist ein wenig obskur, ihnen beim Spielen zuzusehen. Sie haben alles verloren. Ihre Familien und ihr Zuhause. Trotzdem leben sie zufrieden innerhalb dieser Mauern, die sie von der Außenwelt fernhalten. Sie lernen strebsam, fügen sich wie perfekt geformte Puzzleteile ein und folgen gehorsam den Befehlen ihrer Ausbilder.

Vorsichtig schlängele ich mich an einer Gruppe von Mädchen vorbei und halte Ausschau nach einem freien Platz. Schließlich entdecke ich meine Freunde. Ich setze mich gegenüber von Mason und stelle mein Tablett ab.

»Wo ist Claire?«, frage ich, als ich ihr Gesicht nirgends erblicke.

»Immer noch in Daegu«, nuschelt Mason mit vollem Mund und schiebt den nächsten Bissen seines Burgers hinterher.

Liam wendet sich mir zu. »Mach dir keine Sorgen. Sie ist zäh.«

»Ich mache mir keine Sorgen«, widerspreche ich. »Aber ich hätte gedacht, dass sie mittlerweile zurück wäre.«

Nun grinst Mason schelmisch und beugt sich zu mir herüber. Seine Stimme ist direkt an meinem Ohr, amüsiert und flüsternd. »Damit ihr euch heimlich auf dem Dach treffen könnt?«

»Da läuft nichts«, wehre ich ab, empört von seiner Unterstellung.

»Bist du dir sicher?«, mischt Liam sich ein und kräuselt die Stirn. »Es gehen Gerüchte um, dass ihr ein Paar seid.«

Das höre ich heute zum ersten Mal. »Wer setzt bitte solchen Unfug in die Welt?«

Mason lacht. »Dreimal darfst du raten.«

Mein Blick wandert automatisch drei Tische weiter. Zwischen zwei anderen Jungen sitzt Peeta. Er ist klein, schlaksig und seine schwarze Wuschelmähne lässt seine helle Haut noch blasser wirken. Auf seinen Lippen liegt ein unbefangenes Riesengrinsen. Innerlich ringe ich mit dem Gedanken, es ihm aus dem Gesicht zu schlagen, doch die Aufseher würden das sicherlich nicht gutheißen.

Ich seufze frustriert. Aufgrund seiner unscheinbaren Art ist Peeta ein Experte darin, Informationen zu sammeln. Ich habe nur keinen Schimmer, wie er auf die Schnapsidee kommt, dass Claire und ich eine Beziehung führen.

»Du solltest mit ihr reden«, schlägt Mason vor. »Missverständnisse können Freundschaften zerstören.«

Ich spieße eine Kartoffel auf und kaue schwerfällig. Seine Worte hängen nach. Im Kopf spielen sich sämtliche Szenarien ab, die zu einem Missverständnis geführt haben könnten. Habe ich eine Grenze überschritten? War es vielleicht …

Augenblicklich fühle ich mich mies.

»Jemand 'ne Ahnung, wann Claire zurückkommt?«, frage ich.

»In vier Tagen«, antwortet Isaac. »Und jetzt iss auf.«

Sein Tonfall klingt maßregelnd und seine Worte sind von Kälte durchzogen. Wortlos greife ich nach meinem Glas Wasser. Isaac sieht aus, als hätte er seit achtundvierzig Stunden nicht geschlafen. Trotzdem gibt er sich gelassen und schlürft seelenruhig seinen Kaffee. Doch wenn man ihn genauer beobachtet, erkennt man seine innere Unruhe. Seine schwarzen Haare sind verstrubbelt, das Schild schaut aus seinem Shirt heraus und er bewegt sich langsamer als sonst. Seine gesamte Mimik wirkt wie aus Stein geschlagen. Bevor das heutige Training beendet wurde, wurde er zum Direktor gerufen. Seit seiner Rückkehr steht er unter Strom. Ob sein Verhalten mit der gestrigen Mission zusammenhängt?

Flüchtig streifen meine Augen durch den Saal, auf der Suche nach dem Jungen. Jeder von uns trägt dasselbe: Pullover und Jogginghose, alles in einheitlichem Blau. Laut Aussage unserer Ausbilder eine Maßnahme, um die Gemeinschaft zu fördern. Niemand soll wegen Herkunft oder Kleidungsstil bevorzugt werden. Hinter dem Gedanken steckt noch etwas anderes, allerdings traut sich keiner nachzubohren.

Stelle es nicht infrage.

Sehr früh wird uns diese Norm eingebläut. Viele der Neuankömmlinge tun sich schwer, den Regeln zu folgen, werden von anderen belächelt und ausgegrenzt für ihre Schwäche, obwohl diese selbst mal in ihrer Position waren. Verängstigt und hilflos in einer für sie unbekannten Einrichtung. Manchmal höre ich in den Schlafsälen ihr Wimmern. Unter der Bettdecke vergraben, zittern ihre Körper und manche von ihnen spielen mit dem Gedanken, sich etwas anzutun.

Ich habe gesehen, was passiert, sollten die Regeln gebrochen werden. NOS hat wirksame Mittel, um aufsässige Subjekte gefügig zu machen.

Und trotzdem fange ich an zu zweifeln. Um ehrlich zu sein, habe ich nie damit aufgehört. Ich bin keine Marionette, auch wenn sie mich zu einer machen wollen. Mein Entschluss, NOS zu folgen, geschah weder aus Überzeugung noch wegen der Chance auf Heilung einer angeblichen Krankheit. Selbst dem Tod zu entkommen, war nebensächlich. Meine Entscheidung traf ich allein *seinetwegen.*

Irritiert, dass ich den Jungen unter den anwesenden Subjekten nicht finden kann, will ich einen Aufseher aufhalten, der geradewegs auf unseren Tisch zukommt, jedoch werde ich von meinem Vorhaben abgehalten.

Isaac schnaubt. »Keinen Appetit?«

»Ich wollte …«

Streng erhebt er die Stimme. »Du denkst an den Jungen.«

»Ich finde es seltsam«, verteidige ich mein Verhalten. »Die Aufnahmeuntersuchung müsste längst abgeschlossen sein.«

Isaac sieht mich an, dann sagt er endgültig: »Du kannst es nicht ändern, also egal, was in deinem Kopf vorgeht, lass es bleiben.«

In dem Moment wird die Flügeltür zur Mensa geöffnet und schlagartig wird es still. Ich drehe mich um. Eine junge Frau im weißen Kittel betritt den Raum. Jetzt ist es so leise, dass man ihre kraftvollen Schritte auf den Bodenfliesen hört. Obwohl sie Würde ausstrahlt, hat sie etwas Kindliches in ihren Zügen. Der Ausdruck in ihrem Gesicht ist überaus sanftmütig, als sie ihren Blick durch die Tischreihen gleiten lässt. In ihrer Hand hält sie ein silbernes Tablet. Sofort wird hinter mir getuschelt. Aufgeregte Worte werden ausgetauscht und ein leises »*Viel Glück*«.

Mir läuft es eiskalt den Rücken runter.

Ist es schon wieder so weit? Ist bereits ein Monat vergangen?

Die Frau beginnt Namen vorzulesen. Die Ausgewählten werden bejubelt und für ihren Einsatz gelobt. Stolz stellen sie sich in einer Reihe auf.

Für die Selektion gewählt zu werden, ist unser eigentliches Ziel. Die Chance auf Heilung und die damit verbundene Rückkehr in unser altes Leben. Ein Neustart. Außerhalb von NOS weiß niemand, dass solch ein Medikament überhaupt existiert. Es herrscht eine strikte Informationssperre. Durch die streng begrenzten Impfdosen kann nicht jedes Subjekt behandelt werden. Es erfordert ein Rangsystem – die Selektion. Dafür werden hervorragende Ergebnisse, absolute Gehorsamkeit und beispielloses Benehmen vorausgesetzt.

»Edgar«, ruft die Frau den letzten Namen auf.

Der Kopf des Jungen schießt in die Höhe. Vollkommen verwundert und sprachlos steht er auf. Seine Kameraden beglückwünschen ihn, bevor sie ihn freudig in ihre Arme ziehen. Es ist das erste Mal, dass einer der Jüngeren ausgewählt wird, und ich begreife es nicht. Der Junge kam vor ein paar Wochen in die Einrichtung. Seine Ergebnisse sind mittelmäßig und durch seine naive Art macht er viele Fehler. Da gibt es weitaus bessere Subjekte, die seinen Platz mehr verdient hätten. Ein kurzer Blick in die Runde verdeutlicht, dass ich mit meiner Beobachtung nicht ganz falschliege. Einige wirken enttäuscht, gar neidisch und wütend, aber niemand verlangt eine Erklärung. Warum auch? Die AUTORITÄT entscheidet, wer von uns selektiert wird. Anhand der

Berichte der Ausbilder und der Schutzgarde werden unsere Ränge zwischen S – *Superlativ* und F – *Fehleranfällig* eingruppiert. Nur den S-Kandidaten ist die Chance vorbehalten.

Ich sehe wieder auf den Jungen. Sein letzter Rang war ›D‹.

»Die AUTORITÄT dankt euch. Eure Zeit wird kommen.«

Es ist jedes Mal das Gleiche. Immer wenn jemand in dem grässlich weißen Kittel zu uns kommt und Namen aufruft, beenden sie ihre Vorstellung mit diesen beiden Sätzen. Es soll wohl Hoffnung vermitteln. Die Hoffnung darauf, dass beim nächsten Mal der eigene Name fällt.

Die Subjekte klatschen, trampeln mit den Füßen und rufen den Selektierten ihre Glückwünsche zu. Ich hingegen merke, wie Isaac ihnen mit einem nachdenklichen Ausdruck hinterherschaut.

Dann steht er auf. »Wir gehen.«

Ich will ihm folgen, als zwei Aufseher mir plötzlich den Weg versperren.

»Tobias Young?« Unschlüssig nicke ich. »Der Direktor will dich unverzüglich sprechen.«

»Darf ich fragen, worum es geht?«, fragt Isaac mit einem aufgesetzten Lächeln und drängt sich vor. Sein breiter Rücken schirmt mich ab, fast als wolle er mich vor ihnen beschützen.

Die Aufseher bleiben unbeeindruckt.

»Wir sind nicht autorisiert, darüber zu sprechen.« Einer der beiden deutet auf die Flügeltür. »Wenn du uns nun folgen würdest.«

Doch Isaac bleibt stur. »Ich bin sein Gruppenführer! Mir steht es zu –«

»Isaac«, unterbreche ich ihn sanft. »Ist schon gut.«

Ich will vermeiden, dass er meinetwegen Ärger bekommt. So wie ich die beiden Aufseher einschätze, hätten sie keine Probleme damit, ihn zu melden. Manche provozieren absichtlich Streit, um ihre Position auszunutzen.

Notgedrungen lässt Isaac mich gehen. Auf seinen Lippen ein unausgesprochenes *Sei auf der Hut.*

Einer der beiden Aufseher läuft so dicht neben mir her, dass sich unsere Schultern fast berühren. Der andere führt uns durch verwinkelte Gänge bis zu einem Fahrstuhl. Auch hier ist alles weiß. Fliesen, Wände, Deckenverkleidung. Kaltes Licht flutet die breiten Flure und spiegelt sich in der silbrigen Tür des Fahrstuhls.

Ich versuche, nicht allzu viel darüber nachzudenken, was der Direktor mit mir zu besprechen hat. Es ist ungewöhnlich, dass ein Subjekt zu ihm gerufen wird, und meistens gibt es dafür nur einen Grund: Versagen. Die Scham, die AUTORITÄT enttäuscht zu haben.

Im Geiste überlege ich, wie ich mein Verhalten rechtfertigen kann. Auf der Mission habe ich gezögert – dem kann ich nicht widersprechen, doch für NOS sind ihre Experimente und Forschungsergebnisse wichtiger. Lieber ein lebendiges Subjekt als ein totes.

Die Türen des Aufzugs gleiten auseinander und halten mir mein Spiegelbild entgegen. Ein schmales Gesicht, runde Augen und eine dünne Nase. Mein blondes Haar ist an den Seiten länger geworden. Das Einzige, was sich in den Monaten verändert hat. Ich sehe immer noch so aus wie damals, als ich hergekommen bin. Ein verunsicherter Junge, der nicht weiß, ob seine Entscheidung die richtige gewesen ist. Dabei bin ich irgendwann in den letzten Wochen zwanzig geworden. Die Einrichtung feiert keine Geburtstage und der fehlende Kalender macht es schwer, die vergangene Zeit einzuschätzen.

»Beweg dich«, fordert der Mann hinter mir, als der Aufzug stoppt. Die Mündung seines Gewehres drückt mir nun unangenehm in den Rücken.

Meine Schritte hallen dumpf von den Wänden wider. Ich folge den beiden Männern durch einen hellen Gang. Die Wände sind aus Glas, sodass ich den Mitarbeitern in ihren weißen Kitteln bei ihrer Arbeit zusehen kann. Sofort ermahne ich mich, wegzuschauen. Neugier kann tödlich sein. Ein Satz, den mein Vater mir schon früh ans Herz gelegt hat.

Wenige Schritte vom Büro des Direktors entfernt, höre ich plötzlich eine Stimme, die kalt donnert: »Sie sind zu weich!«

Die Tür ist offen. Hinter einem Metallschreibtisch sitzt Neil O'Brien. Ein hagerer Mann in seinen späten Vierzigern. Gegenüber von ihm steht der beste Ausbilder der Einrichtung. Großgewachsen, markante Züge, feine Augenbrauen und Piercings im Gesicht. Niemand kennt seinen richtigen Namen. Er selbst nennt sich Nine.

Einer der Aufseher klopft gegen den Türrahmen. »Direktor, wir bringen das Subjekt.«

Beide wenden sich uns zu. Während Neil mir freundlich zulächelt, ist Nines Blick mörderisch. Schnaubend sagt er an Neil gerichtet: »Ist das Ihr Ernst?«

»Wir sind hier fertig«, entlässt dieser ihn gelassen und gibt ihm keinen Raum für Widerworte. »Bitte geht.«

Sichtlich genervt stürmt Nine aus dem Zimmer. Die beiden Aufseher scheinen sich in dieser Situation durchaus unbehaglich zu fühlen. Sie verbeugen sich und schließen die Tür. Das Wummern meines Herzschlags ist alles, was bleibt.

»Setz dich«, bittet Neil mit einem reservierten Nicken.

»Ich stehe lieber.«

»Ich sagte: *Setz dich*«, wiederholt er scharf, doch das freundliche Lächeln bleibt an seinen schmalen Lippen hängen.

Ich ziehe den Stuhl zurück. »Wie geht es dem Jungen?«

»Hm?« Fragend legt er den Kopf zur Seite und tut so, als wüsste er nicht, worauf ich hinauswill. »Welchem Jungen?«

Ich hasse seine Stimme. Besonders wenn sie so ruhig ist. »Sie wissen genau, von wem ich spreche.«

»Er wurde nach Asien verlegt«, antwortet Neil und zieht die Augenbrauen zusammen. »Hat sich bis zuletzt geweigert zu kooperieren, sodass wir es für das Beste hielten, ihn zur AUTORITÄT zu schicken.«

»Ist es das?«, flüstere ich und bereue mein loses Mundwerk sofort.

»Was genau willst du damit andeuten?«

Ich sehe ihn an. Seine hellgrauen Augen bohren sich in meine. In ihnen liegt eine deutliche Warnung, seine Geduld nicht herauszufordern. Trotzdem kann ich mich nicht zurückhalten. »Der Junge ist verwirrt. Er ist ein Kind, das weder weiß, wie es mit seinen Fähigkeiten umgehen soll, noch, was es bedeutet, für NOS zu arbeiten. Ich bin mir sicher, wenn –«

»Tobias«, schneidet er mir das Wort ab. »Du weißt, dass die Entscheidung nicht mir obliegt.«

Ja. Natürlich. Alles – die Aufträge, die Selektion, Versetzungen, selbst unsere Ernährung – wird von der AUTORITÄT bestimmt.

»Warum wollten Sie mich sehen?«, gebe ich mich geschlagen.

Neil nimmt sich Zeit. Mit dem Zeigefinger richtet er seine Hornbrille und schaut auf die Tischplatte. Vor ihm liegt ein Stapel Dokumente.

»Ich habe den Bericht gelesen. Reed hat eine Beschwerde über eure letzte Mission geschrieben, und wenn ich ehrlich bin, stimme ich seiner Beobachtung zu. Dein Zögern hätte weitreichende Konsequenzen nach sich ziehen können. Bist du dir dessen bewusst?«

Darauf gebe ich ihm keine Antwort.

Neil stößt einen langen Seufzer aus. »Ich mache mir Sorgen. Du kennst dein Ziel. Warum beginnst du zu zweifeln? NOS will euch helfen.«

»Glauben Sie das?«

»Bitte?«

»Glauben Sie wirklich, dass NOS uns helfen will?«, frage ich. »Jeden Tag werden wir daran erinnert, was wir sind. Grauenhafte Monster.

Eine Bedrohung für die Bevölkerung. Niemand würde sich freiwillig einer Einrichtung anschließen, die predigt, uns bei Gegenwehr zu töten. Wieso erzählen Sie ihnen nicht die Wahrheit? Dass sie keine Angst haben müssen?«

Neils Lippen werden schmal. »Das geht nicht.«

»Wieso? Wir wollen niemandem schaden!«

»Ach nein?« Neil lacht bitter. »Was ist mit dem Vorfall in Tokyo, in dem dreihundertachtunddreißig Menschen starben, oder mit den heftigen Auseinandersetzungen in vielen Teilen Europas? Sind das *nur*«, er macht mit den Fingern Anführungszeichen, »tragische Unfälle? Die Liste ist endlos! Tagtäglich erhalte ich neue Meldungen von Todesopfern, die auf ein Subjekt zurückzuführen sind. Kannst du es den Menschen übel nehmen, dass sie Angst haben?« Nach drei Atemzügen fährt er ruhiger fort: »Eure Kräfte sind unnatürlich und extrem gefährlich. Niemand kann sagen, warum sie existieren oder weshalb es gerade die jüngere Generation trifft, aber der Regierung genügte es, den Beschluss zu äußern, euch auszulöschen. Gäbe es diese Einrichtung nicht – gäbe es die AUTORITÄT nicht –, wärst du längst tot. NOS ist nicht dein Feind, Tobias!«

Ihr seid etwas Besonderes.

Wir werden euch helfen.

NOS ist gut.

Die AUTORITÄT beschützt euch.

Das sind die ersten Sätze gewesen, nachdem ich das große Tor am Eingang passiert habe. Ich weiß, dass ich Neil und NOS viel zu verdanken habe. Sie haben mich aus meinem persönlichen Albtraum gerettet. Und trotzdem …

»Hören Sie, *Direktor*. Falls es wegen der gestrigen Mission ist –«

»Begreifst du es nicht?!«, würgt er mich ab. »Es geht um weitaus mehr als eine belanglose Mission. Du bist seit Wochen unkonzentriert und deine Ergebnisse verschlechtern sich. Dein letzter Rang war ›C‹! ›C‹! Dabei warst du einer der Besten. Du weißt genau, was passiert, sollte die AUTORITÄT einen von euch als nutzlos abstempeln. Das hier –« Neil schmeißt mir ein Bündel Dokumente entgegen, die mit einer schwarzen Klammer zusammengehalten werden. Es ist der Bericht von Reed. »– ist die dritte persönliche Verwarnung gegen dich.«

Das lässt mich aufhorchen.

NOS ist streng. Pflichtgefühl und Loyalität stehen an oberster Stelle. Bereits bei der ersten Ermahnung ist mit weitreichenden Strafen zu rechnen. Wiederholtes Fehlverhalten führt zur Abschiebung und schlussendlich zum Tod. Das hier ist meine dritte Verwarnung und nichts von alledem wurde veranlasst. Nur milde Bestrafungen wie Einzelhaft oder Reizstromtherapie. Ich behaupte nicht, dass es nicht schmerzhaft oder psychisch belastend ist, tagelang weggesperrt und gefoltert zu werden. Trotzdem ist all das nicht mit dem zu vergleichen, was normalerweise angeordnet wird. Das ›*Warum?*‹ brennt mir förmlich auf den Lippen, doch die grimmigen Gesichtszüge von Neil lassen die Worte ersticken. Stattdessen stehe ich auf und wende mich zum Gehen.

»War das alles?«, frage ich.

Auch Neil steht auf, streicht dabei die Falten seiner Hose glatt und geht langsam um den großen Tisch herum. Er hinkt mit dem linken Bein. Laut ihm eine alte Verletzung. Mehr verrät er nicht. Sein Gehstock lehnt schräg gegen die Glasplatte, doch er greift nicht nach ihm. Ohne Vorwarnung langt er vor und packt mein Handgelenk. Der Druck ist fest.

»Wer hat dich vor zwei Jahren gerettet?«

Irritiert halte ich seinem stechenden Blick stand. »Was soll die Frage?«

»Sag es!«, drängt Neil.

»Das waren Sie.«

»Und wer hat dafür gesorgt, dass deine Geschwister in Sicherheit sind?«

Mein Herz setzt einen Schlag aus. Die glühende Wut verlässt mich, wird ersetzt durch Sehnsucht und Reue. Neil weiß, wie viel mir Tess und Tommy bedeuten, und dass er sie gegen mich verwendet, ist wie eine knallharte Ohrfeige.

»Was bezwecken Sie damit?«, frage ich hilflos.

»Antworte mir!«

»Sie.«

Neil nickt zufrieden. »Richtig. Arbeite nicht gegen mich, Tobias. Ich will dir helfen.«

Seine Worte klingen nach einer Drohung. Ich will weg. Weg von ihm und seinem widerwärtigen Grinsen.

»Darf ich nun gehen?«, frage ich vorsichtig.

Er nickt erneut. »Versprich mir eine Sache, Tobias: Stelle die AUTORITÄT niemals infrage.«

»Direk–«

»Versprich es!«

Am liebsten würde ich ihn von seinem hohen Ross stürzen und ihn würgen. Er spielt mit mir, treibt mich absichtlich in eine Ecke, aus der ich nicht entkommen kann. Ich hasse es. So sehr. Dieses Gefühl der Machtlosigkeit.

Widerwillig verbeuge ich mich und sage: »Ich verspreche es.«

Dann mache ich auf dem Absatz kehrt und stampfe aus seinem Büro, wobei ich die Tür hinter mir zuknalle.

KAPITEL 3

Wenn ich eines nicht ausstehen kann, dann sind es Geheimnisse. Lange Phrasen und halb erzählte Wahrheiten, um am Ende um den heißen Brei herumzureden. Mit den Fingerspitzen berühre ich die Stelle über meinem rechten Auge. Das Pochen ist in den letzten Stunden schlimmer geworden. Ich verstehe nicht, weshalb unsere Einheit nach Europa geschickt wird. Und ausgerechnet nach London.

Wie betäubt habe ich mich gestern Abend durch die Fallakte gearbeitet. Immer wieder blieb ich an den Worten *ausschalten*, *uneingeschränkte Freigabe* und *absoluten Erfolg* hängen. Es braucht kein fotografisches Gedächtnis, um sich den Inhalt merken zu können. Der Befehl ist klar und sehr deutlich definiert.

Der Anteil der Abtrünnigen ist in Europa besonders hoch. Sie finden sich zu kleinen Widerstandsgruppen zusammen und sorgen für Unruhen. Die meisten sind gewaltsam, was viele Opfer zurücklässt. Erst vor ein paar Wochen soll es Gerüchten zufolge in Frankreich zu heftigen Auseinandersetzungen gekommen sein, bei denen ein Kind, in dem Glauben, es wäre ein Subjekt, von einem Polizisten erschossen wurde. Notwehr, hieß es. Das Mädchen hätte die Kontrolle verloren und Zivilisten angegriffen. Ehe NOS eingreifen konnte, war es zu spät und sie war in den Armen ihrer Eltern gestorben. Das Tragische ist, dass sie kein Subjekt war. Sie besaß keine besonderen Fähigkeiten oder war an den Aufständen beteiligt. Sie war schlichtweg in einen Konflikt geraten, der sie überhaupt nichts anging. Doch die Regierung verdrehte die Wahrheit und teilte in einer Pressemitteilung mit, dass das kleine Mädchen an den blutigen Kämpfen schuld gewesen sei. Sie nutzten die Wut der Bevölkerung aus, um weiterhin ihre Parole zu verbreiten, dass Subjekte – egal ob Kind oder Erwachsener – eine Gefahr für die öffentliche Sicherheit darstellen und auf der Stelle eliminiert werden müssen. Der Polizist, der das Mädchen erschossen hatte, wurde für seine heldenhafte Tat ausgezeichnet.

Und nun sind wir hier.

In Europa. In London, um der Schutzgarde Unterstützung zu leisten. Dabei sind wir für die Streitigkeiten außerhalb von Nordamerika überhaupt nicht zuständig.

Personalmangel, hatte Neil es zu erklären versucht. *Prekäre Angelegenheit.*

Wenn man von den Fotos ausgeht, die der Akte beigelegt sind, ist mit der ominösen Widerstandsbewegung nicht zu spaßen. Das erste zeigt einen älteren Mann in einer verwahrlosten Gasse. Vor ihm zwei getötete Polizisten. Laut unserem Direktor sind an ihrem Körper jeweils dreiunddreißig Messerstiche gezählt worden. Ein Gewaltakt, der meist mit einem persönlichen Motiv einhergeht. Das zweite Foto ist leicht unscharf und offenbart das Gesicht des Mannes. Eine lange Narbe verläuft ihm senkrecht übers linke Auge. Seine Statur ist schlank und eher schmächtig als muskulös. Das letzte Foto ist von einer Lagerhalle. Vor dem Tor befinden sich drei Personen, darunter derselbe Mann mit der Narbe.

Zu den Fotos gehören handgeschriebene Notizen, in denen der Name des Mannes steht: Jonathan Redfield, ein Ex-Soldat, der in seiner Laufbahn eine Handvoll Auszeichnungen erhalten hat. Allein dieser Umstand macht den Auftrag immens gefährlich. Wir wissen weder, ob

Jonathan Hintergrundinformationen zum Militär hat, noch, inwieweit er mit den Methoden von NOS vertraut ist.

Ich schaue aus dem Seitenfenster. Hinter der trüben Scheibe ziehen die Laternen und Neonreklamen der Innenstadt an mir vorbei. Wir fahren ohne Licht, um unnötiges Aufsehen zu vermeiden, und trotzdem sticht mein Herz, als wir an einem Kiosk vorbeifahren. Es ist der einzige Laden, der noch offen hat. Der blaue Schriftzug flackert und sieht von außen genauso schäbig aus wie in meiner Erinnerung.

Ich sinke tiefer in den Sitz.

Vielleicht liegt meine Abneigung gegen den Auftrag nicht an der Art des Befehls, sondern vielmehr an der Tatsache, wo wir gerade sind. Niemand außer Neil weiß, dass ich einen Teil meiner Kindheit in Kensington verbracht habe. Die hohen Zementbauten, der Park an der Ecke, die Tankstelle an der Hauptstraße … Das alles kommt mir schrecklich bekannt vor und lässt mich automatisch an –

»Geht's dir nicht gut?«, reißt mich eine Stimme aus den Gedanken. Besorgt schaut Liam vom Beifahrersitz zu mir. »Du bist ungewöhnlich still.«

Ich seufze. Seine Beobachtungsgabe ist wie immer bemerkenswert. »Schätze, ich bin nervös.«

Er grunzt. »Du und nervös? Das sind ja ganz neue Seiten.«

»Ich habe einfach ein ungutes Gefühl«, wehre ich ab.

Mason rührt sich neben mir. »Du meinst, weil wir den Auftrag ausführen sollen und nicht die zuständige Einheit?« Bingo. Tausend Punkte an meinen rothaarigen Freund. »Nun«, er holt tief Luft, »es gehen Gerüchte um, dass die Zweigstelle in Europa unter strenger Beobachtung steht und allen Subjekten die Freigabe entzogen wurde, an Aufträgen teilzunehmen.«

Das ist … Davon habe ich noch nie etwas gehört.

»Kennst du die Ursache?«, frage ich neugierig.

»Zwei Subjekten soll die Flucht aus der Einrichtung gelungen sein«, fängt Mason an zu erzählen. »Irgendwie haben sie es geschafft, ihre Armbänder zu entfernen, und konnten sämtliche Sicherheitsvorrichtungen hintergehen. Man vermutet, dass sie von außen Unterstützung hatten. Allerdings denke ich viel eher, dass es von innen war.«

»Ein Komplize?«

»Vielleicht ein Trainer oder ein Forscher«, sinniert Mason, bevor seine Miene ernst wird. »Sämtliche Mitarbeiter und Subjekte werden zu der Flucht befragt. Die Verhöre sollen wohl ziemlich heftig sein.«

»Und woher weißt du das alles?«

»Von Peeta.«

Natürlich. Von wem auch sonst.

Aber heilige Scheiße.

»Das ist unvorstellbar«, sage ich beeindruckt.

»Jep«, meint Mason. »Konnte es zuerst nicht glauben und dachte, Peeta will mich verarschen. In der Einrichtung wird über nichts anderes gesprochen. Doch dass du davon nichts mitbekommen hast, überrascht mich viel mehr.«

Schulterzuckend tue ich es ab. »Es wäre allerdings ein Grund, weshalb ausgerechnet wir diesen Auftrag bekommen haben«, erwidere ich nachdenklich.

Mason neigt den Kopf. »Meint ihr, wir können dem Polizeichef vertrauen?«

»Uns bleibt kaum eine andere Wahl«, brummt Isaac sichtlich verärgert über die gesamte Situation.

Ich kann es ihm nicht verübeln. Wir sind bereits seit drei Tagen in der Stadt. Keiner will etwas über Jonathan gehört haben. Sein Haus steht leer und seine Nachbarn haben ihn zuletzt vor fünf Jahren gesehen. Auch seine Telefon- und Kreditkartenabrechnungen führten ins Nichts. Beides wurde seit seinem Verschwinden nicht benutzt.

Der Polizeichef berichtete von einer Bande Kleinkrimineller, die am Stadtrand ihre Runden drehen. Unter ihnen soll sich auch Jonathan Redfield befinden. Als wir die Bewohner dazu befragten, stritten sie die Vorwürfe vehement ab. Jonathan sei ein ehrenhafter Mann; ein Kriegsheld. Selbst wenn Isaac ihnen die Fotos zeigte, war die Reaktion immer die gleiche: ein stechender, wutentbrannter Blick, bevor uns die Tür vor der Nase zugeschlagen wurde.

Unser einziger Hinweis ist die Lagerhalle.

An einer Ampel drosselt Isaac das Tempo des Wagens.

Die Straßen sind wie ausgestorben. An den Hauswänden kleben Plakate. Manche hetzen gegen die Subjekte, andere warnen vor NOS und der aktuellen Regierungspartei. *STOPPT NOS! SUBJEKT = MENSCH! WACHT AUF!* ist mit roter Farbe quer über die Warnplakate gesprüht worden.

Auf einem, welches offenbar ganz neu ist, steht:

!!! UMSETZUNG DER STAATSVERORDNUNG PUNKT NR. 8 !!!
SUBJEKTE MÜSSEN AUFGEHALTEN WERDEN

Stoppen wir gemeinsam die widrigen Kreaturen, bevor sie noch mehr Leid über uns bringen können. Erkennen Sie frühzeitig die Symptome und schützen Sie sich und Ihre Familien. Dazu gehören: Verwirrung, Reizbarkeit, Gleichgewichtsstörungen, Übermüdung, Zurückhaltung bis zur Isolation, unnatürliche Verhaltensmuster und Kratzwunden auf der Haut.
Wir forschen anhand der übermittelten Daten und stellen klinische Versuchsreihen auf. Allerdings gibt es noch keine erwiesene Behandlungsmöglichkeit für die hochansteckende Krankheit, deren Verlauf - zu unserem Bedauern - tödlich endet.

Liebe Mitbürger und Mitbürgerinnen, wir rufen Sie zur Zusammenarbeit auf.
Helfen Sie mit, die Verbreitung der Pandemie zu verhindern.
Unternehmen Sie den ersten Schritt in eine bessere Zukunft.

Meine Finger krallen sich in den Stoff meiner Hose. Ich habe Mühe, die aufkeimende Wut über die Zeilen herunterzuschlucken.

Warum werden wir gebrandmarkt? Wieso ausgerechnet wir?

Es war keine freiwillige Entscheidung, ein Subjekt zu werden. Den Auslöser der Veränderung kennt niemand und genau das ist der Grund für ihre Panik. Sie können weder vorhersehen, wen es als Nächstes treffen wird, noch haben sie die notwendigen Mittel, um es aufzuhalten. Es passiert. Fertig. Danach bleiben einem zwei Möglichkeiten. Die Wahl zwischen Leben und Tod. Ein Dazwischen gibt es nicht. Nicht, solange die jetzige Regierung die Ansicht verteidigt, uns ohne Rücksicht zu beseitigen.

»Da wären wir.«

Liams Stimme holt mich zurück in die Gegenwart. Am Ende des Blocks kommt der Wagen im Schatten einer Laterne zum Stehen. Vor uns liegt die besagte Lagerhalle. Mehrere Container versperren mir die Sicht auf den hinteren Teil der heruntergekommenen Halle. Das alte Backsteingebäude wirkt in dem schummrigen Licht gespenstisch. Metallträger, Tore und das Dach sind von Rost befallen und machen keinen stabilen Eindruck.

»Und nun?«, breche ich das Schweigen.

Isaac gibt einen Stoßseufzer von sich. »Wir warten.« Ehe sich jemand beschweren kann, setzt er fort: »Wir müssen vorsichtig sein. Wir wissen weder ihre Anzahl noch wie viele Subjekte sich unter ihnen befinden.«

Genau das bereitet mir Magenschmerzen. Laut den Fotos vom Informationskommando wissen wir nur von Jonathan und zwei weiteren Personen. Ob er selbst ein Subjekt ist, ist unbekannt.

Nach einer Weile spüre ich, wie jemand an meinem Arm zupft – Mason, der mit seinem Zeigefinger auf die Windschutzscheibe zeigt. »Schau.«

Zuerst verstehe ich nicht, was er mir zeigen möchte. Vor uns herrscht völlige Dunkelheit, die durch wenige Laternen durchbrochen wird. Doch dann sehe ich ihn. Einen Jungen, der geradewegs auf die Halle zurennt. Durch die miesen Lichtverhältnisse kann ich sein Gesicht nicht erkennen und er trägt dunkle Kleidung, was es noch schwieriger macht, seine Statur zu erahnen. Fast schon panisch klopft er gegen das Tor. Nach wenigen Atemzügen öffnet es sich und ein bulliger Mann beäugt den Jungen. Dann verschwinden beide im Inneren.

»Volltreffer«, sagt Liam. »Die Aussagen der Polizisten scheinen zu stimmen.«

Isaac seufzt ein weiteres Mal. »Es nützt nichts. Mason und ich werden die Gegend erkunden.« Sein Blick kreuzt sich mit meinem und ich habe das Gefühl, er starrt mich ein paar Sekunden zu lang an. Fast, als würde er seine nächsten Worte mit Achtsamkeit abwägen. Er schüttelt den Kopf und wendet sich an Liam. »Du und Ty bleibt vorerst im Wagen.«

»Aber –«, möchte ich gegen seinen absurden Befehl protestieren, jedoch komme ich nicht weiter.

»Willst du dich mir widersetzen?«, fragt Isaac direkt und ich finde darauf keine Antwort. Angesäuert wirft er die Tür hinter sich zu. Mason drückt meine Hand, ehe er unserem Gruppenführer folgt.

Will er mich bestrafen? Für die Sache mit dem Jungen? Für das Gespräch, welches er mit Neil führen musste? Ich bin mir sicher, dass es dabei um mich ging. Über meine mangelnden Ergebnisse und das wachsende Misstrauen.

Neil hat ihm bestimmt befohlen, ein Auge auf mich zu haben. Sitze ich deswegen auf der imaginären Ersatzbank? Damit ich der Schutzgarde keinen weiteren Grund liefern kann, einen schlechten Bericht über meine Unfähigkeit zu schreiben?

Ich schalte den Ohrhörer an. Wie ich es drehe und wende, ich bleibe eine Last für Isaac. Mittlerweile habe ich aufgehört zu zählen, wie oft er sich für mein Benehmen entschuldigen musste. Und ehrlich gesagt kotzt es mich an. Sein verdammtes Pflichtgefühl, NOS in den Arsch zu kriechen.

In der Ferne kann ich seine Silhouette sehen. Isaac hilft Mason, auf einen Container zu steigen. Geschickt hievt er sich auf einen Vorsprung und springt auf eine Metalltreppe, die zum Dach führt. Mason ist wenige Monate älter als ich, trotzdem ist er einen Kopf kleiner und hat einen zierlichen Körperbau. Sonderlich stark ist er nicht. Seine Ergebnisse im Nahkampf sind immer knapp unter dem Durchschnitt. Dafür ist er flink und sehr agil. Wie ein Wiesel überwindet er sämtliche Hindernisse und schafft es, selbst größere Gegner von ihren Füßen zu holen.

»Ty?«, meldet sich Isaac über den Ohrhörer. »Gibt es Kameras?«

»Ich glaube nicht«, antworte ich und greife im selben Moment nach dem Tablet. Ein Programm öffnet sich im Hintergrund, während ich verschiedene Zahlen und Codes eintippe. In wenigen Schritten befinde ich mich im System der Stadtüberwachung, welches mir die Kontrolle sämtlicher Kameras erlaubt. Routiniert suche ich nach der entsprechenden Straße und –

Nichts. Die nächstgelegene Kamera ist auf eine Zufahrtsstraße gerichtet. Selbst wenn ich sie komplett umdrehe, könnte ich maximal das Tor zur Lagerhalle ins Visier nehmen.

Unwillkürlich schießt mir ein Gedanke durch den Kopf: Falls es zu einem Kampf zwischen uns und den Personen im Inneren der Halle käme und sie versuchen würden zu fliehen, wäre es fraglich, ob es ihnen gelingen würde. Hinter dem Gebäude ist eine Sackgasse und die einzige Fluchtmöglichkeit haben Liam und ich im Blick. Dass ausgerechnet ein ehemaliger Soldat auf die Idee kommt, hier Schutz zu suchen, ist bedenklich. Gerade weil ihnen eingetrichtert wird, ausweglose Situationen zu meiden.

»Ich kann dir kein Bild von innen beschaffen«, sage ich ins Mikrofon.

Unglücklich über die Information kommt Isaac zurückgelaufen. Am Wagen angekommen, schaut er aufs Dach. »Mason, was ist mit dir?«

»Ja, ich habe eine gute Sicht«, erwidert der gedämpft. »Sieben Personen und unsere Zielperson. Von dem Jungen fehlt jedoch jede Spur. Auch der Riese ist nirgends zu sehen. Moment. Ist das –«

Ein Schuss löst sich.

Alarmiert spannen sich meine Finger um das Headset.

»Mason«, sage ich und kann die pure Angst in meiner Stimme nicht zurückhalten. »Mason! Sag was!«

Nach einer gefühlten Ewigkeit antwortet er: »Wenn wir Informationen wollen, sollten wir uns beeilen. Jonathan ist verletzt.«

Isaac klopft gegen die Scheibe der Beifahrerseite. »Wir gehen rein.«

Hastig löse ich den Sicherheitsgurt und lege meine Hand auf den Türgriff.

»Du bleibst hier«, hält er mich auf.

»Ich kann helfen!«

»Kannst du das wirklich?«

Schätze, ich habe meine Antwort gefunden. Er will mich bestrafen; mich wie einen verdammten Köter an der kurzen Leine halten. Die Ironie der Situation ist mir durchaus bewusst: Ich bin ein Werkzeug von NOS. Im Grunde stehe ich bereits mit einem Fuß über der Klippe, sollte ich nicht beweisen, dass ich brauchbar bin. Und jetzt hält mich mein eigener Gruppenführer davon ab.

»Ich sag's nicht noch mal«, warnt Isaac.

»Schon kapiert«, gebe ich bissig nach.

Widerwillig drücke ich mich in den Sitz und sehe zu, wie sie zu Mason aufschließen.

Ich bin ratlos. Mir ist bewusst, dass meine Ergebnisse in den letzten Monaten immer schlechter geworden sind. Die Sache mit dem Jungen ist kein Einzelfall. Dabei verstehe ich meine Zweifel gegenüber NOS selbst nicht. Wir leben, weil sie uns eine Möglichkeit bieten, im Namen der Regierung ihre Schachfiguren zu sein. Wir beschaffen Informationen. Eskortieren. Infiltrieren. Töten. Alles für eine bessere Zukunft.

Nur …

Ist das wirklich gerecht?

Ich bin ein Subjekt. Wieso werde ich verschont, während andere wie Vieh zusammengetrieben und dann getötet werden? Wofür bin ich nützlich?

Meine Gedanken schweifen zur Selektion. Das Versprechen, welches sie uns geben, klingt nach einer Täuschung und dennoch klammern wir uns daran fest. Es ist das Einzige, was uns antreibt.

Aber es fühlt sich falsch an.

Genau wie dieser Auftrag. Ich sehe mir das Foto an, welches uns der Polizeichef überlassen hat. Es zeigt eine jüngere Version unserer Zielperson. Gepflegtes Haar, ein gestutzter Bart und freundliche hellbraune Augen. Auf seinem Schoß sitzt ein Kind. Beide grinsen sorgenfrei in die Linse. Ich blicke auf die Fallakte. Fünf Jahre. Ihm ist es fünf Jahre lang gelungen, NOS aus dem Weg zu gehen. Bis er vor wenigen Tagen mit einem Subjekt gesichtet wurde. Und jetzt soll er hier sein? Das ergibt keinen Sinn.

Ein Knacken zieht mich aus der Versunkenheit. Aus meinem Ohrhörer vernehme ich verschiedene Stimmen.

»Was wollt ihr hier?«, schnauzt eine Frau.

Niemand reagiert. Es dauert, bis ich Isaac höre, der in gleichgültigem Ton fragt: »Sind Sie Jonathan Redfield?«

»Der bin ich.« Er klingt ungewöhnlich ruhig. »Kann ich euch helfen?«

»Sie wurden vor wenigen Tagen mit einem Subjekt gesehen. Stimmt das?«

Ein kaum hörbares Lachen. »Was, wenn dem so wäre? Würdest du mich umbringen?«

»Boss!«, ruft die Frau bestürzt.

»Ihr kommt von NOS, richtig? Ich habe keine Angst«, entgegnet Jonathan. »Im Gegenteil. Ich habe auf euch gewartet.«

»Worauf genau?«, fragt Isaac und ich kann es hören. Das überhebliche Grinsen auf seinen Lippen. »Uns liegt ein Tötungsbefehl vor, Jonathan Redfield.« Ein Klicken dringt durch den Ohrhörer, gefolgt von ersticktem Einatmen. Ohne die Szenerie zu sehen, weiß ich, was soeben passiert ist. Isaac hat seine Pistole entsichert und sie gegen unsere Zielperson erhoben. »Was mich allerdings erstaunt, ist, wie leicht Sie es uns machen. Als ob Sie sich keine Mühe geben würden, Widerstand zu leisten. Von einem ehemaligen Kriegshelden habe ich mehr erwartet.«

Genau in dem Moment müssen in der Halle etliche Dinge gleichzeitig passieren: zwei Schüsse, ein Ächzen, verschiedene Schreie und Masons Warnruf an Liam.

Ohne zu zögern, reiße ich die Autotür auf. So schnell wie möglich komme ich der Halle näher. Dennoch bleibe ich achtsam im Schatten, klettere auf einen herumstehenden Container und ziehe mich von dort auf die metallene Treppe. Das Geländer klappert bedrohlich gegen die Schrauben, als ich mich die Stufen nach oben kämpfe.

Zwar kann ich nicht sehen, was unter mir passiert, aber ich kann es hören.

»Mason, pass auf!«, ruft Liam.

Ich vernehme Grunzen, Geräusche von aneinanderklirrenden Messern und wie Gliedmaßen gegeneinanderschlagen.

Eine Drohne schwebt wenige Container von mir entfernt. Ihr Brummen wird lauter, als sie mir näher kommt. Wie praktisch es wäre, ihr System zu hacken. Sie könnte mir zeigen, was gerade vorgeht.

Es ist nicht so, dass es aussichtslos wäre. Einmal ist es mir gelungen, eine Drohne zu steuern, damit sie uns bei einem Auftrag helfen konnte. Mit vollem Erfolg. Dank ihrer Hilfe ist es uns gelungen, die gesuchte Person zu fassen. NOS und Neil waren zunächst sehr zufrieden. Bis ich in der Nacht aus dem Schlafsaal gezogen und von einem Aufseher für meine Tat bestraft wurde. Seither gibt es verbesserte Warnsysteme, die es fast unmöglich machen, die Firewall zu knacken. Das Stichwort ist *fast*.

Trotzdem will ich es lieber nicht darauf ankommen lassen.

Bedacht überwinde ich eine fehlende Treppenstufe und trete ans kaputte Fenster, welches mir einen Blick ins Innere erlaubt.

Die Halle ist größer als angenommen und zu meinem Pech kaum ausgeleuchtet. In den Ecken stapeln sich zurückgelassene Kisten und Metallpaletten.

Etwas knistert an meinen Ohren. Kleine Flammen offenbaren die Kämpfe, die sich unten abspielen. Sofort fangen meine Augen Jonathans Gestalt ein. Sein Haar ist um einiges länger und er hat abgenommen. An seinem Leib trägt er einen ausgefransten Mantel. Schwerfällig lässt er sich auf einer versifften Matratze nieder und beobachtet mit müden Augen das Geschehen. Dabei ruht eine Hand auf seiner linken Schulter.

Sein Verhalten verblüfft mich. Teilnahmslos sieht er zu, wie seine Kameraden in die Enge getrieben werden.

Einer von ihnen wirft ein Messer nach Liam. Geschickt gelingt es diesem, der Klinge auszuweichen, und er schlägt dem Kerl direkt ins Gesicht. Verglichen mit dem Rest meiner Einheit besitzt Liam die höchste körperliche Stärke, sodass es mich nicht sonderlich überrascht, als sein Gegner zusammenklappt.

Die Frau, die so schnippisch reagiert hat, greift von der Seite aus an. In der Hand hält sie fest umschlossen einen Dolch, mit dem sie in schnellen Stichbewegungen versucht, Isaac zu treffen. Beim nächsten Hieb ergreift er ihren Unterarm und noch bevor sie etwas sagen kann, sinkt sie durch einen gut platzierten Handkantenschlag zu Boden.

Mason hingegen ist mit dem Riesen beschäftigt, der den Jungen in die Halle gelassen hat. Er ist fast doppelt so groß wie mein Freund, doch seine Schritte sind langsam. Mit Leichtigkeit schlingt Mason seine Arme um den Hals des Mannes und hebt sich auf dessen Schultern. Dann rammt er ihm den Ellbogen gegen die Schläfe und holt ihn von den Füßen. Noch bevor der Koloss sein Gleichgewicht wiederfinden kann, verpasst Mason ihm einen Roundhouse-Kick.

Rücken an Rücken stehen Liam und Mason beisammen, halten die verbliebenen vier Angreifer in Schach. In einer fahrigen Bewegung holt Liam sein Feuerzeug aus der Jackeninnentasche und zündet es an. In aggressivem Orange sammeln sich kleine Flammen in seiner gespreizten Handfläche und formen sich zu einem Ring, der größer und größer wird. Mit Vorsicht hebt Liam die Hand und der Flammenring trennt Jonathan von dessen Anhängern. Nun ist er Isaacs Gnade ausgesetzt.

Ich will mich gerade abwenden, als ich im Augenwinkel eine Bewegung in der hinteren Ecke der Halle wahrnehme. Sie ist so unscheinbar, dass ich sie fast übersehen hätte. Aus meiner Position kann ich jedoch nur eine kleinere Person ausmachen.

Der Junge!, ziehe ich die Verbindung.

Da mir keine Zeit zum Nachdenken bleibt, stürze ich die Treppenstufen nach unten und nutze meine Fähigkeit. Mit jeder Sekunde verschwindet mein Körper langsam, bis ich komplett unsichtbar bin.

Im Inneren der Halle herrscht mittlerweile Stillstand. Die restlichen Anhänger haben es aufgegeben, die Barriere zu durchbrechen. An Armen und Händen erkenne ich Brandverletzungen.

Wie dumm, spotte ich. *Sie wissen, dass es zwecklos ist, und trotzdem riskieren sie es.*

Und im selben Atemzug beneide ich sie. Ihre Sorge und Loyalität Jonathan gegenüber sind echt.

Ich wende den Blick ab und schleiche mich hinter den Kisten entlang. Dann entdecke ich ihn. Auf Zehenspitzen linst der Junge auf das Geschehen. Sein Gesicht ist kreidebleich. Wut, Hass, Zweifel, Verwirrung und Unruhe spiegeln sich darin.

Ich strecke den Arm nach ihm aus, doch auf einmal ist er verschwunden. Vor Liam taucht er wieder auf und zieht sein Messer hoch. Um Haaresbreite kann Liam rechtzeitig den Kopf zurückziehen. Mason baut sich schützend vor ihm auf und holt aus, doch auch seine Faust trifft ins Leere.

Die schmale Klinge blitzt im warmen Licht eines Strahlers auf. Er will Isaac aus dem Rücken angreifen! Zügig springe ich auf die Kiste und hetze an seine Seite; erfolglos.

»Isaac!«, warne ich meinen Freund.

Abrupt kommt das Messer vor seinem Gesicht zum Stehen. Mit eiskaltem Blick wendet Isaac sich an den Jungen. Blanke Angst steht in dessen Zügen geschrieben, während er verzweifelt versucht, sich aus dem Eisengriff zu befreien.

»Lass ihn gehen!«, mischt Jonathan sich ein. »Er ist nur ein unwissendes Kind.«

»Er ist ein Subjekt«, korrigiert Isaac unterkühlt. »Nein. Ein Abtrünniger.«

Unter diesen Umständen hätte es nicht offensichtlicher sein können, was mein Gruppenführer damit ausdrücken will.

»Ich flehe dich an«, fährt Jonathan fort. »Verschon den Jungen.«

Ein hohles Lachen schrillt durch die Halle. »Du willst mit mir verhandeln? Überschätz dich nicht, alter Mann.«

»Isaac …«

Langsam werde ich wieder sichtbar. Kaum kreuzen sich unsere Blicke, tobt Isaac vor Wut.

»Was machst du hier?«, schnauzt er mich an. »Hatte ich dir nicht befohlen, im Wagen zu bleiben?«

»Ich wollte helfen«, erkläre ich.

Er grunzt. »Ich habe die Lage im Griff.«

»Tatsächlich?« Mit äußerster Vorsicht steht Jonathan auf und fixiert Isaac. Seine Augen haben einen merkwürdigen entschlossenen Glanz. Hinter dem Feuerring wird es auf einmal laut. Die Anhänger sind aufgeregt und in ihren Zügen erkenne ich aufrichtige Sorge. Doch Jonathan lächelt. »Du solltest mich nicht *unterschätzen*, Bürschchen.«

Es passiert ganz schnell. Ich blinzele und schon sind seine Kameraden verschwunden. Selbst der Junge, der unter Isaacs Griff gefangen war.

Die Stille, die durch das Knistern der Flammen unterbrochen wird, ist beängstigend. Ich starre auf den breiten Rücken meines Gruppenführers und rechne mit einem weiteren Wutausbruch. Als er schließlich kommt, schrecke ich trotzdem zusammen. Von Zorn getrieben, holt er zu einem Hieb aus. Wütend krallen sich seine Finger in den ausgefransten Mantel und zwingen Jonathan, auf den Beinen zu bleiben.

»Was hast du getan?«, fährt er ihn an.

»Ich lasse nicht zu, dass du ihnen ein Haar krümmst«, keucht der ältere Mann schwach, aber zufrieden.

Isaac schnaubt verächtlich und dreht sich dann zu uns. »Teilt euch auf. Findet –«

»Zwecklos. Ihr werdet sie niemals finden.« Furchtlos reckt sein Gegenüber das Kinn. »Wenn du mir nicht glaubst, versuch dein Glück. Nutze deine Fähigkeit!«

Ich bin überrascht darüber, dass ihm offenbar unsere Kräfte bekannt sind. Entschlossen stellt Isaac sich ihm entgegen.

Empathie.

Es ist eine Fähigkeit, die es dem Anwender gestattet, Gefühle und starke Erinnerungen nachzuempfinden. Nicht nur das. Sie ermöglicht es, Dinge zu hören, die gesagt wurden, zu sehen, was bereits geschehen ist, und zu fühlen, welche Emotionen in jemandem vorgehen. Isaacs Kraft ist besonders, weil sie ihm auch erlaubt, telepathisch mit demjenigen zu kommunizieren, zu dem er eine starke Verbindung aufgebaut hat. Oftmals wird er deswegen zu den Verhören gerufen, um das Informationskommando dabei zu unterstützen, an wertvolle Daten zu kommen. Aber auch er hat Grenzen. Menschen mit ausgeprägtem Willen widersetzen sich ihm und wie es scheint, gehört Jonathan dazu.

»Tobias.« Die Kälte in Isaacs Gesicht lässt mich erstarren. »Du kennst unseren Auftrag. Erledige ihn.«

Geschockt wippe ich auf den Fersen zurück, als hätte ich eine Ohrfeige bekommen.

»Wovon redest du?«, frage ich atemlos.

Isaac fixiert mich stumm und ich merke, wie ernst ihm sein Befehl ist. Es gibt Momente, da erschreckt mich die Härte meines Freundes. Mason versucht, ihn umzustimmen, doch Isaac bleibt standhaft. Er will, dass ich es erledige, und mir ist bewusst, dass es gleichzeitig meine Wiedergutmachung ist. Ich soll ihm beweisen, dass ich hinter NOS stehe und nicht länger zögere, den Abzug zu drücken.

Widerwillig ziehe ich meine Pistole aus der Gürteltasche und ziele auf Jonathan.

Mason hinter mir zieht scharf die Luft ein.

Jetzt wünschte ich mir, im Wagen geblieben zu sein. Die bloße Vorstellung dessen, was Isaac von mir verlangt, lässt meinen Magen rebellieren. Mir bleibt keine Wahl, ich weiß es, und trotzdem ist es nicht weniger grausam.

»Ihr seid alle noch grün hinter den Ohren«, seufzt Jonathan. »Vertraut einfach einer gesichtslosen Person und verlernt das Denken.«

»Warum sind Sie nicht geflohen?«, frage ich.

Dass seine Anhänger nicht mehr in der Halle sind, lässt nur einen Schluss zu: Jonathan ist ein Subjekt und seine einzigartige Fähigkeit ist Teleportation. Vor langer Zeit habe ich in den Unterlagen meines Vaters darüber gelesen. Im Handumdrehen erlaubt sie dem Nutzer, jemanden Tausende Kilometer weit weg zu teleportieren. Der Nachteil ist der Rückstoß des Energieverbrauchs. Dass Jonathan es geschafft hat, seine Leute aus der Halle zu bringen, ist bemerkenswert. Selbst bei einer Person verlieren die meisten das Bewusstsein und brauchen Stunden, um sich zu erholen. Dennoch glaube ich, dass es ihm gelungen wäre, mit seinen Anhängern gemeinsam zu fliehen.

»Was hätte das für einen Sinn?«, stellt er eine Gegenfrage. »Ich bin es leid, vor euch wegzurennen.«

»Aber damit … sterben Sie.«

Allein seine offene Haltung verrät mir, dass ihm das durchaus bewusst ist. Meine Hände werden schwitzig.

»Hat ein Subjekt überhaupt eine Wahl?«

»Ja!«, springt es aus mir heraus. »NOS –«

»Ist gut darin, Menschen wie euch zu manipulieren.« Er zeigt auf mein Armband. »Lieber sterbe ich, als wie ein in Ketten gelegtes Tier zu leben. Sag mir, Junge. Ist das ein lohnenswertes Leben?«

»Immer noch besser, als den Tod zu wählen!«, argumentiere ich dagegen.

»Wirklich?« In seinen Augen brennt ein Feuer, welches mir unangenehm ist. »Es macht für mich den Eindruck, als wärst du bereits tot.«

»Was wissen Sie schon!«

»Nichts«, sagt er hundemüde. »Das ist das Problem. Ich kann bloß beten, dass meine Schützlinge mutiger sein werden.«

»Was machst du da, Ty?«, mischt Isaac sich ein. »Wenn du überleben willst, drück den verdammten Abzug.« Das Gesicht läuft ihm vor Ungeduld fast so rot an wie das Hemd, welches er unter seiner Jacke trägt. »Töte ihn!«

Jonathans Hand, die noch immer auf der Schusswunde ruht, ist mittlerweile blutgetränkt. Er lacht. »Ihr amüsiert mich. Sind das die Möglichkeiten, die NOS euch bietet? Menschen zu töten, um weiterzuleben? Ihr tut Dinge, von denen ihr keine Ahnung habt. Wacht auf! Sie fesseln euch, zwingen euch ihren Willen auf.« Sein starrer Blick bohrt sich in meinen. »Soll ich dir ein Geheimnis verraten, Junge? Eure geliebte Einrichtung –«

»Genug mit dem Unsinn! Tobias, erledige den gottverdammten Auftrag.«

Ich weiche einen Schritt zurück. Wieso soll ich ihn erschießen? Unter normalen Umständen würden wir ihn mitnehmen und zu seinen Aktivitäten im Widerstand befragen. Auf eine Hinrichtung als Treuebeweis gegenüber unserer Einrichtung bin ich nicht vorbereitet.

Frustriert über meine Unsicherheit ergreift Isaac meine Hand, in der ich die Pistole halte, zerrt sie hoch und drückt die Mündung auf Jonathans Stirn.

»Jetzt, tu es! Bring ihn um!«

»Bitte zwing mich nicht.«

»Dir bleibt keine andere Wahl«, knurrt er gnadenlos. »Erschieß ihn!«

Ich versuche, meine Hand wegzuziehen, doch aus irgendeinem Grund ist Isaac stärker. »Ich kann nicht.«

»Tu es!«

Langsam schüttle ich den Kopf, sehe hinunter auf Jonathans zusammengesunkene Gestalt. Wir haben gewonnen. Warum muss ich ihn töten?

»Weil du lernen musst, deine Gefühle zu kontrollieren!«

Sprachlos sehe ich ihn an. Hat er gerade meine Gedanken gelesen?

»Isaac …«

»Tu es, bevor es zu spät ist.«

»Ich –«

»Ty. Töte ihn!«

Welche Wahl habe ich schon? Es gibt kein Zurück. Der Griff um mein Handgelenk ist hart wie Stahl. Es schmerzt, doch der Schmerz ist nichts im Vergleich zu dem in meinem Herzen. Qualvoll hämmert es gegen meine Brust. Und auf einmal kommt alles zum Stillstand. Ich kneife die Augen fest zusammen und drücke den Abzug. Ohrenbetäubend höre ich den Knall, merke, wie Jonathan zuckt und auf die Matratze fällt.

Mir wird schlecht, als ich die Augen wieder öffne.

Die Trauer, das Entsetzen und die Grausamkeit der Tat überrollen mich und drohen mich von innen zu zerfetzen. Endlich lässt Isaac meine Hand los. In dem Moment spüre ich eine unsagbare Wut gegen ihn.

Hinter uns wird es unruhig. Die Halle füllt sich mit Menschen in den Uniformen der Schutzgarde.

»Das war grandiose Arbeit«, lobt ein hochgewachsener Mann mit mandelförmigen Augen. Hoch erfreut und in bester Laune hält er mir seine Hand entgegen. »Henry Marten. Ausbilder aus der Zweigstelle von Europa. Ich wurde berufen, euch meine Unterstützung anzubieten.« Er sieht über meine Schulter hinweg, direkt auf den leblosen Körper. »Kam wohl zu spät zur Party.«

Fassungslos starre ich die ausgestreckte Hand an. Großartige Arbeit? Scheiße! Ich habe gerade ein Subjekt erschossen! Einen Menschen …

Henry betrachtet mich einen Moment lang, bevor er die Hand, immer noch freudestrahlend, senkt.

Zwei Männer heben Jonathans Körper auf eine Trage.

Henry räuspert sich. »Wir übernehmen jetzt den Rest.«

»Ich vermute, dass seine Anhänger noch in der Nähe sind«, verrät Isaac hilfsbereit. »Wenn Sie es wünschen, können wir Ihnen –«

»Nicht nötig«, lehnt Henry äußerst höflich ab. »Wir schaffen das allein.«

Unschlüssig stecke ich die Pistole in das Halfter und stelle mich zu Mason. Von der Art des Mannes abgesehen, es ist unüblich, mitten in einer laufenden Operation abgezogen zu werden.

Henry kehrt uns den Rücken zu und macht aus dem Handgelenk eine Bewegung, ihm zu folgen. Vor der Halle haben sich mehrere Polizeistreifen versammelt. Hinter dem Absperrband stehen neugierige Passanten, unter ihnen auch Reporter verschiedener Sender. Die Kameralinsen sind genau auf den Eingang gerichtet, darauf lauernd, etwas Interessantes einzufangen. Ich ahne, worüber sie berichten werden. Das hier ist schließlich ein gefundenes Fressen, wie grausam Subjekte handeln können und dass es notwendig ist, sie auszulöschen.

Henry versetzt mir einen kleinen Stoß und wir laufen weiter. Ich kann nicht aufhören, darüber nachzudenken, dass etwas faul ist.

»Warum sind Sie hier?«, spreche ich meine Bedenken aus.

»Das sagte ich bereits: Ich wurde berufen, euch zu unterstützen«, antwortet Henry sachlich. »Ich entschuldige mich aufrichtig für die Unannehmlichkeiten. Die AUTORITÄT wünscht, dass ihr unverzüglich in eure Einrichtung zurückkehrt.«

An unserem Wagen gibt Isaac ihm dankend die Hand. Mason und Liam steigen wortlos ein. Ich will ihnen folgen, allerdings habe ich auf einmal ein flaues Gefühl im Magen. Als ich mich umdrehe, fange ich Henrys Blick auf.

»Kann ich Ihnen helfen?«, frage ich verunsichert.

»Nein, nein«, gibt Henry zurück. »Es war schön, dich endlich kennenzulernen. Bis bald, Tobias.«

Damit verabschiedet er sich und joggt zur Halle hinüber. Ich kann mich irren, aber der Ausdruck eben hatte etwas Sadistisches an sich, und ich bin erleichtert, ihm nicht länger in die Augen sehen zu müssen.

Der Motor springt an.

»Steig ein«, befiehlt Isaac und ich gehorche.

Die Fahrt zu unserer Unterkunft ist erdrückend. Im Radio spielt irgendein Popsong, der jedoch die unterkühlte Stimmung nicht glätten kann. Jeder von uns scheint in Gedanken versunken zu sein.

Wir biegen auf die Hauptverkehrsstraße ein, als mir etwas einfällt, und ich frage mich, warum es mir nicht schon viel eher aufgefallen ist.

Ich wende mich an Mason. »Sagtest du nicht, dass du sieben Personen plus Jonathan, den Jungen und den Riesen gesehen hast?«

»Mhm«, bestätigt er.

»Wer hat Jonathan dann angeschossen?«

Nachdenklich reibt Mason sein Kinn. »Ich konnte leider nicht viel erkennen. Aber es wirkte, als ob sich seine Anhänger über irgendetwas streiten würden. Einer von ihnen zog unerwartet eine Waffe und drückte ab.«

»Hast du gegen ihn gekämpft?«

»Ja – ich meine …« Er seufzt müde. »Keine Ahnung. Es herrschte so ein Durcheinander, dass ich darauf keine Rücksicht genommen habe.«

Ich lehne mich vor. »Was ist mir dir, Liam?«

Mit einem Kopfschütteln sagt er: »Bei unserer Ankunft habe ich sieben Personen gezählt.«

»Ja.« Ich nicke. Das deckt sich mit der Anzahl, die ich gesehen habe, aber –

»Eine Person fehlt«, ergänze ich.

Mason schnippt mit den Fingern. »Der Riese! Er stand vorher nicht in der Gruppe.«

»Es reicht«, warnt Isaac.

Ich bleibe stur. »Es ergibt keinen Sinn. Jemand fehlt und hat offensichtlich auf Jonathan geschossen. Warum sollte ein Anhänger seiner Gruppe so etwas tun?«

»Mir egal. Wir sind dafür nicht mehr zuständig.«

»Sollten wir –«

Isaac drückt auf die Bremse.

»Sag mal, kapierst du das nicht?«, faucht er mich an. »Willst du dich den Befehlen deiner Einrichtung widersetzen? Du hättest sterben können!«

»Ich lebe aber noch.«

Ich lebe. Jonathan nicht.

Schnaufend setzt Isaac die Fahrt fort. Keiner sagt ein Wort. Nur vage nehme ich Masons Hand wahr, die sich auf meine legt. Dankbar lächle ich ihn an, aber offenbar verfehlt es seine Wirkung. Die Sorge bleibt auf seinem Gesicht.

Ich wende mich ab und blicke auf meine Hände, die sich noch immer zittrig anfühlen. Ich habe heute jemanden erschossen. Es spielt keine Rolle, ob mir eine Wahl gelassen wurde; ich bin es gewesen, der abgedrückt hat.

Lieber sterbe ich, als wie ein in Ketten gelegtes Tier zu leben.

Sag mir, Junge. Ist das ein lohnenswertes Leben?

Frustriert beiße ich die Zähne fest zusammen. Egal wie sehr ich es versuche, ich kann Jonathans Worte nicht ignorieren. Dafür klangen sie zu aufrichtig. Scheiße. Ich weiß einfach nicht, was ich noch glauben kann.

Schlagartig wird das Lied im Radio unterbrochen.

»Wir unterbrechen das Programm für eine Eilmeldung. In Kensington herrschen seit wenigen Minuten starke Unruhen in einem Wohngebiet. Augenzeugen berichten über ein wild gewordenes Subjekt. NOS ist bereits informiert und bittet die Bevölkerung, Ruhe zu bewahren und Schutz zu suchen. Gleichzeitig erhielten wir die Meldung, dass der seit fünf Jahren vermisste Jonathan Redfield in einer Lagerhalle außerhalb der Stadt ermordet wurde. Ob die Unruhen mit seinem Tod in Verbindung stehen, ist noch unklar. Wir halten Sie auf dem Laufenden.«

Ungläubig starre ich auf das Armaturenbrett. Mein Hals schürt sich zu.

»Ein wild gewordenes Subjekt?« Mason rümpft die Nase. »Etwas Besseres ist denen wohl nicht eingefallen.« Dann schaut er zu mir. »Was ist los? Du bist auf einmal ganz blass.«

Ich schlucke den säuerlichen Geschmack in meinem Mund hinunter. Im Kopf wiederholen sich die Worte der Nachrichtensprecherin. »Die Meldung gerade. Wo, sagten sie, seien die Unruhen?«

Liam wirkt über meine Frage überrascht, dennoch tippt er die Adresse ins Tablet ein und zeigt es mir. Der besagte Ort ist ganz in der Nähe. Eine Viertelstunde mit dem Auto entfernt.

»Vergiss es«, meint Isaac streng.

Schon wieder. Der Mistkerl hat schon wieder meine Gedanken gelesen!

»Lass uns ihnen helfen.«

»Ausgeschlossen.«

Weil es uns nicht befohlen wurde? Es ist unlogisch. Wir sind in der Nähe. Ehe die Zentrale dort ist, könnte die Lage bereits eskalieren und … und er … er könnte vielleicht …

Unser Wagen kommt ruckartig zum Stehen. Genervt schaut Isaac auf die Rückbank.

»Was, verflucht, ist los mit dir?«, schreit er mich an.

Es wird still.

Mucksmäuschenstill.

Die anderen beiden ziehen es vor, zu schweigen, gespannt darauf, was ich zu sagen habe. Ich senke den Kopf.

»Ich habe das Gefühl, dorthin zu müssen«, erkläre ich.

»Weshalb?«

Eine berechtigte Frage. Ich habe keine Ahnung, ob er überhaupt noch in dem Einfamilienhaus lebt. Vier Jahre sind eine verdammt lange Zeit. Und dennoch …

»Ich muss dahin.«

Unbekümmert von meinen Worten fährt Isaac weiter.

»Isaac. Bitte«, flehe ich hilflos. Die Angst, zu spät zu kommen, ist so groß, dass ich vor Machtlosigkeit fast ersticke.

»Vergiss ihn.«

Gott.

Gottverfluchte Scheiße!

Ich will ihn packen und schütteln, ihm das Gesicht verprügeln und ihn anschreien. Ist ihm überhaupt bewusst, was er da von mir verlangt? Ich kann doch nicht –

»*Ty!*«

Unvermittelt höre ich, wie jemand mich von Weitem ruft. Es ist eine wohlbekannte, tief klingende Stimme, die mein Herz vor Sehnsucht schreien lässt. Doch es ist unmöglich. *Er* ist nicht hier.

Meine Hand legt sich auf meinen Brustkorb, unter den Fingerspitzen kann ich das starke Pochen spüren. Es wirkt wie eine Illusion, ein Hirngespinst, hervorgerufen durch die Nachricht im Radio und meine Sorge. Doch der zweite Ruf ist klarer und ich glaube, Verzweiflung in ihm zu hören.

Den dritten vernehme ich ganz deutlich.

»*Tobias!*«

Als ich die Stimme höre, gibt es keinen Zweifel mehr und augenblicklich strömen Bilder in meinen Kopf. Ich sehe *ihn*, den Rücken zu mir gewandt, eine Person vor ihm auf dem Boden kauernd und einen Mann, der die Mündung seiner Waffe auf ihn richtet. Das Zimmer ist mir vertraut. Trotz der Dunkelheit erkenne ich schemenhaft die gelben Vorhänge vor dem Fenster und die Anordnung der Küchenmöbel. Ein schwacher Kerzenschein wirft lange Schatten gegen die weißen Wände. Es hat sich nichts geändert. Alles ist noch genau so wie früher.

Meine Finger ballen sich zu Fäusten, nachdem die Bilder verschwunden sind und nichts außer Verwirrung und einem dumpfen Kopfschmerz zurückgelassen haben.

Keine Ahnung, was soeben passiert ist, aber eines steht fest: Sam braucht mich. Er braucht mich jetzt!

Isaac bremst den Wagen an einer Kreuzung ab. Das ist meine Chance! Sofort nehme ich einen tiefen Atemzug, löse den Sicherheitsgurt und reiße die Tür auf. Die Innenbeleuchtung springt an und eiskalte Luft füllt meine Lungen. Ich renne los.

»Ty!«, ruft Isaac mir hinterher. »Was soll das werden?«

Meine Füße bleiben nicht stehen. Sie ignorieren den wütenden Tonfall und treiben mich immer weiter weg. Allerdings werde ich nach wenigen Schritten von einem kraftvollen Griff zurückgezogen. Ich sehe in tiefgrüne Augen.

»Scheiße, was hast du vor, Tobias?!«, brüllt Isaac, seine Stimme wankt, als er meinen Kragen packt und mich zu sich zerrt.

»Lass mich los.«

»Damit du in dein Verderben rennst?«

Verdammt, ich weiß es. Ich weiß, wie dumm und naiv es ist, und vermutlich hätte ich allein nicht einmal eine Chance, aber ich muss es zumindest versuchen. Ich kann es nicht NOS überlassen. Nicht wenn es um ihn geht. Wenn es um sein Leben geht.

»Ist mir egal!« Schroff winde ich mich aus seinem Griff.

»Willst du dich wirklich gegen uns stellen? Für einen längst vergessenen Freund?«

»Ich kann ihn nicht zurücklassen.«

»Wenn du jetzt gehst, wird dich keiner mehr retten können. Du wirst zu einem Abtrünnigen.«

Ich sehe zum Wagen. Liam und Mason tauschen besorgte Blicke aus. Ein Abtrünniger. Ein Subjekt auf der Flucht. Ein Werkzeug, welches unbrauchbar ist. Niemand von ihnen kann es verstehen. Nur seinetwegen habe ich damals die Entscheidung getroffen, NOS zu folgen. Er allein ist der Grund, weshalb ich das Leben wählte.

»Es tut mir leid.«

»Ist er es wirklich wert?«, schreit Isaac. »Denkst du, er wird dich mit offenen Armen empfangen? Wach auf, Tobias! Du bist ein verfluchtes Subjekt. Ein –«

Monster.

Ich hole aus, habe genug von seinen Worten, doch Isaac fängt meinen Arm ab, ohne mit der Wimper zu zucken. Womit er nicht gerechnet hat, ist der zweite Schlag, der seine Nase trifft.

»Er ist nicht wie die anderen!«, verteidige ich ihn.

Kaum bringe ich es über die Lippen, nutze ich meine Fähigkeit und verschwinde vor Isaacs Augen. Es stimmt. Unsere Einheit ist im letzten Jahr zu so etwas wie meiner Familie geworden. Aber er …

Ich kann das Gefühl nicht länger unterdrücken. Egal wie sehr ich es versuche.

Er bedeutet mir so viel mehr.

KAPITEL 4

Die Nachtluft strömt in meine Lungen. Es ist eine Weile her, dass ich meinen eigenen Entscheidungen gefolgt bin, ohne Reue oder Schuld zu empfinden.

Der Himmel über mir ist pechschwarz und die Mondsichel wolkenverhangen. Als die Wolken weiterziehen, offenbaren sie einen einzigen Stern. Fast, als solle sein Licht mir in dieser Dunkelheit beistehen.

Schemenhaft erkenne ich die Umrisse der Häuser. Aus irgendeinem Grund ist die Straßenbeleuchtung ausgefallen, doch auch in der Düsternis ist alles schmerzhaft vertraut. Mein Herz kennt den Weg und führt mich wie ein sicherer Kompass voran.

Je näher ich komme, desto unruhiger werde ich. Die Erinnerungen, die ich vehement zu unterdrücken versucht habe, sind mit einem Schlag zurück.

Ich höre sein helles Lachen, welches ich um jeden Preis beschützen wollte. Sehe seine liebevollen Augen, die meinen Blick mit so viel Gefühl auffingen. Spüre seinen Herzschlag unter meinen Fingerkuppen, der sämtliche Zweifel von mir nahm und mich wissen ließ, dass ich nicht allein durch die Welt wandern musste.

Wie dumm von mir.

Ich habe versucht, all das zu vergessen. Dabei sollte gerade ich verstehen, dass das unmöglich ist. Die Vergangenheit kann man nicht einfach auspusten wie eine Kerze.

Die Straße sinkt leicht ab und vor mir bilden Ahornbäume eine Allee. Ihre bunten Blätter wiegen sich sanft im Wind, tanzen in der Luft und sammeln sich zu kleinen Häufchen am Bordstein.

Ganz vage nehme ich ein unangenehmes Brennen an meinem rechten Handgelenk wahr, das mit jedem Herzschlag intensiver wird. Ich ignoriere es so gut wie möglich und achte auf mein Umfeld.

In meiner Nähe höre ich einen Brummton. Erschrocken hebe ich den Kopf und sehe über die Hausdächer. Meine Augen finden keine Drohne, aber der Klang ist unverwechselbar.

Da mir keine Zeit bleibt, hetze ich über den Gehweg. Zwei Häuser bilden das Ende der ruhigen Nachbarschaft. Während ich das eine komplett aus meinem Sichtfeld streiche, nähere ich mich dem anderen. Das Licht auf der Veranda brennt nicht und mitten auf der Einfahrt parkt ein Geländewagen. Vor der Haustür lungert eine Gestalt. Deren ganze Aufmerksamkeit liegt allerdings auf ihrem Handy.

Mein Kopf rattert. Wenn die Bilder, die ich gesehen habe, wirklich der Wahrheit entsprechen, dann befindet sich in dem Haus noch eine weitere Person.

Langsam und äußerst bedacht bewege ich mich vorwärts, doch ohne Vorwarnung geben meine Beine nach. Der glühende Schmerz am Handgelenk wird beißend und breitet sich wie tausend kleine Ameisen auf dem gesamten Oberarm aus.

Auf zittrigen Beinen stehe ich auf, doch der Schwindel ist hartnäckig. Der stechende Druck und das feurige Gefühl sind kaum zu ertragen und gleichzeitig frage ich mich, was zum Teufel gerade passiert. Scheiße. Ich halte das nicht länger aus und gehe hinter einem Baum in Deckung. Ohne Vorwarnung schießt eine Schmerzenswelle durch meine Glieder. Hart beiße ich die Zähne aufeinander, um einen Laut zu unterdrücken.

Sofort unterbreche ich meine Fähigkeit und plötzlich schießt mir ein übler Gedanke durch den Kopf. Sag mir nicht –

Ich schiebe den Stoff meiner Jacke nach oben und sehe ein schwaches flackerndes Licht, welches mir ins Gesicht leuchtet. Augenblicklich schnürt sich mir die Kehle zu. Anstatt eines matten Gelbtons blinkt mein Armband in zügigen Intervallen feuerrot.

Rot.

Ein Zeichen, dass ein Subjekt die Befehle von NOS missachtet und zum Töten freigegeben wird. Es dauert, bis die Information bei mir ankommt.

Mit unruhigen Fingern umgreife ich meinen Arm, der sich mittlerweile etwas taub anfühlt. Meine Freigabe wurde nicht grundlos verändert – sie wurde in dem Moment aufgehoben, in dem ich als Abtrünniger markiert wurde.

Das würde auch die ungeheuerlichen Schmerzen erklären. Ohne die Freigabe reagiert das Armband auf die Energieströme, die wir entfesseln, sobald wir unsere Fähigkeiten benutzen wollen. Der bloße Versuch, sie unautorisiert einzusetzen, endet mit qualvollen Stromstößen. Sie sind dermaßen intensiv, dass sie unter anderem Benommenheit, Schwindel, Erinnerungslücken bis hin zu Bewusstlosigkeit oder Krampfanfälle auslösen können. In den schlimmsten Fällen führt es zum Atemstillstand.

Scheiße!

Der Versuch, das Armband zu entfernen, ist sinnlos, weshalb ich mir gar nicht erst die Mühe mache, es zu probieren. Es lässt sich nur mit einem speziellen Gerät und einem Sicherheitscode lösen.

Zähneknirschend spähe ich auf die Veranda. Das Handylicht verrät Position und Statur der Person. Stämmig, Glatze und ziemlich hochgewachsen. Völlig schutzlos lehnt er neben der Eingangstür. Ich kann von Glück sprechen, dass er so unachtsam ist und mich bis jetzt noch nicht bemerkt hat.

Ohne einen zweiten Gedanken an mögliche Konsequenzen zu verschwenden, gebe ich meine Deckung auf. Sofort nimmt mich der Mann ins Visier – er ist größer und kräftiger als ich, doch seine Haltung zeigt Unsicherheit. Er kommt näher und legt sein ganzes Gewicht in den Schlag. Ich ducke mich unter seinem Arm hinweg und ramme ihm den Ellbogen in die Rippen. Ehe er die Chance hat, nach mir zu greifen, springe ich zur Seite und greife nach dem Messer in meiner Hüfttasche. In einer fließenden Drehbewegung schlage ich ihm den Knauf gegen den Schädel.

Keuchend spüre ich seinen warmen Atem an meiner Wange, dann klappt er durch die Wucht der Attacke in sich zusammen.

Eilig durchsuche ich den Mann, aber er hat weder einen Ausweis dabei noch sonst einen Hinweis darauf, wer er ist und wieso er vor dem Haus meines Freundes steht. Das Einzige, was mir ins Auge sticht, ist eine Tätowierung eines Phönix am Nacken.

Eine Sirene lässt mich aufhorchen. Sollte NOS bereits auf dem Weg sein, um nach dem mutmaßlichen Subjekt aus den Nachrichten zu suchen?

Ich sollte keine Zeit verschwenden.

Im Inneren ist es ungewöhnlich still. Der Eingangsbereich ist dunkel und die lebhaften Stimmen, die mich normalerweise immer empfangen haben, sind nicht zu hören. Auf der Fußmatte finde ich abgetragene Sneakers und die Arbeitsschuhe von Sams Vater. An der Garderobe hängen Mantel, Lederjacke, Wollschal und Mütze. Alles Männersachen und sehr unordentlich über die Haken geworfen. Mich beschleicht ein ungutes Gefühl. Der Flur in meiner Erinnerung ist gefüllt von frischen Schnittblumen und gerahmten Fotos. Er strahlte Wärme und Geborgenheit aus. Dieser hier wirkt kalt, beinahe trostlos.

Ein schmaler Lichtstrahl kommt aus der Küche. Die Tür ist einen Spalt geöffnet.

»Meine Geduld neigt sich dem Ende zu«, sagt eine Stimme bedrohlich. »Sag mir endlich, wo sie ist!«

Etwas kracht scheppernd zu Boden.

»Dad!« Mein Herz plumpst ins Bodenlose. Diese Stimme … Sie ist ein wenig tiefer, aber genauso sanft an meinen Ohren wie damals.

»S-Sam … bleib, wo du bist.«

»Schnauze!«, brüllt der Unbekannte.

Endlich erreiche ich die Tür. Ein junger Mann sitzt auf einem der drei Barhocker vor der Kücheninsel. Lässig und mit gleichgültiger Miene spielt er mit einem Klappmesser in seinen Händen. Auf, zu und wieder auf.

Sams Vater sitzt zusammengekauert vor seinen Füßen. Ich erkenne ihn auf den ersten Blick. Er hat sich überhaupt nicht verändert. Wie früher trägt er Stoffhose, Hemd und Kittel. Seine Unterlippe ist blutig geschlagen und ein Auge beginnt bereits anzuschwellen.

Sam steht wenige Schritte von ihm entfernt in weißem Shirt und Jogginghose. Er hat die schwarzen Haare seines Vaters und die Augen und Nase seiner Mutter geerbt. Soweit ich es erkennen kann, hat er keine äußerlichen Verletzungen. Erleichterung umhüllt mich, und gleichzeitig spüre ich einen Stich, wenn ich daran denke, was ich ihm angetan habe.

»Letzte Verwarnung!«, blafft der Unbekannte. Aus seinem Brusthalfter zieht er eine Pistole. »Rede endlich, oder wäre es dir lieber, wenn ich deinen Sohn erschieße? Gleich hier und jetzt?«

»Bitte …«

»Dann mach dein Maul auf und rede!«

»Diane ist tot!«, erwidert Sams Vater kühl.

»Tot?« Ungläubig schüttelt der Unbekannte den Kopf. »Schwachsinn.«

»Ich sage die Wahrheit. Meine Frau ist vor vier Jahren bei einem Verkehrsunfall gestorben.«

»Red keinen Scheiß!«

Eine leise Stimme in meinem Kopf flüstert, dass ich etwas unternehmen muss. Ich kann nicht einfach stehen bleiben und warten, bis der Unbekannte den Abzug drückt.

Verzweifelt fleht Sam den Angreifer an, seinen Vater in Ruhe zu lassen, und seine Panik lässt mich alles vergessen.

Ich stürze in die Küche und packe das Handgelenk des Unbekannten. Unter meinen Fingern spüre ich, wie sich seine Muskeln anspannen, als er schließlich den Abzug betätigt. Die Kugel fliegt an mir vorbei und schlägt in die Wand hinter mir ein. Atemlos versetze ich ihm einen Tritt gegen das Schienbein und drehe ihm den Arm auf den Rücken. Ächzend lässt er die Waffen fallen.

Ich kicke die Pistole mit dem Fuß aus seiner Reichweite und hole zum Schlag aus, doch dann wird mein Arm abgefangen. Im Augenwinkel erkenne ich die Gestalt, die ich auf der Veranda zurückgelassen habe. Bevor ich reagieren kann, explodiert ein krachender Schmerz an meiner linken Gesichtshälfte.

Scheiße!

Die eigene Weichherzigkeit wird mir nun zum Verhängnis. Ich taumele seitwärts und finde Halt an der Kücheninsel. Gerade rechtzeitig gelingt es mir, seinem Schlagarm auszuweichen. Ich will zum Konter ansetzen, als mich Sams Stimme innehalten lässt. Hinter Glatzkopf spritzt sein Partner Sams Vater eine durchsichtige Flüssigkeit in die Venen. Innerhalb von Sekunden liegt dieser schlaff in den Armen seines Angreifers.

»Wir gehen!«, wendet Letzterer sich Glatzkopf zu.

Blitzschnell setzt mein Gegenüber mit einem Tritt in den Magen nach, sodass ich mein Gleichgewicht verliere.

Hoch mit dir, ist das Einzige, was ich denken kann. Ich richte mich auf und taste nach meiner eigenen Pistole, doch genau in dem Moment landet ein Gewicht auf mir. Hastige Worte werden ausgetauscht.

»Lass uns verschwinden.«

»Kümmere dich nicht um die beiden.«

»Beweg deinen Arsch!«

Eine Tür wird kraftvoll zugeschlagen und ein Motor wird gestartet.

»Dad!« Ruckartig stützt Sam sich von meinen Schultern ab und hetzt in den Flur. Mit den Fingern umgreife ich seinen Arm und ziehe ihn zurück.

»Lass mich los! Lass mich los verdammt! Sie haben Dad und ich –« In seinem Blick lodert Angriffslust und kaum kreuzt er sich mit meinem, ist es, als würden mich zwei kalte Blitze treffen. Der Schmerz in meiner linken Gesichtshälfte ist nach wie vor präsent, doch ich empfinde noch etwas anders. Etwas viel Schlimmeres. An mir nagt die Angst, dass Sams Gefühle in den letzten Jahren in Hass umgeschlagen haben. Verdenken könnte ich es ihm nicht. Schließlich bin ich es gewesen, der ihn verlassen hat.

»Tobias?«

Die harten Züge glätten sich, werden ersetzt durch Verwirrung und Unglaube. Von Nahem fallen mir seine Ohrlöcher auf. Er trägt zwei silberne Creolen. Und er ist gewachsen! Mittlerweile ist er größer als ich.

Mir fällt es schwer, in seine Augen zu blicken. Sie sind honigbraun, träumerisch, warm und kalkulierend. In meinem Herzen kommt ein Gefühl auf. Wehmut.

Es lässt mich auch daran denken, was ich damals zurücklassen musste, ohne dass mir eine Wahl gelassen wurde. Stattdessen wurde von mir verlangt, dass ich mich zusammenreiße und funktioniere.

Schluck es runter. Dafür ist jetzt keine Zeit!

Drei Sekunden. Ich erlaube es mir, drei Sekunden zu hoffen, dass er mir vergeben wird, und dann vergrabe ich jede Hoffnung wieder tief in meinem Herzen.

»Wir müssen gehen«, sage ich.

»Huh?« Verwirrt ziehen sich seine Brauen zusammen. »Warum?«

Im Hintergrund jaulen Sirenen. Sie kommen näher.

Mit beiden Händen packe ich seine Schultern. »Ich muss es wissen. Fühlst du dich anders, müde, matt, leicht reizbar? Oder leidest du unter Kopfschmerzen, Schwindel?«

»Was soll das werden?«, fragt er irritiert.

»Bitte antworte mir.«

»Nein.«

»Und Träume? Seltsame, zusammenhanglose Träume, die sich jedoch täuschend echt anfühlen?«

Auch wenn es nur für den Bruchteil einer Sekunde ist, merke ich, wie sich seine Augen bei der Frage verengen.

»Nein!«, streitet Sam ab und schlägt meine Hände weg. »Was kümmert dich das überhaupt?«

»Bist du ein Subjekt?«, frage ich ihn direkt.

Sam grunzt. »Ach, geht es darum? Hält man mich für eines dieser ...« Seine Stimme schwankt. Er scheint sich bewusst davon abzuhalten, es laut auszusprechen.

Monster, vollenden meine Gedanken seinen Satz.

Ein wirklich treffendes Wort für jemanden wie mich.

»Ich muss meinen Dad finden«, murmelt Sam auf einmal entkräftet.

»Das werden wir«, verspreche ich, ohne nachzudenken. »Doch zuerst müssen wir weg.«

»Das sagst du bereits zum zweiten Mal. Wieso?«

Sollte NOS ihn zusammen mit mir finden, dann würden sie Sam niemals einfach so gehen lassen. Sie würden Antworten verlangen und ihn im Zweifel töten. Aber ohne ihn zu fliehen, kommt nicht infrage. Ich weiß nicht, was die Typen hier zu suchen hatten und ob sie wiederkommen werden, sollte Sams Vater ihnen keine nützlichen Informationen bieten.

»Du bist in Gefahr«, antworte ich schließlich.

»Wovon sprichst du bitte? Und warum bist du hier? Warum ausgerechnet jetzt?« Seine Stimme klingt so aufgewühlt, dass ich mich frage, wie er überhaupt ein Wort herausbringt.

»Würdest du mir glauben, wenn ich dir verrate, dass ich dich gehört habe?«

»Was?«

»Ich habe deine Stimme gehört.« Eine Pause. »Verrückt, was?«

»Du bist nicht verrückt«, streitet Sam ab.

Mich überkommt ein warmer Schauer.

Du bist ein Freak!

Ein Freak und verrückt!

Tobias ist verrückt, Tobias ist verrückt –, singen freudige Stimmen aus meiner Vergangenheit im Chor. Sie schneiden tief, ritzen sich in die Haut und hinterlassen unsichtbare Narben. Ich erinnere mich gut daran, wie Sam am nächsten Morgen meine Klassenkameraden verpfiffen hat und sie seinetwegen eine Woche lang Strafarbeiten verrichten mussten.

»Wir sollten jetzt gehen«, sage ich.

»Aber –«

»NOS kann jeden Moment auftauchen«, werfe ich ihm die Realität vor die Füße. »Es wäre besser, wenn wir bis dahin verschwunden sind.«

»Ich verstehe nicht«, erwidert Sam überfordert. »Vor wenigen Minuten war noch alles in Ordnung. Bis die Typen auftauchten und diese seltsamen Fragen stellten. Und jet–«

Bevor er sich in seinem Redefluss verlieren kann, schneide ich ihm das Wort ab: »Dafür haben wir keine Zeit.«

»Ich –«

Seine Unruhe macht mich fertig. Ich mag den Anblick nicht, noch weniger, weil ich nichts dagegen tun kann. Ich fühle mich verantwortlich. Gleichzeitig bin ich so unfassbar wütend. Hätte ich die Kontrolle über meine Fähigkeit, wäre es ein Leichtes gewesen, die beiden Unbekannten auszutricksen und den Abzug –

Hättest du das wirklich tun können? Vor seinen Augen einen Menschen töten?

Nein!

Nicht jetzt!

Ich muss konzentriert bleiben und Sam in Sicherheit bringen. Das hat oberste Priorität. Alles andere kann warten.

»Mach dir keine Sorgen«, versuche ich Sam zu beruhigen. »Wir werden deinen Vater finden.«

Ungläubig verzieht er das Gesicht. »Wie kannst du dir so sicher sein?«

»Dein Vater hat doch mit deiner Mum zusammengearbeitet, richtig?«

»Richtig«, stimmt Sam zu.

»Diese Typen suchen nach irgendetwas. Deswegen glaube ich, dass sie deinem Vater nichts antun werden.«

Zumindest, solange sie ihn für brauchbar halten, füge ich den grauenhaften Satz gedanklich hinzu.

Sam seufzt. »Du musst das nicht tun.«

»Was meinst du?«

»Mich in Watte packen. Mir ist bewusst, dass sie nicht zurückschrecken werden, meinem Dad wehzutun, und dann vermutlich nach mir suchen werden, um mich als Druckmittel zu benutzen.«

»Tut mir leid«, sage ich und fühle mich schäbig.

»Wofür entschuldigst du dich?«

Für alles.

»Wir sollten uns beeilen«, ignoriere ich seine Frage und halte ihm meine Hand entgegen. »Vertraust du mir?«

Sam zögert und ich habe das Gefühl, dass etwas in mir zerbricht. Ich sehe zu, wie er sich wortlos von mir abwendet und die Treppe hinaufeilt. Versteinert bleibe ich stehen. Was habe ich eigentlich erwartet? Ich bin es gewesen, der ihn verlassen hat. Und nun tauche ich wieder auf und bringe sein Leben durcheinander.

Verärgert über mich selbst trete ich in den Flur und bemerke einen roten Lichtschein, der durch das schmale Milchglasfenster neben dem Türrahmen hineinschimmert. Vorsichtig öffne ich die Haustür einen Spalt. Vor der Einfahrt parken mehrere SUVs mit der Aufschrift *NOS*. Im Halbkreis stehen sieben Männer vor einem Wagen und warten. Innerlich stoße ich einen Fluch aus. Mir ist bewusst, dass meine Einrichtung zügig reagiert und besonders bei einem Abtrünnigen in höchster Alarmbereitschaft ist. Trotzdem verwundert es mich, dass sie mich so schnell lokalisieren konnten. Jemand muss ihnen geholfen haben. Mein erster Gedanke schweift zu meinen Kameraden. Isaac brannte vor Wut und Enttäuschung, als ich mich von ihm abgewandt habe. Doch … er würde mich niemals verraten.

Hinter mir knarzt eine Stufe. In Hoodie und Jeans tritt Sam an meine Seite. Über einer Schulter trägt er einen Rucksack. Erschrocken zieht er die Luft ein, als er das rote Licht sieht.

»Wieso ist NOS hier?«, fragt er.

»Das erkläre ich dir später«, verspreche ich und halte ihm erneut die Hand entgegen. »Wir müssen rennen. Egal was passiert, lass meine Hand auf keinen Fall los.«

Er nickt.

»Ich zähle bis drei, einverstanden?«

Wieder ein Nicken.

Tief in mir habe ich das Verlangen, ihm noch irgendetwas zu sagen. Etwas Aufbauendes, Ermutigendes, aber der Schmerz an meinem Handgelenk lässt sämtliche Einfälle ersticken. Hart beiße ich die Zähne zusammen und konzentriere mich allein auf meine Atmung. Im Wandspiegel kann ich beobachten, wie unsere Körper allmählich verblassen.

»Eins … zwei … drei!«

Und dann rennen wir los. Atemlos sprinten wir die Straße hinab. Die Nachtluft legt sich schwer auf meine Lunge. Sie riecht nach Regen.

Sobald wir das Haus hinter uns lassen, fange ich an, die Baumreihen zu zählen, um meinen Kopf beschäftigt zu halten. Als ich bei sechsundzwanzig angekommen bin, ziehe ich Sam in eine Seitengasse. Mein Handgelenk brennt, schnürt mir wie ein Seil die Luft ab. Ich atme tief ein, versuche, den Druck zu lösen, der sich in meiner Brust zu einem festen Knoten gebündelt hat.

Vor nicht einmal einer Stunde hat sich alles anders angefühlt. Weniger bedrohlich und hoffnungslos. Das hier übertrifft selbst meine Vorstellungskraft.

Meine Finger spannen sich fester um Sams Hand.

Über uns schweben Drohnen, die jede noch so kleine Bewegung ins Visier nehmen. Hin und wieder werden sie von patrouillierenden Polizeiautos begleitet. Aus einem Megafon dringen Worte an die Bevölkerung. Es bestehe kein Grund zur Panik. NOS habe alles unter Kontrolle. Überraschenderweise werden dabei keine Namen genannt oder eine Profilbeschreibung durchgegeben. Kann es sein und sie suchen gar nicht nach mir, sondern nach dem Subjekt aus den Nachrichten?

Es ist unwichtig, entscheidet mein Kopf.

Bis zu diesem Augenblick habe ich nicht gewusst, dass mir NOS eine wertvolle Lektion mitgegeben hat: Egal mit welcher Situation man konfrontiert wird, man muss weitermachen.

Auf einmal verschwimmt alles und ich beiße mir auf die Lippe, um einen Laut zu unterdrücken. Mich überkommt eine üble Vorahnung, als ich zusehen muss, wie meine Hand vor meinen Augen langsam wieder sichtbar wird, bevor sie erneut verschwindet.

Konzentrier dich! Halt durch, verdammt!

»Bist du okay?«, fragt Sam beunruhigt.

Ohne ein Wort zu verlieren, zerre ich ihn weiter. Laut der Beschilderung liegt nördlich von uns der Highway. In der Nähe befindet sich ein Bahnhof, der zu dieser Stunde verlassen sein müsste. Doch mit jedem Schritt wird das Stechen an meinem Arm schlimmer. Meine Sicht verschwimmt nun endgültig, sodass ich seitlich wegkippe. Erst als Sams besorgtes Gesicht vor meinem erscheint, realisiere ich, dass ich die Kontrolle verloren habe. Ohne mir die Möglichkeit zu geben, etwas zu sagen, schlingen sich seine Arme um meine Taille und ziehen mich hoch.

»Komm schon«, brummt er mir ins Ohr. »Du sagtest doch, dass wir uns beeilen müssen. Also los jetzt.«

Ich halte inne. Hinter mir höre ich Bewegungen. Als ich mich jedoch umdrehe, liegt vor mir nur eine völlig leere Straße. Die Häuser neben uns sind dunkel und auch sonst ist es ungewöhnlich ruhig.

»Was ist?«, drängelt Sam.

»Ich dachte, ich hätte etwas gehört.«

»Ein Grund mehr, uns zu beeilen.«

Ein Lächeln umspielt meine Lippen, als er nach meiner Hand greift und mich mit sich zerrt. Er hat sich kein bisschen verändert. Noch immer so fordernd wie eh und je.

Plötzlich durchschneidet ein Schuss die Luft. Eine zweite Kugel trifft die Mauer links von uns.

»Tobias!«, warnt Sam.

Alarmiert von seinem Ausruf, drehe ich mich um. Zu spät. Ein weiterer Schuss schallt durch die Mauern und ein explosionsartiger Schmerz an meiner Schulter lässt mich aufschreien. Mit zittrigen Fingern greife ich nach der Kanüle und ziehe sie heraus. Etwas, das nicht hätte passieren dürfen. Das Serum im Zylinder ist für Subjekte hochwirksam. Es lähmt uns, macht uns gefügig. Mir bleibt vielleicht eine halbe Stunde, bestenfalls eine, bis ich das Bewusstsein verliere.

»Tobias Young!«, ruft eine Frauenstimme. Wenige Schritte von uns entfernt reihen sich Mitarbeiter von NOS auf. Ihre Mündungen sind auf mich gerichtet. Meine Hand findet die von Sam, die andere umfasst meine Pistole.

»Im Namen von NOS –«

»Spart euch die Nummer. Mir sind die Vorschriften durchaus vertraut«, unterbreche ich die Frau.

Ein überlegenes Grinsen zupft an ihren Mundwinkeln. »Das macht es um einiges leichter.«

Ihr Finger kommt dem Abzug gefährlich nahe.

»Ty?«

»Lauf«, sage ich. »Bleib nicht stehen.« Grob schubse ich Sam von mir. Zuerst kümmere ich mich um das Kraftpaket, welches rechts von der Frau steht. Ich packe den Mann und ziehe ihn nach vorn, sodass ich ihm mein Knie in den Magen rammen kann. Bevor sein Partner reagieren kann, bin ich bereits bei ihm und schlage ihn nieder. Im Blickwinkel sehe ich, wie Sam angewurzelt stehen bleibt. Dieser Idiot!

»Jetzt lauf endlich!«, brülle ich ihn an.

Irgendwo kracht ein Schuss. Die Kugel verfehlt um Haaresbreite mein Ohr und gibt mir die Gelegenheit, den Schützen von seinen Füßen zu holen. Bleibt die Frau. Sie hat sich zurückgezogen und fordert Verstärkung an. Ich hebe die Waffe. Vor meinem geistigen Auge blitzt Jonathans Gestalt auf. Zusammengesunken auf der Matte. Tot.

Ich habe den Abzug gedrückt.

Ich habe ihn kaltblütig ermordet.

Reiß dich zusammen! Drück den verdammten Abzug!

Feige senke ich den Arm und laufe weg. Es dauert nicht lange, bis ich Sam einhole. Der Idiot scheint mit Absicht langsamer zu rennen. Erst als ich bei ihm bin, beschleunigt er.

Schwungvoll biegen wir um die nächste Ecke.

Und kommen stolpernd zum Stehen.

Eine Sackgasse. Blanke Wände, keine Türen oder Fenster. Ich laufe tiefer hinein und suche vergeblich nach einer Fluchtmöglichkeit. Doch bis auf einen Müllcontainer ist die Gasse komplett leer. Wir sitzen in der Falle.

Schritte klatschen auf dem harten Asphalt. Sie sind schneller als vorher. Mir bleibt keine andere Wahl. Hastig packe ich Sams Hand, ziehe ihn hinter den Container und presse ihn gegen die Backsteinmauer.

»Ty, was –«

»Pssst«, mache ich und halte ihm den Mund zu. »Hab keine Angst.«

Dann schließe ich die Augen und konzentriere mich auf meine Fähigkeit. Statt einer beruhigenden Wärme durchzieht meine Glieder glühende Hitze. Je länger ich versuche, die Kräfte zu aktivieren, desto unwohler wird mir. Dennoch zwinge ich mich weiterzumachen und beobachte, wie wir langsam unsichtbar werden.

Sams Hand drückt gegen meine und die schlichte Berührung reicht, um ein wohliges Kribbeln in meinem Magen zu bewirken. Mir wird erst jetzt richtig bewusst, wie nah wir uns sind. Sein Atem gegen meinen, sein Körper gegen meinen. Er riecht noch genau so wie damals. Nach Winter; Zimt und Vanille. Wie gern würde ich jetzt in seine Augen schauen. Sie könnten mir verraten, was in ihm vorgeht. Verengen sie sich aus Abscheu darüber, mir so verdammt nah sein zu müssen, oder weichen sie mir verlegen aus, weil ihn diese Nähe etwas fühlen lässt?

Es prickelt in meinem Nacken, als hinter mir die lauten und schweren Schritte verstummen. Die Frau von eben ist vor uns stehen geblieben. Ihre blonden Haare sind zu einem seitlichen Zopf geflochten und ihre Mimik verzieht sich argwöhnisch, während sie die Daten auf ihrem Handy überprüft.

Die Sekunden verstreichen entsetzlich langsam.

Dreh um. Dreh um, bete ich gedanklich. Als die Frau den Kopf wieder hebt und sich ihre Stirn kräuselt, fühle ich mich völlig ausgelaugt. Lange kann ich meine Fähigkeit nicht mehr aufrechterhalten.

»Hast du ihn?«, ruft jemand.

»Nein«, meint sie verärgert und kehrt uns den Rücken.

Aus Sicherheit warte ich noch zwei Minuten, ehe ich erleichtert ausatme und meine Fähigkeit auflöse.

Schroff schiebt Sam mich von sich. Er lehnt seinen Kopf zurück, nur ein paar Zentimeter, trotzdem ist die Geste unwiderruflich. Ich lasse ihn los.

»Das nennt man wohl Glück im Unglück«, seufzt er.

»Das hat nichts mit Glück zu tun«, erwidere ich. »NOS arbeitet routiniert und wird keine Ruhe geben, bis sie ihren Befehl erfolgreich umgesetzt haben.« Meine Hand wandert unbewusst zu meinem Armband. »Früher oder später werden sie uns finden.«

»Warum fliehen wir vor ihnen?«, stellt Sam mich zur Rede und deutet auf das Emblem auf meiner Dienstjacke. »Gehörst du nicht zu denen?«

»*Gehörte.*«

»Huh?«

»Ich war einer von ihnen«, formuliere ich es anders.

»Was, verflucht, soll das bedeuten?«

»Ich …« Ich muss schlucken. »Wir müssen weiter.«

»Nicht bevor du mir gesagt hast, warum du hier bist. Warum ausgerechnet jetzt?«

»Sam –«

Entrüstet schaut er mich an. »Und sag mir nicht, dass es kompliziert ist!«

Er kennt mich gut.

»Bitte erklär es mir«, fügt Sam flehend hinzu.

»Ich kann es nicht. Zumindest noch nicht.« Langsam stehe ich auf. »Ich weiß, es ist viel verlangt, aber bitte vertrau mir.«

»Du verlangst zu viel, nach allem, was passiert ist.«

»Ich weiß«, sage ich bedrückt. »Dennoch kann ich dich nicht allein lassen.«

Sam schnaubt verächtlich. »Das hast du schon einmal gesagt und es trotzdem getan.«

Etwas steigt in meiner Kehle auf – Enttäuschung, Schmerz, Schuld, Versagen. Seine Worte brennen auf meiner Haut und schnell blinzle ich die Tränen weg.

»Bitte lass uns weitergehen«, sage ich hilflos.

Und irgendetwas muss in meiner Stimme liegen, denn Sams Züge werden weicher und er rudert zurück. »Solltest du nicht besser ins Krankenhaus? Du bist blass.«

»Sei kein Idiot. Dort würde man sofort merken, was ich bin, und NOS verständigen.«

Ein Blick in sein Gesicht genügt, um mir zu zeigen, dass Sam mit der Situation überfordert ist. Mir geht es ähnlich. Solange ich das Armband trage, wird NOS mich früher oder später aufspüren. Ich weiß nicht, wohin wir gehen sollen. Zu meiner Einheit zurückzukehren, ist ausgeschlossen. Nicht wenn ich bereits als abtrünnig markiert bin.

»Ich kenne einen Ort.«

»Sam …«

»Nein, hör mir zu«, meint er stur. »Dort wären wir vorerst sicher und du könntest dich ausruhen.«

Ich lenke ein. Viele Alternativen bleiben uns nicht. Vorsichtig entfernen wir uns von der Gasse und nutzen die Dunkelheit, um uns unbemerkt zu bewegen.

Nach und nach rückt die Stadt in den Hintergrund. Die Wohnhäuser ziehen sich zurück und die Straße wird breiter. Sie endet an einem Maschendrahtzaun. So langsam dämmert es mir, wohin Sam möchte. Hinter dem Zaun ist eine Wiese und winzige Lichtpunkte am Horizont offenbaren mir schemenhaft eine Brücke. Der Highway führt direkt über einen Fluss und unter einem Stützpfeiler befindet sich eine kleine Hütte. Ein beliebter Treffpunkt von Obdachlosen.

Meine Füße sinken ein, nachdem wir uns an einer losen Stelle auf die andere Seite gezwängt haben. Der Geruch von nasser Erde dringt in meine Nase.

Ich schaffe es, drei weitere Schritte zu laufen, bevor ich zusammenbreche. Ein scharfes Stechen lässt meinen Körper beben. Feurig breitet es sich wellenartig aus und mischt sich mit anderen, stärkeren Schmerzen. Dieses Mal schreie ich auf.

Es brennt.

Es brennt fürchterlich. Als würde etwas in mir zerreißen und sich qualvoll von meiner Haut abziehen.

»Ty!«, ruft Sam und beugt sich zu mir. »Was passiert mit dir? Was ist los?« Seine Stimme kommt als halbes Schluchzen aus seinem Mund.

Langsam flauen die Schmerzen ab und mir wird eines bewusst: Noch so einen Anfall werde ich nicht aushalten. Ich bin am Ende.

»Es geht schon wieder«, keuche ich und lächle ihn an. »Mach dir keine Sorgen.«

Ein Fehler. Der Versuch, ihn zu beruhigen, löst eine Kurzschlussreaktion bei ihm aus.

Wütend stemmt er sich hoch.

»Versteck dich nicht. Niemals«, betont er jedes Wort einzeln. »Nicht vor mir. Niemals vor mir. Also lass den Scheiß und spiel nicht den Helden, den ich nicht brauche!«

Sprachlos sehe ich zu ihm, erkenne, dass die Haut unter seinen Augen dünn ist und sich an den Rändern kleine Tränen sammeln. Seine Schultern beben vor Anspannung.

»Du hast recht«, sage ich und hebe den Arm. »Du verdienst jemanden, der neben dir laufen kann und sich nicht in deinem Schatten bewegt.« Meine Finger schieben den Ärmel der Jacke nach oben, zeigen ihm die unwiderrufliche Wahrheit. »Aber mit mir an deiner Seite …« Der Schwindel kehrt zurück. Mehrmals schüttle ich den Kopf in der Hoffnung, ich könnte den dichten Nebel vertreiben, doch er ist zu hartnäckig. »… wirst du nur in den Abgrund gerissen.«

Keine Ahnung, ob er meine letzten Worte gehört hat. Es ist auch unwichtig.

Mit allerletzter Kraft strecke ich meine Hand nach seiner Wange aus. In seinem Gesichtsausdruck liegt Wärme und seine Miene ist sanftmütig, sodass er noch immer wie der unglaublich freundliche Junge wirkt, der mir bei unserer ersten Begegnung einen selbstgemachten Vanillepudding gereicht hat. Selbst jetzt, nach allem, was ich ihm zugemutet habe, zeigt er mir seine aufrichtige Sorge.

Ich bereite ihm schon wieder Kummer.

Kaum habe ich den Gedanken zu Ende gebracht, schließen sich meine Augen und ich falle in die Finsternis.

SAM

Du, ich und unser Versprechen unter den tanzenden Lichtern

KAPITEL 5

– Dezember 2029 –

Ich nehme die Kopfhörer ab und schalte die Musik-App meines Smartphones aus. Schlaftrunken werfe ich einen Blick auf die Uhr am oberen Displayrand. Es ist halb zwei am Morgen.

Stöhnend lasse ich mich zurück aufs Bett fallen und drehe mich auf die Seite. Im Haus ist es erschreckend still. Nicht ungewöhnlich für die Uhrzeit, allerdings teilen meine Eltern die schlechte Eigenschaft mit mir, bis spät in die Nacht wachzubleiben. Sie arbeiten, während ich lese. Auf dem Schreibtisch stapeln sich Bücher über Welten, die ich unbedingt entdecken möchte. Doch meine Augen streiken und mein Körper sehnt sich nach einer Auszeit.

Meine Hand langt zum Nachttisch, um die kleine Lampe auszuschalten, als ich plötzlich ein Knacken vernehme. Automatisch neige ich den Kopf Richtung Fenster. Dort, auf dem Ast eines Kirschbaumes, dampfende Atemwölkchen ausstoßend, sitzt eine große, schlanke Gestalt.

Ein Bein nach dem anderen schwinge ich mich aus dem Bett. Meine nackten Füße laufen eilig über den Parkettboden.

»Wie oft habe ich dir gesagt, dass das gefährlich ist?«, tadle ich ihn.

»Sechshundertvierundneunzig Mal«, meint er und strahlt mich an.

Ich verschränke die Arme. »Das war kein Kompliment.«

»Lässt du mich rein?«

»Du weißt, dass es offen ist.«

Tobias grinst, doch es ist gezwungen. »Wollte nur höflich sein.« Geschickt klettert er in mein Zimmer und setzt sich auf die Fensterbank. »Wer weiß. Nicht dass du mich irgendwann runterschubst.«

»Ich sollte es«, sage ich.

»Sei nicht sauer.«

»Bin ich nicht.« Und das ist die Wahrheit. Tobias ist clever. Er besitzt Fähigkeiten, die ihn besonders machen, aber auch mit der Gabe ist er nicht unsterblich. Ein Sturz aus dieser Höhe …

»Mir geht's gut«, bekräftigt er. »Alles gut.«

Eine Lüge. Wenn er hier ist, dann ist nichts in Ordnung.

Ich ergreife sein Handgelenk und führe ihn zum Bett. Bevor er sich von mir rückwärts in die Kissen schubsen lässt, streift er seine Schuhe ab. Wir liegen uns gegenüber.

»Was ist los?«, breche ich das Schweigen.

Tobias kaut auf seiner Lippe.

»Mein Dad ist wieder da«, bringt er mit Mühe heraus. »Er und Mum. Sie streiten sich die ganze Zeit.«

»Aber das –«

»Doch«, unterbricht er mich sanft. »Ist es. Es ist meine Schuld, denn es geht um mich. Es geht immer nur um mich.« Ich höre ihn zittrig einatmen. »Ich wünschte … es würde aufhören.«

»Ty …«

Er holt Luft. »Tut mir leid. Ich sollte dir nicht die Ohren volljammern. Schließlich fährst du morgen zu deinen Großeltern. Ich wollte … Ich wollte dich noch einmal sehen.«

»Komm her.« Ich breite die Arme aus und er lässt zu, dass ich ihn unter die warme Decke ziehe. »Du bist ganz kalt.«

»Es ist Dezember«, meint er lachend. »Und ich saß vielleicht zwei Stunden auf dem Baum.«

Schockiert richte ich mich auf.

»Z-Zwei Stunden?«, stottere ich und schüttle ungläubig den Kopf. »Wieso hast du wie ein Stalker zwei Stunden lang vor meinem Fenster gehockt?«

Er schweigt.

»Ty!«, lasse ich nicht locker.

Er lacht leise. »Keine Sorge. Ich habe nicht darauf gelauert, bis du etwas Unanständiges machst.« Ich schlage mit meinem Kissen nach ihm. »Deine Eltern«, wird er ernster, »waren noch wach. Ich wollte warten, bis die Lichter ausgehen.« Seine Augen finden meine. »Du hast mir gar nicht erzählt, dass sie zurück sind.«

»Wusste ich auch nicht«, erkläre ich und lege mich wieder hin. »Bin genauso überrascht wie du.«

»Sam …«

Ich drehe mich auf den Rücken. »Ist doch toll. Meine Eltern sind über Weihnachten zu Hause und ich verreise über die Feiertage zu meinen Verwandten. Perfektes Timing.«

»Ihre Arbeit –«

»Nein«, schneide ich ihm sofort das Wort ab. »Versuch sie nicht zu verteidigen. Ich weiß, wie wichtig ihre Forschung ist, trotzdem sollte es nicht zu viel verlangt sein, für ihren einzigen Sohn da zu sein.«

»Sie lieben dich.«

Ich grunze. »Ermessen an den Geschenken, die sie mir machen?«

»Ermessen an den kleinen Gesten dir gegenüber«, hält Tobias mir vor. Seine kühle Hand berührt mein Kinn. »Sie sind nicht immer für dich da, das will ich nicht leugnen, aber wenn du sie brauchst, dann würden sie alles stehen und liegen lassen. Ich weiß, dass dir deine Mum die Pausenbrote schmiert, und obwohl du behauptest, dass du es hassen würdest, bist du ihr dankbar. Und dein Dad hat ohne ein Wort dein Fahrrad repariert, damit du nicht zur Schule laufen musst.« Seine Finger bewegen sich, streichen eine Strähne hinter mein Ohr. »Sie lieben dich, Sam. Das ist etwas, was du schätzen solltest.«

Jetzt fühle ich mich wie ein Arsch. Mein Verhältnis zu meinen Eltern ist zwar angespannt, doch im Gegensatz zu seinen lieben sie mich gleichermaßen. Fast geistesabwesend verschwindet meine Hand unter dem Stoff seiner Jacke, hält auf der oberen Rippe an und übt minimalen Druck aus. Tobias' Züge ziehen sich zusammen und er stößt einen leisen Fluch aus.

»Wie schlimm ist es?«, frage ich.

Er lacht schnaubend. »Hab Schlimmeres überstanden.«

»Das ist keine Antwort.«

»Es ist die einzige, die du bekommen wirst«, sagt Tobias. Seine Stimme ist belegt. »Bitte.«

Bitte lass es bleiben.

Bitte frag nicht mehr danach.

Bitte nimm mich einfach in den Arm.

Behutsam drücke ich ihn an meine Brust. Oft wünschte ich mir, ich wäre stärker. Dass ich ihn eines Tages aus der Hölle retten könnte und ihm die Stütze wäre, die er verdient hat. Gott – ich bin so erbärmlich.

»Hey.« Tobias zieht sich leicht zurück und fährt mit den Fingern unter meinen Augen entlang, um mir die Tränen wegzuwischen. »Ist schon gut, Sammy, hey –« Er beugt sich vor und haucht mir einen zärtlichen Kuss auf die Lippen. »Ich wollte dich nicht verletzen.«

»Hast du nicht«, schwöre ich. »Bin nur verärgert über mich selbst.«

»Du gibst mir bereits so viel. Manchmal begreife ich nicht, welches Glück ich habe, dir begegnet zu sein.«

»Dann verlass mich nicht.«

Tobias' Antwort hüllt sich in Schweigen. Ich suche sein Gesicht, doch er drückt es in meine Halsbeuge. Weicht er mir aus? Im Kopf gehe ich meine Worte noch einmal durch, aus Sorge, etwas Falsches gesagt zu haben. Ich finde nichts, was zu einem Missverständnis hätte führen können, aber Tobias bleibt stumm. Nur sein Händedruck verrät mir, dass er wach ist.

Unschlüssig, was ich davon halten soll, blicke ich nach vorn. Neben meinem Schreibtisch lehnt ein Geigenkoffer; ich selbst habe kein Talent, aber Tobias. Einmal hat er mich zu einer Unterrichtsstunde begleitet. Meine Eltern meinten, es wäre gut für mich, ein Instrument zu spielen. Ich tat ihnen den Gefallen, obwohl ich es insgeheim hasste. Nur meinetwegen kam Tobias mit und sah mir beim Spielen zu. Nun, wenn man das, was ich tat, wirklich *spielen* nennen konnte. Die Töne waren fürchterlich. Mein Lehrer ermutigte mich weiterzumachen. Keine Ahnung, ob ich sein Gehör mittlerweile beschädigt hatte. Mein Spiel verdiente weder eine Förderung noch halbherzige Belobigungen. Als Tobias am selben Abend die Geige nahm und den Bogen über die Saiten zog, blieb mir das Herz sprichwörtlich stehen.

Er spielte zum Vergnügen, als Zeitvertreib, um seinen eigenen Gedanken zu entkommen, und trotzdem raubte es mir den Atem. Es ließ mich fühlen. So vieles auf einmal.

Ich liebe es, ihm zuzusehen. Beim Spielen wirkt er glücklich und versunken in seiner eigenen Welt. Es ist, als verwandele er sich in eine ganz andere Person, und manchmal macht mir das Angst, weil ich nicht eindeutig benennen kann, welche von ihnen ›er‹ ist.

Tobias stupst mich an. »Worüber denkst du nach?«

»Wieso hast du angefangen zu spielen?«

»Das möchtest du wissen?«, fragt er lachend.

»Ja«, bestätige ich.

»Dann find's selbst heraus.«

»Ty«, sage ich gedehnt. »Bitte verrat's mir.«

Irgendetwas rührt sich in seinen Augen. Die Regung ist kaum merklich und zieht genauso schnell vorbei, wie sie gekommen ist. Egal wie oft ich Einspruch erhebe, seine Lippen bleiben versiegelt.

»Also gut«, gebe ich mich notgedrungen geschlagen. »Spielst du wenigstens für mich?«

»Jetzt?«

»Warum nicht?«

»Es ist drei Uhr morgens und deine Eltern –«

»Mir egal.«

Ein kleines Lächeln schiebt sich auf seine Mundwinkel. Tobias lehnt sich vor und drückt mir einen Kuss auf die Stirn, bevor er zum Koffer geht, die Geige ans Kinn legt und den Bogen in die rechte Hand nimmt. Nach einem Atemzug verändert sich seine Haltung. Seine Statur ist kerzengerade, sein Gesicht konzentriert.

Und dann beginnt er zu spielen. Sein Auf- und Abstrich ist bemerkenswert. Ich habe nicht viel Ahnung von Geigen, aber jedes Mal bin ich fasziniert davon, mit welcher Intensität seine schlanken Finger die Griffkombinationen auf den Saiten vollbringen können.

Die Melodie, die er spielt, ist sanft und friedlich und es macht den Eindruck, als würde Tobias die Saiten mit äußerster Vorsicht spielen, aus Sorge, sie könnten reißen. Mein Herz krümmt sich weiter zusammen mit jeder Sekunde, die ich ihm länger zuhöre. Die Melodie ändert sich nicht. Sie ist wie eine ruhige Meereswelle, klar und angenehm auf der Haut, doch mit ihr wird noch etwas anderes angespült. Etwas, das ich nicht in Worte fassen kann.

Als ich am nächsten Morgen aufwache, ist Tobias weg.

Am ersten Tag schreibe ich ihm fünf Nachrichten. Am zweiten drei. Am dritten eine. Am vierten keine. Sein Handy ist ausgeschaltet. Ich zwinge mich dazu, nicht ständig auf mein eigenes zu schauen, in der Hoffnung, dass er sich meldet.

Am vierzehnten Tag kehre ich zurück und alles ist anders.

Das Haus der Familie Young ist bis auf die Fassade abgebrannt und von meinem Nachbarn erfahre ich die entsetzliche Lüge, dass es keine Überlebenden gibt.

Wenige Wochen darauf stirbt meine Mum bei einem Verkehrsunfall. In beiden Fällen sind es lediglich Worte. In beiden Fällen sehe ich ihre Körper nicht. Aber in nur einem Fall streikt mein Herz so vehement, die Wahrheit zu glauben.

– September 2033 –

Ich hocke auf dem Boden, den Kopf an die Wand gelehnt, die Beine ganz nah an die Brust gezogen. Hin und wieder dringt ein kalter Windstoß durch die maroden Holzleisten von außen hinein, sodass ich fröstele. Seit Minuten starre ich denselben Punkt an: Tobias' regungslosen Körper auf der alten, ausgesessenen Couch.

Jetzt, wo ich Zeit habe, nachzudenken, trifft mich die Realität in ihrem gesamten Ausmaß. Mein Dad wurde von Unbekannten entführt und mein damaliger Freund, der ohne ein Wort verschwunden ist und für tot gehalten wurde, ist bei mir. Nicht nur das. Er ist ein Subjekt, welches von NOS gesucht wird.

Um ihn zu töten, steuert mein Gehirn hilfsbereit bei. Mir ist bewusst, was das Armband um sein Handgelenk bedeutet. Mein Dad erklärte es mir, nachdem ich in den Nachrichten ein solches Band gesehen hatte. Das Subjekt war tot und sein Arm hing schlaff von der Trage hinunter. Angeblich dient es zu Identitätszwecken, damit NOS die Opfer zuordnen und den Familienangehörigen die Botschaft überbringen kann, was mit ihren Liebsten passiert ist. Völliger Bullshit! Dad verriet mir, dass NOS die Infizierten studiert, um deren Fähigkeiten zu verstehen.

Eine streng vertrauliche Operation, die nicht nach außen kommuniziert werden darf. Die Bevölkerung wird in dem Glauben gelassen, dass jedes Subjekt ausnahmslos getötet würde. Doch bei dem Mann auf der Trage war es anders. Es gab Bilder, die ihn lebendig zeigten, und dort war das Armband eindeutig zu erkennen. Später wurde die Aufnahme bearbeitet und das Detail entfernt. Niemand stellte Fragen.

Nur durch meine Sturheit hatte Dad mir die wahre Funktion der Armbänder anvertraut. Ihr Sensor wird in die Haut implantiert und reagiert auf die Energieströme, die beim Einsetzen der Fähigkeiten ausgeschüttet werden. Es gibt verschiedene Freigaben, die von NOS kontrolliert werden. Angeblich soll es ihnen helfen, die Kräfte eines Subjektes besser zu bewerten.

Mein Blick fällt auf Tobias' Handgelenk. Schwach erkenne ich das rote Blinken. Ein Abtrünniger, der ohne Zögern eliminiert werden muss, um die öffentliche Sicherheit zu wahren.

Ich atme ein. Ich atme aus.

»Warum tust du mir das an?«, frage ich, obwohl mir bewusst ist, dass ich darauf keine Antwort erhalte.

Die Sache ist: Ich habe versucht, ihn zu vergessen. Ein Kapitel zu schließen, um ein neues zu beginnen. Mir hätte klar sein sollen, dass es nicht so einfach ist, aber ich habe es *versucht*. Immer und immer wieder. Ich redete mir ein, dass ich auf keinen Fall an ihn denke. Dass ich ihn nicht in den Dingen wiedersehe, die wir normalerweise gemeinsam gemacht haben. Zur Schule gehen, die Zoofachhandlung an der Ecke besuchen, um die Hasen zu beobachten, Hausarbeiten erledigen, joggen. Wenn ich dusche oder nachts allein und hellwach im Bett liege. Ich denke nicht an ihn, obwohl ich es doch tue. Mir wurde von allen Seiten zugeredet, dass ich ihn vergessen müsse.

Und nun ist er hier – bei mir.

Wofür hält sich Tobias verdammt noch mal? Wie verdammt selbstsüchtig muss man sein, wie taktlos, um nach vier Jahren aufzutauchen und zuzulassen, dass all das Chaos, welches man hinterlassen hat, mit einem zurückkehrt? Was für ein Arschloch muss man sein, um das zu verantworten?

Du fucking Idiot, denke ich, nachdem das erste Aufwallen von Wut verschwunden ist. Mit den Fingern ertaste ich die kleine Wölbung an meinem Hals, die unter dem Stoff des Pullovers verborgen ist.

Ich geb's zu. Ich bin nicht gut darin zu reflektieren, was seine Gründe gewesen sind. Mir ist bewusst, dass er sie hat, und ich bin mir auch sicher, dass ihn keine Schuld trifft. Selbst wenn er davon überzeugt ist. Seine ängstliche Miene und der zittrige Ton in seiner Stimme haben ihn verraten. Trotzdem bin ich egoistisch und denke daran, wie viel Schmerz in meinem Herzen brannte, als ich mir anhören musste, dass er bei dem Feuer ums Leben gekommen war. Ein Unfall, ausgelöst von vergessenen Kerzen an Heiligabend. Meine Ohren hörten die Informationen, doch mein Kopf konnte sie nicht akzeptieren. Die Youngs waren nicht so fahrlässig. Da musste mehr dahinterstecken und der Beweis liegt jetzt genau vor mir.

Ein bitteres Lachen entfährt mir, als ich aufstehe und zur Couch gehe. Im Schlaf wirkt Tobias wie ein schutzloses Kind; seine Züge sind entspannt und dennoch sehen sie leidend aus.

In meinem Kopf herrscht ein Sturm. So viele Fragen drängen sich in den Vordergrund, doch keine einzige kann ich ihm stellen. Selbst wenn er bei Bewusstsein wäre, fürchte ich mich vor seinen Antworten.

Mir ist zum Heulen zumute. Wieso muss er es mir so verdammt schwer machen?

Plötzlich durchschneidet ein leises Knacken die Stille. Durch den Spalt zwischen den Holzbrettern huscht ein Schatten vorbei. Schnell greife ich nach dem Messer in Tobias' Hüfttasche. Angstschweiß rinnt mir über den Rücken, denn ich bin absolut wehrlos, sollte NOS uns gefunden haben. Mein Herz rast. Sekundenlang ist es still. Dann wird die Tür schwungvoll aufgerissen und ein junger Mann betritt die Hütte. Mit einer undeutbaren Miene fängt er meinen Blick auf, ehe seine Augen weiterwandern und schließlich bei Tobias stehen bleiben. Sofort rennt er in seine Richtung, doch ich versperre ihm den Weg.

»Komm nicht näher!«

Unsere Blicke kreuzen sich erneut und unwillkürlich trete ich einen Schritt zurück. Der Mann ist kleiner als ich, mit zerzaustem rotem Haar, hohen Wangenknochen und einem mörderischen Ausdruck im Gesicht.

»Kein Plan, ob du wahnsinnig mutig oder total bescheuert bist.« Er deutet auf die Klinge. »Deine Hände zittern. So wirst du niemanden beschützen.«

»Wer bist du?«

»Mason«, verrät er kurz angebunden. »Tobias' Freund.«

Ich starre ihn an. *Was hat er vor? Lügt er? Will er mich täuschen? Vertrauen gewinnen? Er trägt nicht die Uniform von NOS, doch das Armband an seinem Handgelenk signalisiert, dass er von dort kommt. Von derselben Einrichtung, in die Ty gehört. Nein. Gehörte.*

»Was ist?« Mason beäugt das Messer. »Willst du es wirklich darauf ankommen lassen?«

Ich bleibe standhaft. »Wenn du sein Freund bist, beweise es.«

»Was genau willst du hören?«, fragt Mason amüsiert von meiner Gegenwehr. »Dass er unglaublich loyal ist? Ein Hasenfanatiker und Vanillepudding liebt? Oder wie verdammt naiv er handelt, sobald es um seine *große Liebe* geht, und dabei sein Leben so leichtfertig aufs Spiel setzt?«

»Wie meinst du das?«

»Stell dich nicht dumm.« Bei diesem Satz verstumme ich. Er redet von mir.

Innerlich schimpfe ich mich einen Idioten. Ich will Tobias beschützen, wenn nötig mit dem Einsatz meines Lebens, aber ich muss mir eingestehen, dass ich in dieser Situation unnütz bin. Ich brauche Hilfe und Mason wirkt vertrauenswürdig. Zumindest hat er mich noch nicht angegriffen. Also senke ich die Klinge.

»Du arbeitest für NOS«, halte ich fest. »Was, wenn sie zurückkommen und –«

Seine ganze Haltung ändert sich schlagartig. Trotz des Messers in meinen Händen kommt er zu mir und packt mich an den Schultern.

»Ihr seid NOS begegnet?« In seiner Stimme vermischen sich Panik und Sorge. Unschlüssig über seinen abrupten Stimmungswechsel nicke ich. »Scheiße. Okay. Ganz ruhig, Mason. Du kriegst das hin.« Er nimmt mehrere tiefe Atemzüge. »Erzähl mir, was zur Hölle mit euch passiert ist.«

»Wir wurden von NOS angegriffen«, erkläre ich und deute dabei auf Tobias' Arm. »Etwas muss sich verändert haben. Er schien Schwierigkeiten zu haben, seine Fähigkeit aufrechtzuerhalten.«

Nach jedem gesprochenen Wort nickt Mason und scheint seine eigenen Schlüsse zu ziehen. »Hilf mir, seinen Oberkörper freizumachen.«

Während Mason ihn stützt, streife ich Tobias' Jacke von dessen Schultern und ziehe den Pullover behutsam über seinen Kopf. Mein Atem stockt, als der Stoff sein Handgelenk entblößt. Um das Armband herum ist die Haut gerötet und zeigt an einigen Stellen Schürf- und Brandwunden.

Ohne den Kopf zu heben, schaue ich Mason an und frage, nachdem er keinen Ton erwidert: »Was ist?«

Er presst die Lippen fest zusammen und sagt nichts.

Langsam richte ich mich auf. »Mason?«

»Sieh selbst.«

Ich trete etwas herum, um mir Tobias' Schulter anzusehen. Augenblicklich erschrecke ich. An der Stelle, wo ihn die Kanüle getroffen hat,

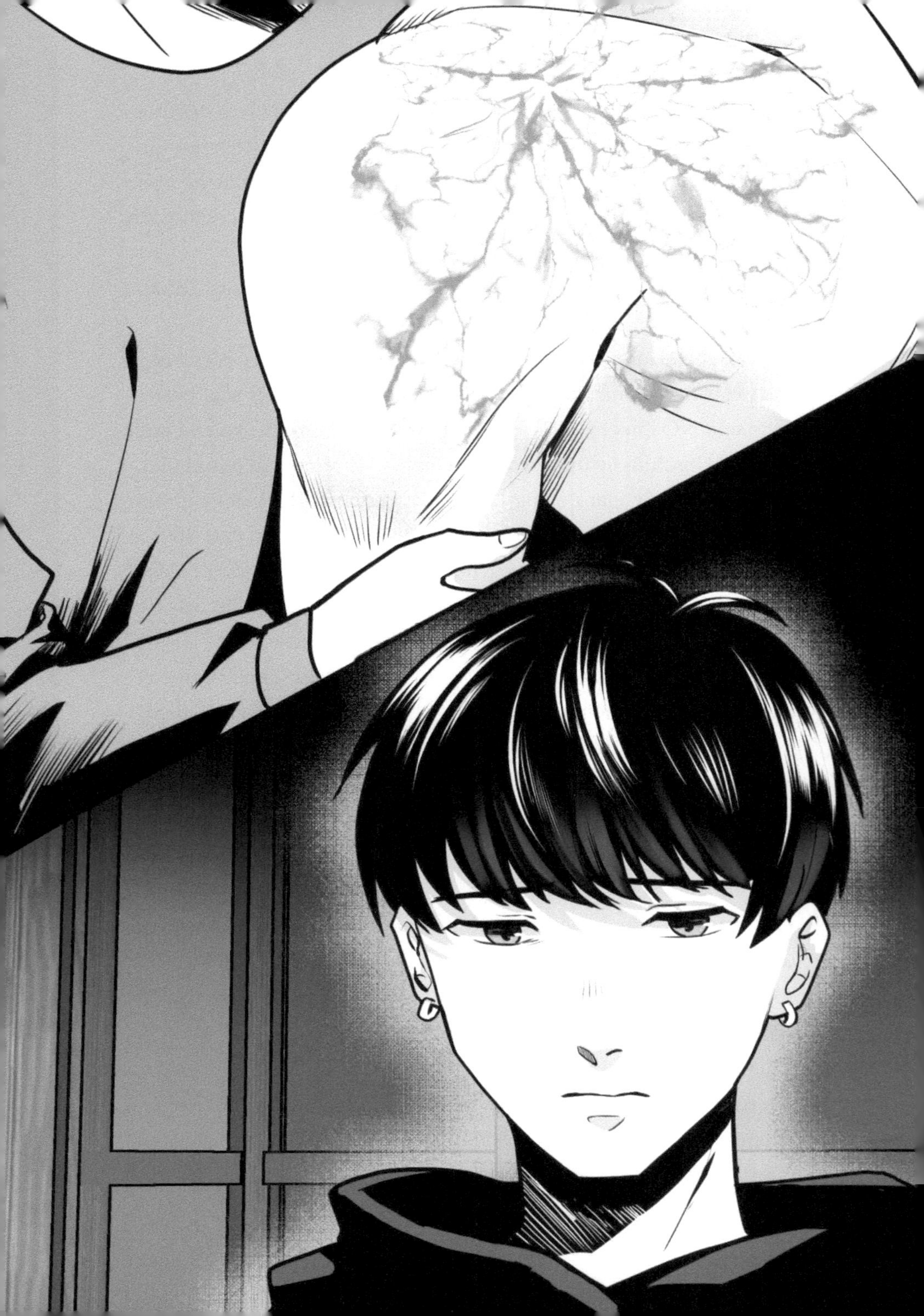

haben sich feuerrote, spinnennetzartige Linien um die Schusswunde gebildet.

Erschrocken ziehe ich die Luft ein. »Was ist das?«

»Ein hochwirksames Mittel, welches unsere Kräfte blockiert. Zusammen mit dem Armband ist es ein Wunder, dass er es bis hierhin geschafft hat. Er muss ziemliche Schmerzen haben.«

»Wie können wir ihm helfen?«

Überrascht hebt er eine Braue. »Wir? Du bist kein Subjekt.«

»Nun sag schon«, dränge ich.

Mason seufzt und schaut sich die Wunde noch einmal genauer an. »Er muss behandelt werden und das am besten so schnell wie möglich.«

»Dann –«

»Fuck!«, unterbricht er mich und springt auf. Haareraufend tigert er in der Hütte auf und ab, hält an, wendet sich Tobias zu und geht weiter. Allein beim Zusehen wird mir schwindelig.

»Wieso jagt NOS ihn?«, will ich wissen.

Abrupt bleibt er stehen. »Hältst du das für einen guten Zeitpunkt, um mir diese Frage zu stellen?«

Ich zucke die Schultern. »Besser, als dir beim Auf- und Ablaufen zuzusehen.«

»Touché.« Seine Züge mildern sich. »Tobias hat einen Befehl missachtet. Er wollte dich retten.«

»Du meinst, dass es –« Ich schlucke. *Meine Schuld ist?*, bleiben die Worte in meiner Kehle stecken.

»Nein«, sagt er. »Es war Tys freie Entscheidung. Ich verstehe bloß nicht, wie sich seine Freigabe so schnell ändern konnte. Wir haben ihn nicht gemeldet.«

»Wer ist *wir*?«

»Unsere Einheit.«

Ungläubig sehe ich ihn an. Es ist eine Sache, etwas zu vermuten. Es tatsächlich zu hören, ist etwas völlig anderes. »Dann ist es wahr? NOS hat Subjekte in ihren Reihen?«

»Sie lehren uns Kontrolle.«

Aus meiner Kehle dringt ein kleines humorloses Lachen. »Was? Wie auf einer Zauberschule? Gibt's 'nen sprechenden Hut, der eure Fähigkeiten bestimmt, und alberne Umhänge?«

»Das ist nicht witzig.«

»Oh, es gibt noch andere Vergleiche. *Shatter Me. Divergent. Winx Club.*«

»Vergleichst du uns ernsthaft mit Feen?«

Nun überrascht er mich. »Du kennst die Serie?«

»Kleine Schwester«, antwortet er und schaut mich herausfordernd an. »Was ist deine Ausrede?«

»Zu viel Freizeit.«

»Aha«, macht er und grinst schelmisch. »Wohl kein besonders sozialer Typ, was?«

»Touché«, gebe ich zurück. Ich sehe zu Tobias. »Was machen wir jetzt?«

»Du machst dir Sorgen?«

Mir gefällt der überraschte Ausdruck auf seinem Gesicht nicht. »Er ist mein Freund.«

»Er ist auch ein Subjekt.«

Oh. Mason ist offiziell ein Arsch. Wie grauenhaft von ihm, mir die unwiderrufliche Wahrheit ins Gedächtnis zu rufen. Doch das ändert nichts. Zumindest nicht für mich.

»Ich habe keine Angst.«

»Hm«, brummt er und tippt mit einem Finger gegen sein Kinn. »Noch ein Punkt, bei dem ich nicht weiß, ob ich dich für wahnsinnig mutig oder total bescheuert halten soll.«

»Ihr seid keine –« Ich beiße mir auf die Unterlippe, warte einen Moment und will wieder ansetzen, als Mason mir zuvorkommt.

»Sprich es ruhig aus«, fordert er mich heraus. »Monster. War nicht so schwer, richtig? Merk es dir, denn das sind wir: ekelerregende Monster. Unsere Fähigkeiten sind unbestimmt und genau das macht uns gefährlich.«

»Gefährlich heißt nicht gleich tödlich.«

Für eine Sekunde ist er sprachlos. »Wieder ein Punkt für dich. Du bist wirklich interessant –«

»Sam«, verrate ich ihm meinen Namen.

»Ich weiß.« Er geht weiter durch den Raum und seufzt tief. »Du wirst mir nicht glauben, wie oft er von dir gesprochen hat.«

»Tobias hat dir von mir erzählt?«, frage ich erstaunt.

»Dachtest du, er würde dich einfach vergessen?«

Ehrlich gesagt: ja.

Oder besser formuliert: Ich habe es gehofft. Nicht vergessen, denn das wäre bei seinem Supergedächtnis undenkbar, doch zumindest, dass er die Erinnerung an mich verdrängt. Das hätte es ihm leichter gemacht. Weniger schmerzhaft.

»Warum bist du so nett zu mir?«, frage ich.

»Verwechsle meine Loyalität gegenüber Ty nicht mit Nettigkeiten.« Vor einem Bücherregal bleibt Mason stehen und schaut zu Tobias. »Du bedeutest ihm viel. Sollte dir unter meiner Aufsicht etwas passieren, würde er mich hassen.«

»Schwer zu glauben«, flüstere ich und kann meinen Frust nicht unterdrücken.

»Bitte?«

»Wenn ich ihm so viel bedeute, wieso hat er sich nicht einmal gemeldet?«, stelle ich die Eine-Million-Dollar-Frage, die mir bereits seit vier Jahren auf dem Herzen liegt.

Masons Züge verdunkeln sich. »Für so dumm habe ich dich nicht gehalten.« Noch bevor ich in irgendeiner Weise reagieren kann, kommt er zu mir und zwingt mich grob auf die Beine. »Denkst du, bei NOS zu sein, wäre ein Spiel? Ein strahlendes Paradies mit Zuckerwatte und Luftballons? Wenn wir uns weigern, ihren Befehlen zu folgen, sind wir tot. Sollten wir versuchen zu fliehen, sind wir tot. Werden unsere Ergebnisse schlechter und unsere Fähigkeiten unbrauchbar, sind wir tot. Leben oder sterben. Eine andere Wahl bleibt uns nicht. Dich zurückzulassen, war sicherlich keine leichte Entscheidung und alles, was Tobias tut, ist für dich und seine Geschwister.«

»Seine Geschwister?« Er muss sich irren. »Sie sind tot.«

»Keine Ahnung, was du zu wissen glaubst, doch die beiden sind am Leben. Tobias denkt, dass er mich hinters Licht führen könnte, aber ich weiß, dass er mit unserem Direktor einen Deal hat. Er beschützt sie. Und vielleicht hat er auch dich die ganze Zeit beschützt.«

Ich verstehe nicht. »Wovor?«

»Woher soll ich das wissen?« Er lässt mich los. »Nur merk dir eines: Stelle niemals Tobias' Gefühle infrage. Du bist ihm wichtig und falls dir mein Wort nicht reicht, dann frag ihn. Dir würde er nichts verheimlichen.«

»Wenn er etwas nicht erzählen möchte, würde ich es nicht hinterfragen«, halte ich dagegen. Schließlich hat er seine Gründe.

»Tobias ist stur und ein Idiot, sobald es um seine eigenen Gefühle geht.« Masons Stimme wird milder. »Manchmal muss man ihn zwingen, ehrlich zu sein.«

»Du scheinst ihn auch ganz gut zu kennen.«

Mason nickt. »Sind beste Freunde.«

Etwas regt sich in mir. Erleichterung. Das Wissen, dass Tobias nicht allein ist, beruhigt mich. Ich gehe zu ihm und lasse mich auf den Boden sinken, schaue hoch in sein Gesicht, auf seine rosafarbigen Lippen.

Du bist wirklich ein Riesenidiot, denke ich.

Schon wieder.

Schon wieder hat er in seinen Entscheidungen an andere gedacht.

Es wird still zwischen uns und ich merke die ansteigende Nervosität in mir. NOS ist immer noch dort draußen und mit dem Armband ist es nur eine Frage der Zeit, bis sie uns finden. Es ist erstaunlich, dass wir überhaupt so lange Ruhe vor ihnen haben. Moment –

»Wie hast du uns eigentlich gefunden?«, frage ich misstrauisch.

Mason, der sich mittlerweile ans Fenster zurückgezogen hat und seinen Blick wachsam nach draußen richtet, wendet sich mir zu. »Eure Schritte haben es mir verraten.«

Ich bin verwirrt. »Erklär's mir.«

»Hörst du das?«

Auf dem Highway über uns rollen die Autos und der Fluss neben uns rauscht stadtauswärts. Etwas plätschert. *Platsch. Platsch.* Es ist ganz leise, wie Hintergrundmusik.

»Es regnet«, sage ich und bin noch verwirrter.

Mason lacht. »Ich bin ein Wassermanipulator. Ich kann Wasser erzeugen und manipulieren. Vor zwei Tagen hat es in Kensington geregnet und die Erde ist noch feucht. Eure Fußabdrücke haben mir den Weg gezeigt.«

»So etwas ist möglich?«

»Nur wenn man weiß, wonach man suchen muss. Mir war klar, dass ihr zu zweit seid und bedacht, aber zügig vorankommen müsst. Tobias' Schuhgröße und sein übliches Verhalten haben ihn verraten.«

Ich bin baff. »Willst du damit sagen, dass du unsere Schritte gesehen hast?«

Er nickt und streckt stolz die Brust raus. »Bist du jetzt beeindruckt?«

»Eher besorgt«, spreche ich meine Bedenken aus. »Denn es bedeutet, dass wir hier nicht sicher sind.«

Und im schlimmsten Fall Tobias nicht beschützen können, füge ich in meinen Gedanken hinzu.

Ein Muskel an Masons Kinn bewegt sich, die Andeutung eines Lächelns zeigt sich auf seinen Lippen.

»Du musst dir um ihn keine Sorgen machen«, sagt er. »Mein Gruppenführer streitet es gern ab, aber Ty ist von uns allen der Begabteste.«

»Du irrst dich«, widerspreche ich. »Ty ist nicht so stark, wie du ihn darstellen willst.«

Seine Gabe ist sowohl ein Segen als auch ein Fluch. Ich weiß nicht, wie ich damit umgehen würde, wenn ich mich an jedes kleinste Detail aus meinem Leben erinnern könnte. Wenn ich jedes Scheißgefühl wieder durchleben müsste, als wäre ich in einer Endlosschleife aus meinen Erinnerungen gefangen. Mir wird gesagt, ich könne die Emotionen meiner Mitmenschen anhand ihres Gesichtsausdruckes deuten. Ob sie lügen, etwas verheimlichen, Schmerz fühlen. Wenn ich dazu verdammt wäre, mich an all diese Gesichter zu erinnern, würde ich verrückt werden.

Tobias redet nicht darüber. Er schweigt. Leidet im Stillen.

»Du solltest schlafen«, schlägt Mason vor.

»Ich bin nicht –«

»Keine Widerrede«, würgt er meinen Einspruch mit einem gutmütigen Lächeln ab. »Nimm es mir nicht übel, aber unsere Situation ist beschissen genug. Ich kann mich um keinen übernächtigten Teenager kümmern.«

»Ich bin neunzehn!«, protestiere ich.

»Ändert nichts an meiner Aussage.« Er seufzt. »Wir können im Moment nichts tun. Spar dir deine Kräfte.«

Er hat gute Argumente. Auch wenn ich ihm gern weiter widersprechen möchte, kann ich nicht leugnen, dass ich müde bin. Vielleicht wäre eine Auszeit wirklich das Vernünftigste. Ich nehme die zweite Decke von der Rückenlehne und wickle sie mir um die Schultern. Dann lasse ich die rechte Wange auf das harte Polster sinken. Meine Hand findet ganz automatisch Tobias'. Sie ist kalt, sodass ich sie unter die Decke schiebe.

Ich versuche, nicht länger an die Flucht oder an NOS zu denken. Das würde die Angst stärken und das kann ich nicht gebrauchen. Stattdessen konzentriere ich mich auf meine Atmung und auf den Herzschlag, der unter meinen Fingern pulsiert.

Tobias lebt. Mit diesem Gedanken falle ich in einen traumlosen Schlaf.

KAPITEL 6

Mir ist kalt und ein komisches Gefühl regt sich in meiner Brust.

Müde. So hundemüde und so bitterkalt.

Ich kann kaum begreifen, was los ist. Etwas stimmt nicht. Ich bin wach, aber wie in Watte gepackt.

Vage höre ich eine Stimme. Sie klingt vertraut. In Panik redet sie unverständliches Zeug. Je mehr sie spricht, umso leichter fällt es mir, ihr zuzuhören.

»MASON!«

Meine Augen klappen auf und endlich nehme ich meine Umgebung wahr. Sie ist anders. Die Holzbretter sind mit einer Eisschicht überzogen und die Möbel in der Hütte teilweise gefroren. Um meinen Körper sind zwei Decken gewickelt, die mir zumindest ein wenig Wärme spenden.

Auf wackligen Beinen stehe ich auf. Vor dem Fenster sitzt Mason, zusammengekauert und den Blick starr geradeaus gerichtet. Um ihn herum ist die einzige Stelle im Raum, die nicht vereist ist.

»Egal was du siehst«, redet Tobias weiter auf ihn ein. »Es ist nicht echt. Es ist vorbei, hörst du?«

»Was ist los?«, frage ich und trete vorsichtig näher. Obwohl Tobias mit aller Kraft versucht, sich seine Schmerzen nicht anmerken zu lassen, erkenne ich den leichten Schweißfilm auf seiner Stirn und die Anstrengung hinter seinen Bewegungen.

»Panikattacke«, nuschelt Tobias. Dann führt er eine von Masons Händen auf seine Brust, genau über sein Herzen. »Mason, es ist alles gut. Folge meiner Atmung. Tief ein und aus. Du bist nicht länger dort. Niemand kann dir wehtun.«

Mir dreht sich der Magen um. Ich erinnere mich an meine Kindheit – Tobias war zwölf und ich elf. Ich weiß noch, wie ich am Küchentisch saß und Mum beim Kochen zusah. Vom Flur aus hörte ich Schritte und Tobias lehnte sich auf unsicheren Beinen gegen den Türrahmen. Meine Mum war sofort bei ihm. Er bekam schlecht Luft und sein Gesicht war nass von den Tränen. Mit äußerst sanfter Stimme sprach sie zu ihm. Dass alles gut sei und er keine Angst haben müsse. Dabei nahm sie seine kleine Hand in ihre und legte sie auf ihre Brust.

Ich erkenne die Geste und für einen Moment glaube ich, Mum zu sehen.

Auf einmal entspannen sich Masons Hände. Behutsam zieht Tobias ihn in seine Arme und wiederholt nur einen Satz: »Ich bin hier.«

Mason wird still und ich wünschte, ich könnte ihm helfen. Beistand geben, eine Schulter zum Anlehnen, doch ich weiß nicht, ob es mir zusteht. Schließlich kennen wir uns kaum.

»Es geht schon wieder. Danke«, sagt Mason heiser. »Fürs Beruhigen.«

»Klar, gern«, erwidert Tobias mit einem müden Lächeln. »Immerhin will ich nicht als Schneemann enden.«

Mason lacht schnaubend. »Du bist ein Arsch.«

Sein Blick huscht durch den Raum und landet schlussendlich auf mir. Mühsam kommt er mit Tobias' Hilfe auf die Beine. »Es tut mir leid. Muss dich ziemlich erschreckt haben.«

»Schon gut«, wehre ich ab. Zu gern würde ich ihn fragen, was passiert ist, aber ich möchte ihn nicht unnötig belasten.

»Emotion«, sagt er nach einer langen Minute.

»Mm?«

Mason plumpst auf die Couch und schaut mich an. »Du willst doch wissen, was passiert ist.«

Ertappt schüttle ich den Kopf. »Du musst nicht –«

»Ich habe die Kontrolle verloren«, erklärt er und unterbricht mich damit. »Unsere Fähigkeiten sind mit unseren Gefühlen verbunden. Je ausgeprägter das Gefühl, desto stärker das Potenzial. Für die Forscher war die Erkenntnis ein gewaltiger Durchbruch. Leider …« Er macht eine allumfassende Geste durch den Raum. Das Eis knackt. »… hat es den Nachteil, dass wir so leichter die Beherrschung verlieren.«

Ich versuche zu verarbeiten, was er soeben gesagt hat.

»Lehrt NOS euch deswegen Kontrolle?«, komme ich nicht umhin zu fragen.

Tobias rümpft die Nase. »Sie haben Angst, dass wir uns ihnen widersetzen.«

»Warum …« Ich schlucke, auf einmal unsicher, ob ich die Antwort darauf wirklich hören möchte. Meine Neugier siegt. »Warum seid ihr dann dort?«

»Weil uns keine Wahl gelassen wird«, meint Tobias leidgeprüft. »Entweder wir schließen uns ihnen an oder wir sterben.«

Leben oder sterben.

Es war keine Metapher. Es war wörtlich gemeint.

»Warum bist du hier?«, wendet Tobias sich an Mason.

Feurig sieht er ihn an. »Scheiße, ernsthaft? Was denkst du?«

»Das ist bescheuert.«

»Mein Gott.« Mason fährt sich mit der Hand übers Gesicht. »Du bist mein Freund, Ty. Ich habe mir Sorgen gemacht und bin dir gefolgt.«

»Und die anderen?« In Tobias' Stimme liegt Misstrauen.

»Sie haben dich nicht verraten«, erklärt Mason eindringlich. »Ich weiß nicht, wieso sich deine Freigabe –«

Durch den Schlitz der Holzbretter erfasst ein Lichtstrahl sein Gesicht. Meine Nackenhaare stellen sich auf. Ich höre gedämpfte Stimmen. Vorsichtig nähere ich mich dem Fenster und spähe nach draußen. Vor uns reihen sich Personen in schwarzen Uniformen und Gewehren auf. Mit einem Klicken springen zwei weitere Strahler an und erhellen den gesamten Platz. Ich stoße einen Fluch aus, als ich die Aufschrift von NOS erkenne.

»Tobias Young!«, ertönt eine kräftige Frauenstimme durch den Lautsprecher. »Jeglicher Widerstand ist zwecklos. Du bist umstellt. Ich gebe dir sechzig Sekunden, bevor wir die Hütte stürmen.«

»Schätze, das heißt ›Game Over‹«, meint Tobias resigniert und steht bereits an der Tür.

»Auf keinen Fall!«, protestiert Mason. Er sieht ihn flehend an – umsonst.

»Sie wollen mich, Mason. Ihr habt damit nichts zu tun. Schnapp dir Sam und verschwinde.«

»Das klingt nach Schwachsinn!«, knurrt sein Freund.

»Mir bleibt kaum eine andere Wahl.«

Ohne ein Wort berührt Mason Tobias' verletzte Schulter. Der erzittert am ganzen Körper und stöhnt gequält auf.

»Du kannst dich kaum auf den Beinen halten«, hält Mason ihm vor. »Wie willst du *ihn* in deinem Zustand beschützen?«

Das lässt Tobias verstummen. Ich sehe ihm seinen Frust an. Sein Unterkiefer ist angespannt und seine Hände sind zu Fäusten geballt.

»Dreißig!«, durchschneidet die Frau die Stille.

»Was ist mit mir?«, frage ich und ziehe ihre Blicke auf mich. »Ich könnte rausgehen und mit ihnen reden. Sie davon überzeugen, dass ich allein bin.«

»Sag mal, hab ich dein Gehirn schockgefrostet?«, regt Mason sich auf. »Was, glaubst du, werden sie mit dir machen, huh? Sie wissen, dass wir hier sind.« Er hebt seinen Arm und hält mir sein Armband ins

Gesicht. »Falls du es schon vergessen hast, mit diesen netten Dingern können sie uns aufspüren.«

»Aber sie haben Ty nicht sofort gefunden!«, erhebe ich Einspruch. »Die Frau, die uns verfolgt hat, stand bloß eine Armlänge von uns entfernt und auch jetzt hat NOS viel zu lange gebraucht, findest du nicht?«

Da regt sich etwas in Masons Augen. »Worauf willst du hinaus?«

»Dass wir eine Chance haben.«

Die Frau auf dem Platz beginnt zu zählen, was meine Nerven mit jeder Sekunde zum Zerreißen bringt: »Zehn, neun, acht.«

»Ich werde nicht riskieren, dass euch meinetwegen etwas zustößt«, meint Tobias endgültig und drückt im selben Augenblick die Klinke nach unten. Mit erhobenen Händen stellt er sich.

»Stehen bleiben!«, schreit ein Mann.

Tobias befolgt seinen Befehl. Aus der Gruppe löst sich eine Frau. Es ist dieselbe, die uns in der Gasse fast erwischt hätte. Sichtlich verärgert streicht sie sich den Zopf von der Schulter und hebt ihre eigene Waffe.

Ein Gefühl der Verzweiflung regt sich in mir. Ich fühle mich absolut hilflos. Es ist wie damals, als mir gesagt wurde, was mit den Youngs passiert war. Ich kann nichts tun und das macht mich fertig.

»Hör zu«, warnt Mason. »Keine Dummheiten, ja? Bleib dicht an meiner Seite.«

»Was hast du vor?«, frage ich.

»Du willst Ty doch retten, nicht wahr?« Scheiße, ja. Ich kann Tobias nicht sich selbst überlassen. Allein der Gedanke bricht mir das Herz. »Dann tu, was ich dir sage, und weiche nicht von meiner Seite!«

Angestrengt verzieht sich sein Gesicht, als er eine Hand zum Fluss richtet. Zeitgleich richten die Soldaten ihre Gewehre und schießen ohne Vorwarnung auf Tobias. Plötzlich rauscht eine gewaltige Wasserwand unter dessen Füßen hervor, die im Bruchteil von Sekunden komplett vereist und die Kugeln abwehrt.

Bei Tobias angekommen, betrachte ich ihn sorgsam. Seine Züge sind von Schmerz überschattet und ehe ich etwas sagen kann, fällt er auf die Knie. Seine Augen landen auf Mason.

»Du bist ein Idiot!«, fährt er ihn an und strengt sich hörbar an, mit fester Stimme zu sprechen. »Ihr hättet fliehen können!«

»Und dich in den sicheren Tod schicken? Niemals, hörst du? Willst du *ihm* das tatsächlich antun?«, fragt Mason sanft und der Ausdruck, der über Tobias' Miene huscht, muss ihm als Antwort reichen. »Dachte ich mir. Du bist ein Genie, Ty. Also streng deine verdammten Gehirnzellen an und bring uns hier raus.«

Die Schüsse dröhnen in meinen Ohren. Risse ziehen sich durch das Eis und uns allen wird bewusst, wie wenig Zeit uns bleibt. Fuck, so darf es nicht enden. Ich will ihm so viel sagen. So viel erklären. Ihn wenigstens wissen lassen, dass ich jeden Tag an ihn gedacht habe.

»Ty, ich –« Kraftlos sinke ich zu ihm hinunter und ziehe ihn an mich. Ich merke, wie er zögert und mich dann doch in seine Arme schließt. Seine Wärme ist tröstlich und lässt in mir all die tausend Momente aufleben, in denen er mich genau so gehalten hat. In seiner Nähe finde ich Zuflucht.

»Ich kann die Wand nicht länger halten!«, ruft Mason dringlich. Das Eis splittert und ich höre das Pfeifen einer Pistolenkugel, die den Wall durchbricht.

Todesängstlich presse ich die Augen zusammen und klammere mich so fest an Tobias, dass es wehtut.

Bleib bei mir, liegt mir auf den Lippen, als auf einmal eine Stimme über den Platz hallt: »Feuer einstellen! Ich wiederhole: Feuer sofort einstellen!«

Ich höre Mason erleichtert ausatmen, als die Typen aufhören, auf uns zu schießen. Genau in dem Moment zerbricht die Eiswand in tausend kleine Stücke.

Mit einem dicken Klumpen im Hals warte ich geduldig darauf, dass die Soldaten ihre Gewehre sinken lassen. Die Frau sieht nicht glücklich aus. Mit einer Handbewegung befiehlt sie ihren Männern, zurückzutreten. Diese stellen sich in zwei Reihen auf und machen Platz. Ein dünner Mann in schwarzem Anzug eilt zu uns. Sein Gang ist unsauber, was wohl an seinem linken Bein und dem Gehstock liegt. Trotzdem hat er eine selbstgefällige Haltung.

»Wie lautet euer Befehl?«, fragt er die Frau.

Sie salutiert. »Den Abtrünnigen Tobias Young finden und eliminieren.«

»Ein Abtrünniger?« Er lacht hart und humorlos. »Er ist gewiss keines dieser nutzlosen Werkzeuge. Wer hat euch den Befehl gegeben?«

»Henry Marten«, verrät sie zögerlich. Ich kann mich irren, doch die Frau hat Angst. Ihre Stimme ist nicht länger kraftvoll, sondern zurückhaltend.

»Typisch für ihn, vorschnell zu handeln.« Der Mann deutet auf Tobias. »Der Junge ist kein Abtrünniger.«

»Aber Marten –«

»Genug!«, blafft er die Frau an und geht mit zügigen Schritten auf Tobias zu. Ohne ein Wort zu verlieren, zwingt er ihn grob auf die Beine und packt sein Handgelenk. In einer fahrigen Bewegung schiebt er den Ärmel von Tobias' Jacke nach oben. Mein Herz droht stehenzubleiben. Das Armband … leuchtet gelb.

»Ein Missverständnis«, sagt der Mann. »Sagen Sie Marten, dass er sich geirrt hat.«

Die Frau salutiert erneut und entschuldigt sich aufrichtig für die Unannehmlichkeiten. Kaum ist die Gruppe verschwunden, ändert sich die Haltung des Mannes. Die freundlichen und diplomatischen Züge werden von Zorn überwältigt.

»Direktor, ich –«

KLATSCH.

Die Ohrfeige schallt über den Platz wie ein Peitschenschlag und lässt Tobias' Kopf zur Seite kippen. Seine Hände sind fest zusammengeballt.

»Hast du die geringste Ahnung davon, was passiert wäre, wenn ich nicht aufgetaucht wäre? Wie kann man so verdammt naiv sein und das alles«, ein Beben geht durch meinen Körper, als mich der scharfe Blick seiner grauen Augen trifft, »für einen belanglosen Jungen. Ich hoffe, du bist dir der Konsequenzen bewusst.«

»Das können Sie nicht –«, schreit Tobias, doch er wird von dem Mann unterbunden.

»Du vergisst, wer ich bin.« Damit lässt er ihn stehen und wendet sich mir zu. Er grinst! Ein grauenhaftes, ekelerregendes Grinsen.

»Wir fliegen zurück«, verkündet er. »Und das schließt dich ein, Sam Koenig.«

KAPITEL 7

Ohne zu verraten, wohin er mich bringt, führt mich ein uniformierter Mann durch ein Labyrinth von Gängen. Er ist groß, trägt mehrere Piercings im Gesicht und hat eine auffällige Tätowierung am Nacken. Es sind schwarze Linien, die zickzackartig unter seinem Kragen verschwinden. Aber das ist nicht der Grund, weswegen mein Herz immer schneller schlägt. Es ist sein kalter, emotionsloser Blick.

Am Ende des Ganges brennt ein blaues Licht. Alles andere ist dunkel, sodass ich höllisch aufpassen muss, nicht zu stolpern. Keine Ahnung, wie spät es ist, aber da uns bislang niemand über den Weg gelaufen ist, muss es mitten in der Nacht sein.

Schließlich bleibt mein Wachhund vor einer Metalltür stehen.

»Du wirkst überraschend gelassen für einen Frischling«, bemerkt er und verschränkt die Arme. »Ich heiße Nine und bin einer der Trainer in dieser Einrichtung. Genau genommen wurde ich beauftragt, deine Ausbildung persönlich zu überwachen.«

»Weswegen die Sonderbehandlung?«, frage ich.

»Wie kommst du darauf, dass es eine ist?«

Ich sehe ihn an.

»Ihre Stimme klingt genervt und laut Ihrem Gesichtsausdruck sind Sie nicht gerade begeistert über diesen Job«, erkläre ich matt.

Er lächelt und in dem blauen Licht wirkt es noch fieser. »Du hast recht, Frischling. Es kotzt mich an, dir die kleine Hand halten zu müssen. Glaub nicht, dass ich mich zurückhalten werde. Wir nehmen das Training unserer Spezialisten und Subjekte sehr ernst. Achtzig Prozent der Neuankömmlinge landen bereits nach ihrer ersten Stunde im Krankenflügel.«

Bei dem Gedanken wird mir schlecht. Schon allein die Tatsache, dass von mir erwartet wird, mich ihnen anzupassen, ist schlimm genug, aber dass ich ausgerechnet für ihre Zwecke trainiert werden soll, macht das Ganze noch viel angsteinflößender.

»Schiss?«, fragt Nine.

Ich zucke mit den Schultern. »Bleiben zwanzig Prozent, Sie vom Gegenteil zu überzeugen.«

Seine Mundwinkel ziehen sich nach oben. »Mut hast du, das muss man dir lassen.« Mit einer Hand stößt er die Tür auf. »Der Direktor wird dir später dein Ergebnis mitteilen. So lange wirst du dich schön ruhig verhalten, haben wir uns verstanden?«

Ich nicke.

Ergebnis. Mir wird ganz flau im Magen, sobald ich daran denke.

Gleich nachdem wir auf dem schlammigen Parkplatz angekommen waren, erstreckte sich vor mir ein unscheinbares Gebäude mit unzähligen Fensterreihen. Neil schob uns durch einen großzügigen Eingangsbereich, eine Treppe nach oben und trennte uns schließlich an den Fahrstühlen. Während Mason zurückgelassen wurde, folgte Tobias ihrem Direktor und ich wurde von zwei Aufsehern in einen Krankenflügel gezerrt. Dort wartete bereits Nine, der mich keine einzige Sekunde aus den Augen ließ. Ich selbst nahm die Behandlung nur ganz am Rande wahr. Blutentnahme, Gewichtskontrolle, einige Messungen von Vitalwerten und Fragen zu meinem Gesundheitszustand sowie eine örtliche Betäubung am Handgelenk. Noch bevor ich mich wundern konnte, nahm ein Pfleger ungefragt meinen linken Arm und desinfizierte die Stelle. Auf dem Beistelltisch fand ich eines der modernen Armbänder.

Es tut nicht weh, beschwichtigte er.

Am Arsch! Es schmerzte höllisch. Trotz der Betäubung spürte ich, wie die Haut unter dem Band aufriss und sich zangenartig etwas um den Knochen legte.

Reine Sicherheitsvorkehrung, meinte der Pfleger dämlich grinsend.

Als ob ich eine Bedrohung für sie wäre.

Entkräftet blicke ich nach vorn. Hier unten ist es gespenstisch still. Niemand ist auf den deprimierenden Gängen und sie werden seltsamerweise auch nicht überwacht. Zumindest sind mir beim Gehen keine Kameras aufgefallen.

Nine lehnt sich vor und knipst das Deckenlicht an. Von einer nackten Glühbirne strahlt warmes Licht.

»Willkommen in deinem neuen Zuhause.« In seinem Ton schwingt Spott mit.

Bevor ich allerdings die Gelegenheit bekomme, etwas darauf zu erwidern, schließt er die Tür hinter mir und lässt mich allein. Seufzend werfe ich den Rucksack von meinen Schultern. An einer Wand sind Stockbetten aufgereiht, an der anderen stehen ein paar Kommoden und ein Tisch. Der Raum selbst ist beengt und alles in einem eintönigen Grau. Anhand der zerknitterten Bettdecken wird mir klar, dass der Schlafsaal offenbar bewohnt wird – von mindestens vier Personen –, allerdings finde ich keine persönlichen Gegenstände. Nicht mal ein Foto oder ein Buch.

Außer Tobias habe ich noch nie mit anderen im gleichen Zimmer geschlafen. Meine Augen brennen, wenn ich an zu Hause denke; an mein eigenes Bett und das Fenster mit Ausblick auf den Kirschbaum. Ich sehe auf das schlichte Armband. Meine Entscheidung, ihnen zu folgen, kann ich nicht mehr ändern. Das schwarze Blinken verdeutlicht, dass es für mich kein Zurück gibt.

Es ist egal, ob ich es wollte – ob sie mir überhaupt eine Wahl gegeben hätten. Es ist egal, wie schmerzhaft meine Brust drückt, sobald ich versuche, an Dad zu denken und zu beten, dass es ihm gut geht. Selbst Tobias' Gesicht bereitet mir Kopfzerbrechen, obwohl ich mir nicht ganz sicher bin warum. Es ist egal.

Ich schlüpfe aus meinem Pullover und der Spiegel neben der Tür offenbart das Pflaster von der Blutentnahme. Mit einem Ruck reiße ich es ab. Es ist erstaunlich, wie viel Einfluss ein Testergebnis auf das Leben eines Menschen hat:

Du bist ein Subjekt.

Du bist kein Subjekt.

Ich presse die Lippen aufeinander. Ich muss mich sammeln. In meiner Schreibtischschublade zu Hause befinden sich lose Blätter mit meiner Krakelschrift. Listen von Gedankengängen, um das Chaos meiner Gefühle zu sortieren. Zwar habe ich nichts zum Aufschreiben, trotzdem muss ich mich beschäftigen.

Unbeholfen setze ich mich auf den Stuhl und drücke den Rücken gegen die Lehne.

Erstens. NOS will mich ausbilden. Je länger ich darüber nachdenke, desto verrückter und absurder klingt es. Ich bin weder etwas Besonderes, noch verfüge ich über eine nützliche Fähigkeit. Wollen sie so jemanden tatsächlich in ihre Reihen aufnehmen? Um was genau zu tun? Subjekte zu jagen? Sie zu töten? Ausgeschlossen.

Zweitens. Das Armband lässt keine Flucht zu. Hinter Nines Rücken spannten sich meine Finger um das Gerät, rüttelten und zerrten. Doch bis auf einen ziehenden Schmerz passierte nichts. Es gibt auch keinen Verschluss, um das Band zu öffnen. Laut der Ärztin darf niemand ohne die richtige Freigabe das Gelände verlassen. Wer sich außerhalb der Parameter bewegt, riskiert schmerzhafte Stromstöße, die durch das

Armband unter die Haut geleitet werden – eine Erfahrung, auf die ich verzichten kann.

Drittens. Tobias verhält sich merkwürdig. Seitdem Neil aufgetaucht ist, meidet er mich und trotz Masons Versuchen hat er kein einziges Wort gesprochen. Er hat sich nicht einmal von mir verabschiedet.

Viertens. Mein Ergebnis.

Ehrlich gesagt habe ich keinen Schimmer, was ich lieber hören möchte. Zu behaupten, dass ich noch niemals darüber nachgedacht habe, wäre gelogen. Oft habe ich mit dem Gedanken gespielt, welche Fähigkeit wohl zu mir passen könnte. Durch Wände gehen. Fliegen. Übermenschliche Stärke. Aber mit den Theorien kamen auch die Erinnerungen an Tobias zurück. An seinen panischen Ausdruck, nachdem er vor mir unsichtbar geworden war, an unser Versprechen, welches wir uns unter dem Sternenhimmel gegeben hatten, und an den Tag, als er schließlich verschwunden war.

Meine Brust zieht sich zusammen.

Nein, ermahne ich mich. *Denk nicht weiter darüber nach!*

Aber es ist zu spät. Egal wie sehr ich es vor anderen abstreiten würde, er ist der Grund, weswegen ich bereitwillig in den Flieger gestiegen bin. In seinem Gesicht haben sich so viele Emotionen gespiegelt. Aufrichtige Sorge. Angst und Zweifel. Aber auch Freude. Erleichterung. Wenn ich doch nur mit ihm reden könnte. So richtig. Ohne Geheimniskrämerei und Vorwürfe.

Was machst du hier?

Wie von einer Tarantel gestochen springe ich vom Stuhl auf. Die Lehne trifft dabei mit so viel Schwung auf die Tischplatte, dass die kleine Lampe bedrohlich wackelt. An der Tür steht ein junger Mann mit vollen Lippen und einem länglichen Gesicht.

Wie bist du hier reingekommen?

Da! Schon wieder! In meinem Kopf hallt eine tiefe männliche Stimme. Irritiert schaue ich auf den Mann, der den Mund kein einziges Mal bewegt hat. Wie ist das möglich?

Antworte mir!

Mein Herz schlägt mir bis zum Hals und wenn ich schlucke, brennt es säuerlich in meiner Kehle. Der Mann an der Tür sieht mich eindringlich an, so intensiv, als könnte er meine dunkelsten Geheimisse in meinen Zügen ablesen.

Wer bist du?, wird die Stimme fordernder. *Was machst du hier? Bist du ein Subjekt? Was ist deine Fähigkeit? Hörst du mich?*

Bei jedem Satz droht mein Kopf zu platzen. Die Worte tauchen glasklar in meinen Gedanken auf, berühren mein Trommelfell, und doch bewegen sich die Lippen des Mannes nicht.

Dreh nicht durch. Beruhige dich!

Doch mein Verstand versteht es nicht. Es ist unmöglich. Zu verrückt.

Nun rede endlich!

Ich halte mir die Ohren zu. Unter den Fingern fühle ich meinen Puls hämmern. Ein drückender Schmerz rast durch meine Schädeldecke.

»B-Bitte«, flehe ich. »Hör auf.«

Der Mann an der Tür kommt näher. »Sag mir, wer du bist.«

Ich blicke zu ihm, will etwas zu sagen, *irgendetwas*, aber ein neuer Schmerz lässt sämtliche Versuche im Keim ersticken. Absolut wehrlos sinke ich auf die Knie. Vor mir tanzt ein Umriss. Ein Körper. Mit ganzer Kraft stemme ich mich auf die Füße und schlage zu, doch mein Arm wird mit Leichtigkeit abgefangen.

»Netter Versuch.« Pure Gefühllosigkeit. »Wer. Bist. Du?!«

»Ich …« Mein Mund ist staubtrocken und ich glaube, einen metallischen Geschmack zu schmecken. Alles beginnt sich zu drehen.

»Wer ist der Junge?«, mischt sich eine weitere Stimme ein. Sie klingt wesentlich sanfter.

Ein verächtliches Grunzen. »Das will ich gerade herausfinden, Liam.« Ein Gesicht schwebt vor meinem und zum ersten Mal sehe ich direkt in seine grünen Augen. Sie sind dunkel und trotzdem klar in dem schwachen Licht. »Verrat mir, wer du bist und was du hier zu suchen hast.«

»Sofort aufhören!« Jemand schiebt sich zwischen uns. Sobald der Blickkontakt gebrochen ist, klingt der Schmerz ab. Blinzelnd taste ich herum und stoße mit der Hand an das Metallgestell des Stockbettes. Mühsam stütze ich mich in eine aufrechte Position und realisiere, dass Mason mich abschirmt.

»Was zum Fick soll das werden, Isaac?!«, verlangt er harsch nach einer Erklärung. »Du kannst ihn nicht einfach mit deinen Kräften überwältigen.«

Vorsichtig blicke ich über Masons Schulter. Der Mann – Isaac – hat eine arrogante, aber trotzdem ruhige Körperhaltung. Er hat eine kleine Narbe auf der Wange und einen senkrechten Schlitz in der rechten Augenbraue. Neben ihm steht wohl Liam. Er hat unnatürlich blasse Haut und glattes grau gefärbtes Haar, was ihm eine extravagante Aura verleiht. Beide tragen ein blaues Shirt, eine Jogginghose und einfache Laufschuhe.

»Ich erledige meine Pflicht«, wehrt Isaac ab. »Er hätte eine potenzielle Gefahr sein können.«

Mason kauft ihm diesen Bullshit nicht ab. »Für wen, hä?!«

»Vorsicht«, warnt Isaac und seine Züge verdunkeln sich. »Ich bin immer noch dein Gruppenführer. Es ist meine Aufgabe, für die Sicherheit meiner Einheit zu sorgen. Und der Junge –«

»– ist keine Bedrohung.«

Ein Räuspern lenkt ihre und meine Aufmerksamkeit Richtung Tür. Da im Rahmen steht Neil, in einem maßgeschneiderten schwarzen Anzug, die Anstecknadel mit dem Emblem von NOS auf der Brust.

Unsere Blicke treffen sich und etwas wie Wut oder Verärgerung steigt in mir auf.

»Wo ist Tobias?«, stelle ich ihn sofort zur Rede.

Seine Lippen werden schmal. »Er wird noch *behandelt.*« Das Wort fühlt sich schwer und träge an, als ob da wesentlich mehr dahinterstecken würde. »Du solltest dir lieber Sorgen um dich selbst machen.«

Ich traue mich kaum, danach zu fragen, aber: »Wieso?«

Erst jetzt fällt mir das weiße Tablet in seiner Hand auf. Er tippt es an.

»Dein Ergebnis ...« Neil hält inne. Warum zum Teufel zögert er? »... ist eindeutig.« Wieder stoppt er sich und die Stille ist nervenaufreibend.

»Ja, was nun?«, fordert Isaac ungehalten. »Verraten Sie es uns.«

Angesäuert nimmt Neil die Brille ab und steckt sie in die Brusttasche seines Jacketts. »Sam ist kein Subjekt.«

»Was gibt es da noch zu überlegen?« Isaacs Finger zeigt auf mich. »Er gehört nicht hierher!«

»Aber –«

»Nein, Mason«, unterbindet er dessen schwachen Protest. »Die Einrichtung wurde erschaffen, damit wir im Namen der Regierung deren widerliche Aufträge erledigen können. Er sollte sich glücklich schätzen, nicht das gleiche Schicksal zu erleiden wie wir.«

Es stimmt, was Isaac sagt. Ich müsste erleichtert sein. Ich bin kein Subjekt! Ich gehöre nicht in ihre Welt. Doch warum bin ich es dann nicht? Wieso ist ein Teil von mir enttäuscht?

»Was ist mit den Typen, die seinen Vater entführt haben?«, erinnert Mason sie. »Sam könnte immer noch in Gefahr sein.«

»Das ist nicht unser Problem«, erwidert Isaac nüchtern.

»Und Ty?«

Man sieht es kaum – was wohl an der kalten und gleichgültigen Maske liegt, die Isaac trägt –, jedoch regt sich etwas in seinem Gesicht.

»Er wird sich damit arrangieren müssen«, sagt er dann.

»Du kennst ihn besser.« Masons Stimme senkt sich. »Ein zweites Mal würde er es nicht verkraften.«

»Warum bist du so versessen darauf, dass er hierbleiben darf?«, fragt Liam, der sich zum ersten Mal einmischt.

Eine gute Frage. Ich bin ein ganz normaler Junge, der zufälligerweise mit Tobias aufgewachsen ist. Aus welchem Grund setzt Mason sich für mich ein?

»Können wir beim Thema bleiben?«, schießt Isaac sichtlich genervt zurück. »Er ist kein Subjekt.«

»Toll.« Mason verdreht die Augen. »Das hast du super zusammengefasst. Ändert nichts an der Tatsache, dass er bereits hier ist und wir ihn nicht einfach wegschicken können!«

»Er hat keinerlei Erfahrung! Nicht mal als Spezialist würde er dort draußen überleben.« Isaac blickt finster. »Willst du ihn wirklich ins offene Messer rennen lassen? Fein. Aber es wäre deine Verantwortung!«

Ich hasse es, ihnen zuzuhören. Sie reden, als stünde ich nicht im gleichen Raum. Es macht mich wahnsinnig, dass sie offenbar zu wissen glauben, was das Beste für mich ist. Scheiße, ich weiß es nicht einmal selbst.

Ein tiefes Seufzen unterbricht ihren Streit.

»Eure Differenzen werden zu nichts führen«, beginnt Neil. »Es wurde bereits entschieden, was mit dem Jungen passiert.« Er tritt in den Raum und nähert sich mir. »Sam Koenig ist mit sofortiger Wirkung eurer Einheit unterstellt und wird als Spezialist in unserer Einrichtung trainiert. Seine Ausbildung wird Nine persönlich übernehmen.« Damit wendet er sich an Isaac. »Du hattest um Verstärkung gebeten, erinnerst du dich?« Lässig zuckt er mit den Schultern. »Sieh deinen Antrag als genehmigt.«

»Das kann nicht Ihr Ernst sein! Er ist kein Subjekt und gehört erst recht nicht in unsere Einheit! Bitte überdenken Sie –«

»Isaac«, sagt Neil in beängstigend ruhigem Tonfall, »halt den Mund.«

Überraschenderweise gehorcht Isaac. Wenn auch widerwillig. Seine Schultern beben und in seinen Augen kocht die Wut.

»Die Entscheidung ist unwiderruflich und wurde mit der AUTORITÄT abgesprochen. Jeglicher Widerstand gleicht Hochverrat. Ist das klar?«

Isaac nickt.

Neil atmet tief aus und stellt sich an meine Seite. »Entschuldige bitte den unhöflichen Empfang. Ich hatte keine Zeit, deine Einheit auf dein Kommen vorzubereiten.« Mit einem müden Lächeln reicht er mir die Hand. »Erlaub mir, mich richtig vorzustellen. Mein Name lautet Neil O'Brien und ich bin der Direktor der Einrichtung in Nordamerika.«

Ich schnaube. Es erscheint mir aberwitzig, dass er wirklich glaubt, ich würde ihm freundlich die Hand schütteln, nachdem er mit genau dieser Tobias eine Ohrfeige verpasst hat. Zumal mich etwas an ihm stört. Für eine so hochrangige Person mischt er sich viel zu sehr in die privaten Angelegenheiten ein.

»Erhält jeder Neuankömmling die Ehre, Sie persönlich kennenzulernen?«, frage ich ihn direkt.

»Du –«, will Isaac sich aufregen, allerdings wird er von Neils Handbewegung gestoppt.

»Nein«, antwortet der schließlich. »Du bist eine Ausnahme.«

»Wegen Tobias?«

»Ich kann nicht leugnen, dass er ein Grund ist, aber du machst mich neugierig. Hoffe, du enttäuschst mich nicht.«

»Werd ich nicht«, sage ich mit schwerfälliger Zunge.

Er lacht leise und wendet sich zum Gehen.

Im Raum wird es mit einem Mal schrecklich still. Schwach registriere ich, wie Isaac die Kommode neben mir aufreißt und eine Jacke rausfischt. Dann stampft er zur Tür.

»Isaac, du solltest –«

»Damit eines klar ist«, würgt er Liam ab und als sein Blick meinem wieder begegnet, ist er rasiermesserscharf. »Ich war dagegen. Solltest du also meine Einheit oder eine Mission gefährden, werde ich nicht zögern, den Abzug zu drücken.«

»Ich habe keine Angst«, sage ich forsch und verblüffe mich selbst.

Isaac rümpft die Nase und verlässt den Schlafsaal, dicht gefolgt von Liam, der mir am Türrahmen eine leise Entschuldigung zuwirft.

»Nimm's ihm nicht übel«, meint Mason und stützt sich übertrieben freundschaftlich mit dem Ellbogen auf meiner Schulter ab. »Isaac wird sich an dich gewöhnen.«

»Er scheint mich nicht sonderlich zu mögen«, halte ich fest.

»Es liegt nicht wirklich an dir.« Ich bin mir nicht sicher, ob er das sagt, um mich zu beruhigen. »Komm jetzt, du musst duschen. Danach wird es dir besser gehen.«

Das bezweifle ich, trotzdem sehe ich zu, wie er eine Schublade öffnet und die gleichen einheitlichen Sachen herausnimmt, die Isaac und Liam getragen haben. Ohne ein weiteres Wort führt er mich durch die Gänge ins Gemeinschaftsbad. An den Decken sirren die Leuchtstoffröhren. Der Waschraum ist groß mit Spinden und Sitzbänken.

Ich habe keinen Schimmer, was mich fortan erwarten wird, und ehrlich gesagt spüre ich nun doch die Furcht.

»Hey, du kannst mir vertrauen.« Masons Lächeln muntert mich auf. »Und wenn nicht mir, dann wenigstens Tobias. Er wird nicht zulassen, dass dir was passiert.«

Inmitten des Durcheinanders habe ich versucht, nach Tobias' Hand zu greifen, um ihn nicht zu verlieren. Er hat mich weggeschoben, ohne ein Wort.

»Ich gebe mir Mühe.« Und das ist die Wahrheit. Ich versuche wirklich, ihm zu vertrauen. Trotzdem – jede Faser meines Körpers fiebert nach einer Erklärung. Ich will wissen, was damals passiert ist. Ich will verstehen, wieso er keinen anderen Ausweg gesehen hat und mich allein zurücklassen musste. Ich will begreifen, was NOS eigentlich im Schilde führt und inwieweit meine Eltern darin verwickelt sind.

KAPITEL 8

»Das Erste, was du lernen wirst, ist, wie man kämpft«, erklärt Nine. »Wir werden deinen Fortschritt messen und deine Leistung bewerten. In einem Rangsystem zwischen ›S‹ und ›F‹ wird die AUTORITÄT deinen Wert für unsere Ziele beurteilen.«

Es dürfte mich nicht wundern, dass NOS sofort mit meiner Ausbildung beginnt, allerdings habe ich gehofft, dass mir mehr als fünf Stunden Nachtruhe gegönnt werden. Schläfrig trotte ich Nine hinterher und erwische mich, wie ich ganz beiläufig zustimmend nicke.

Das Trainingsgelände ist gewaltig. Um mich herum höre ich die Fäuste gegeneinanderschlagen. Konzentriert trainieren Subjekte und Spezialisten gleichermaßen; üben Schläge an Sandsäcken, werfen Messer, stehen an Schießständen oder erproben ihren Fortschritt im Zweikampf auf den unzähligen Flächen, die mit dicken Matten ausgelegt sind.

Zugegebenermaßen finde ich es ziemlich mutig von NOS, Subjekten eine Waffe in die Hand zu legen und ihnen beizubringen, wie sie diese am effektivsten einsetzen. Sie scheinen hohes Vertrauen zu haben, dass keiner den Lauf gegen sie richtet. Vielleicht lähmt die Furcht die Subjekte, sodass sie keinen Aufstand provozieren. Ein Fluchtversuch ist riskant und endet vermutlich mit dem Tod. An jeder Ecke steht ein Aufseher und die Trainer halten ihre Schützlinge fest im Auge. Das Armband wird sein Übriges tun, sodass die Chance gegen null läuft.

Neben mir wird jemand kräftig zu Boden geworfen. Der Schrei ist furchterregend und hallt in meinen Ohren nach. Krampfhaft versucht ein Junge, sich aus dem Würgegriff zu befreien. Wild fuchtelt er mit den Armen herum. Dabei verliert sein Gesicht erschreckend schnell an Farbe. Seine Gegnerin zeigt kein Erbarmen und niemand mischt sich ein. Auch Nine ist unbeeindruckt stehen geblieben und schaut dem Kampf mit emotionsloser Miene zu. Erst als der Junge ohnmächtig liegen bleibt, rennen zwei Sanitäter auf die Matte.

Lautes Gelächter bricht aus und die Frau wird mit einem High five bejubelt. Wenn jeder Übungskampf so beendet wird, weiß ich nicht, ob ich dem gewachsen bin.

Zufrieden läuft Nine weiter.

»Deine Ausbildung beginnt heute und endet in einem Monat. Danach wirst du gegen mich antreten.« Mein Herz hüpft ein paar Takte schneller. Ich habe vier Wochen, um mir alles anzueignen? Die Erkenntnis ist wie ein brutaler Hieb in meinen Magen. »Der Simulationskampf wird entscheiden, ob du brauchbar für uns bist. Ich rate dir also, das Training ernst zu nehmen. Wenn du dich nicht flink genug anpasst, wirst du es bereuen.«

Vor einer großen Hologramm-Tafel bleibt er stehen. Dort stehen unendlich viele Namen, unterteilt in zwei Spalten: Subjekt und Spezialist. Meine Augen fliegen über die Zeilen und bleiben schlussendlich an Tobias' Namen hängen. Ungläubig suche ich den Blick meines Ausbilders.

Er grinst finster. »Überrascht?«

Mehr als das. Ich halte es für undenkbar. Laut der Tafel ist sein Rang ›C‹. Dabei ist Tobias ein Musterschüler. Damals ist er Konfrontationen aus dem Weg gegangen und hat sich an die Regeln gehalten. Er ist pflichtbewusst und anpassungsfähig. Allein sein Gedächtnis wird ihm bei den Übungskämpfen einen entscheidenden Vorteil verschaffen. Selbst Mason hat gemeint, dass Tobias unter ihnen der Begabteste sei.

»Anhand welcher Kriterien wird das Ranking bemessen?«, komme ich nicht umhin, die Tafel anzuzweifeln.

»Oh, zweifelst du etwa an der Entscheidung unserer AUTORITÄT?«, fragt Nine.

Stelle es nicht infrage, tauchen Masons Worte wie ein rotes Warnschild in meinen Gedanken auf. Als wir heute Morgen geweckt wurden und ich nach dem Frühstück zu Nine gehen sollte, hielt Mason meinen Arm fest und riet mir, die Entscheidungen niemals zu hinterfragen. Frei dem Motto: Augen zu und durch. Dabei beschrieb er mir, was ich unter einer Bestrafung zu verstehen habe. Für mich gab es dafür nur ein Wort: Folter. Elektroschocktherapie, tagelange Einzelhaft in einer fensterlosen Zelle, Knochenbrüche, auspeitschen. Wenn die disziplinaren Maßnahmen nicht wirken, folgt der Tod.

»Ich habe keine Zweifel«, sage ich schnell. »Ich will nur wissen, worauf ich achten muss.«

Innerlich bete ich, dass er mir die Lüge durchgehen lässt. Er wirkt nicht wütend, trotzdem will ich mein Glück in seiner Gegenwart nicht herausfordern.

Mit einer Kopfbewegung deutet er auf einen Übungskampf, der sich wenige Schritte von mir entfernt abspielt. Ein schwarzhaariger Junge kämpft gegen ein Mädchen.

»Beispielhaftes Benehmen, eine hohe Punktzahl bei den monatlichen Tests, erfolgreich abgeschlossene Missionen«, zählt Nine gelassen auf. »Die Ergebnisse der einzelnen Punkte fließen in die Rangfolge ein, allerdings werden sie nicht gleichwertig beurteilt.« Nach einem kraftvollen Schlag gegen ihr Kinn fällt das Mädchen zurück auf die Matte und bleibt bewegungslos liegen. Nine seufzt. »Das war das neunte Mal in Folge.«

Ich blicke auf die Tafel. Zwei Namen sind farbig hervorgehoben. Peeta und Cathrine. Beide Subjekte. Während Peetas Rang unverändert bleibt, rutscht der Name des Mädchens auf ›E‹ runter.

»Noch ein paar wichtige Grundregeln, Frischling«, meint Nine. »Das Training ist von sieben bis sechs, zum Mittag hast du eine Stunde Pause. Danach kannst du tun und lassen, was du willst. Das Gelände darfst du selbstverständlich nur mit Zustimmung des Direktors verlassen. Widersetzt du dich den Regeln, wirst du bestraft und sollten wir irgendwann entscheiden, dass du unbrauchbar für uns bist, wirst du sterben. Verstanden?«

Bei seinen Worten durchfährt es mich eiskalt. Ich denke an das Ranking und verstehe so langsam seine Bedeutung. Natürliche Auslese. Sollte mein Name im unteren Bereich landen, heißt es Endstation.

Nine führt mich auf eine freie Matte und zeigt mir verschiedene Schlag- und Tritttechniken. Meine Boxerfahrung hilft mir, seine Bewegungen nachzuahmen. Nach wenigen Anläufen fällt es mir leichter, ihm und seinen Anweisungen zu folgen. Danach übe ich die Schläge am Sandsack. In gleichgültigem Ton ruft mein Ausbilder Korrekturen: »Körperspannung. Mehr Gewicht aufs rechte Bein. Achte auf deinen Stand.«

Pünktlich um sechs Uhr entlässt er mich zum Abendessen.

Mit der Gabel spieße ich eine Tomate auf und lasse meinen Blick durch die Reihen gleiten. Die Mensa ist genauso gigantisch wie die Trainingshalle und sehr organisiert. Alles hat seinen Platz, einschließlich mir. Die jeweiligen Einheiten sitzen eng beisammen. Auf ihren Tabletts befinden sich unterschiedliche Speisen. Von fleischlosen Gerichten über Salate bis hin zu Hamburgern mit Pommes. Jeder von uns muss das Armband vor der Ausgabe an ein Lesegerät halten. Erst danach geben uns die Küchenhilfen das streng personalisierte Essen.

Und es ist laut. Plappernde Stimmen, scharrende Stühle und fröhliches Kindergeschrei. Würden die Aufseher nicht mit ihren bedrohlichen Gewehren an den Seiten stehen, könnte man glatt meinen, es wäre eine stinknormale Schulcafeteria.

Auf einmal schiebt sich der schwarzhaarige Junge von heute Morgen in mein Sichtfeld. Peeta strahlt mich freundlich an und lässt sich auf den Stuhl gegenüber von mir fallen.

»Na, eingelebt?«, fragt er.

»Etwas schwer, wenn man nicht weiß, wie man sich verhalten soll«, antworte ich. Allein vom heutigen Training tun mir die Gelenke weh.

Peeta feixt. »Du wirst es lernen.«

Mir bleibt wohl kaum eine andere Wahl.

»Willst du was Bestimmtes?«, frage ich reserviert und nehme einen Bissen von meinem Hähnchenschnitzel.

»Ich wollte –«

»Peeta!« Neben mir stellt Mason sein Tablett ab. Im Gegensatz zu Peetas guter Laune sieht Mason so aus, als würde er gleich zum Sprung ansetzen, um ihn zu jagen. »Was willst du von ihm?«

Beschwichtigend hebt der Junge beide Hände. »Ich bin neugierig, das ist alles. Sag«, seine Augen leuchten hoffnungsvoll, »hast du Tobias heute schon gesehen?«

Mein Magen krampft sich zusammen. Seit meiner Ankunft bin ich Tobias kein einziges Mal begegnet. Weder im Schlafsaal noch beim Frühstück oder Mittagessen. Auch während des Trainings fehlte jede Spur von ihm. Und innerlich macht mich das nervös. Niemand gibt mir eine zufriedenstellende Antwort auf die Frage, wo er ist. Die Aufseher weisen mich schroff zurück oder raunen, dass sie nicht befugt sind, darüber zu sprechen. Selbst Mason weicht dem Thema aus.

»Wo, denkst du, ist er gerade?«, fragt Peeta unentwegt weiter.

»Das reicht!«, sagt Mason unterkühlt. »Lass uns in Ruhe.«

Peeta lacht amüsiert. »Oh, da ist jemand mit dem falschen Fuß aufgestanden. Ich wollte mich nur nett mit unserem Neuankömmling unterhalten.«

Mason hält den Blickkontakt. »Und ich will, dass du jetzt sofort verschwindest!«

Sein Ton ist ungewohnt aggressiv und Peeta erwidert nichts mehr. Er dreht sich weg und kehrt an seinen Tisch zurück. Jetzt fehlt ihm jeglicher Schwung. Er lächelt auch nicht länger, als er von einem Mädchen ins Gespräch gezogen wird.

»War das nicht etwas zu grob?«, frage ich.

»Der Typ nervt«, brummt Mason und schaufelt sich eine Kartoffel in den Rachen. Dann richtet er die Zacken seiner Gabel auf mein Gesicht. »Halt dich besser von ihm fern.«

»Wieso?«

»Er ist ein schlaues Bürschchen«, gibt er zu. »Aber er hat eine scheinheilige Art an sich. Er spielt auf *nett*, um an Informationen zu kommen. Man munkelt, dass er hinter unserem Rücken mit den Aufsehern redet und ein mieser kleiner Spitzel ist.« Er seufzt. »Keine Ahnung, ob man das glauben kann, aber du solltest besser aufpassen, was du in seiner Gegenwart sagst.«

»Mm«, mache ich. Peeta wirkt noch immer bedrückt über Masons Abfuhr, doch ich kenne den Jungen nicht gut genug, um ihn zu verteidigen. Dennoch lässt mich seine Bemerkung nicht los.

»Was hat er gemeint?«, frage ich. »Ist Ty in Schwierigkeiten?« Mason zuckt beiläufig die Achseln, was allerdings nicht überzeugend wirkt. »Bitte sag es mir. Ich mache mir Sorgen. Die Aufseher –«

»Du hast mit den Aufsehern gesprochen?«, unterbricht er mich mit großen Augen.

»Wen hätte ich sonst fragen sollen?«

Er seufzt. »Ich hätte wissen müssen, dass du stur bist. In dieser Hinsicht bist du wie er.«

»Mason«, dränge ich ihn. Seine Geheimniskrämerei reizt meine überspannten Nerven.

»Ihm geht es gut«, meint er schließlich. »Ich bin mir sicher, dass du ihn bald sehen wirst.«

Es sollte mich beruhigen – immerhin weiß er mehr über die Umstände in dieser Einrichtung als ich –, doch ein Großteil meiner Sorge bleibt.

»Erzähl mir was über die Spezialisten«, sage ich, um mich abzulenken.

»Sind die Besten aus allen Ländern. Die Allerbesten. Das müssen sie auch sein, denn sie kämpfen an der vordersten Front. Nach ihrer Ausbildung treten sie entweder dem Informationskommando oder der Schutzgarde bei und unterstützen NOS bei ihren Zielen.« Er schneidet sein Schnitzel, hebt die Gabel an, doch hält mitten in der Luft inne. Dann senkt er sie wieder. »Die meisten sind Arschkriecher und scheiße unfreundlich. Ich hasse es, wenn ich gegen sie kämpfen muss. Du hast den Kampf heute Morgen gesehen. Zwischen Terra und James. Widerwärtig, wie sie dafür gelobt wurde, ein Subjekt zu würgen, bis es das Bewusstsein verliert. Sie haben diesen Blick, weißt du? Diesen *Ich bin etwas Besseres*-Blick. Und das lassen sie dich spüren.«

Ich weiß, was er meint. Bei dem Übungskampf hat die Frau erbarmungslose Überlegenheit versprüht. Sie hat nicht eine Sekunde gezögert und kein Erbarmen gezeigt, bis das Subjekt regungslos auf der Matte liegen geblieben ist.

»Wie wird entschieden, wer als Spezialist ausgebildet wird?«, frage ich weiter.

»Meist durch eine Empfehlung von hohen Tieren. Kinder der Regierungsparteien, herausragende Soldaten oder durch ein Auswahlverfahren von NOS, bei dem sich jeder bewerben kann, der die Musterung überstanden hat«, erklärt er. »Bei dir wurden diese Schritte umgangen.«

»Warum?«

Mason stöhnt. »Da fragst du den Falschen, aber wenn ich eine Vermutung aufstellen muss, dann tippe ich auf Tobias. Unser werter Herr Direktor schien nicht erfreut, dass Ty deinetwegen freiwillig zum Abtrünnigen wurde und bereit war, NOS den Rücken zu kehren.«

Ich runzle die Stirn. »Also bin ich hier, weil Tobias es wollte?«

»Du bist hier, weil du für Tobias eine Warnung bist«, korrigiert Mason. »Durch dich hat Neil ein unmittelbares Druckmittel. Ich meine, du hast die Tafel doch gesehen, oder nicht?« Ich nicke und spüre einen unangenehmen Druck, der sich von meiner Brust bis zur Kehle ausweitet. »Tys Ergebnisse sind seit Monaten im unteren Bereich. Ein Wechsel zwischen ›D‹, ›C‹, ›B‹ und wieder ›D‹, dabei ist er ein S-Kandidat. Aus irgendeinem Grund gibt sich Ty allerdings überhaupt keine Mühe mehr und das bringt Neil in Erklärungsnot. Die AUTORITÄT ist nicht geduldig und erwartet Fortschritte. Bei Ty sind keine zu erkennen.«

Ich zögere, weil ich mir nicht sicher bin, ob ich es wirklich hören will.

»Was willst du mir damit sagen?«, frage ich dennoch und schlucke den dicken Klumpen hinunter.

»Sollten sich seine Ergebnisse nicht verbessern, könntest du in den Vordergrund rücken und für seine Fehler bestraft werden. Das würde Tobias niemals zulassen. Ganz automatisch würde er sich anstrengen und somit hätte unser Direktor genau das, was er will.«

Ich bin also ein Mittel zum Zweck. Eine billige Methode, um Tobias aufzufordern, für die Belange von NOS zu kämpfen. Es ist eine grausame Vorstellung, aber genau so ein Verhalten passt zu einer der gnadenlosesten Einrichtungen der Welt.

»Ihr trainiert jeden Tag«, wechsle ich das Thema. »Wofür?«

»Missionen«, antwortet Mason. »Jede Gruppe erhält welche von der AUTORITÄT.«

»Welche Art von Missionen?«

Mason legt das Besteck beiseite. »Kommt drauf an. Die Schwächeren unter uns erhalten leichtere. Personenschutz, Escort-Einsätze, Observierungen. Andere hingegen«, er seufzt schwer, »Entführung, Spionage, Attentate. Oft werden wir zu Einsätzen gerufen, um die Schutzgarde zu unterstützen, ein Subjekt zu fangen.«

»Und ihr habt keine Chance, euch dagegen zu wehren? Ich meine, gemeinsam könntet ihr sicherlich etwas ausrichten.«

Mason starrt mich einen Moment lang an und ich frage mich, ob ich mit den Worten zu weit gegangen bin. Aber dann lächelt er halbherzig.

»Hör zu.« Er legt all seine Überzeugungskraft in seine Stimme. »Es gibt keinen Ausweg. Nicht solange wir diese Ketten tragen.« Dabei hebt er sein rechtes Handgelenk und zeigt mir das Armband, das in regelmäßigen Abständen grün blinkt. Moment.

»Wieso ist deine Farbe anders?«, frage ich. Seit meiner Ankunft leuchtet mein eigenes Armband schwarz.

»Das hängt an den Freigaben. Erinnerst du dich? Tys Armband war rot.« Stumm nicke ich. »Die Farben verdeutlichen unseren Status innerhalb der Einrichtung. Rot bedeutet abtrünnig. Deins ist schwarz, weil du als Neuankömmling das Gelände nicht verlassen darfst. Du bist noch unbestimmt. Das wird sich erst ändern, sobald du deinen Simulationskampf hinter dir hast.« Ein Ereignis, das mir bei der bloßen Vorstellung übel auf den Magen schlägt.

»Was bedeutet gelb?«, frage ich weiter. »Bei unserem Kennenlernen hat dein Armband so geleuchtet.«

Mason pfeift beeindruckt. »Du bist ziemlich aufmerksam, was?« Er trinkt aus seinem Glas. »Reiseerlaubnis und die Genehmigung, unsere Fähigkeiten bei Außeneinsätzen einzusetzen«, antwortet er. »Die Stufe wird dabei von der AUTORITÄT festgelegt. Die Armbänder drosseln unsere Kräfte. Je nach Ausprägung können wir sie häufiger oder bedingt einsetzen. Grün bedeutet, dass wir uns auf dem Gelände der Einrichtung frei bewegen dürfen. Blau hingegen, dass das Subjekt bestraft wird und unter strenger Beobachtung steht.«

Das klingt nach absoluter Kontrolle. Jetzt verstehe ich, was er mit Ketten gemeint hat. Sie leben kein Leben. Sie sind Gefangene. Und ich gehöre nun unweigerlich dazu. Ringsum stehen die Aufseher und überwachen jeden unserer Schritte. Dennoch scheint niemand auf sie zu achten. Die Jüngsten spielen unbeschwert Fangen und hetzen zwischen den Tischreihen hindurch. Ihr Lachen füllt die Mensa. Sie scheinen keinerlei Angst davor zu haben, erschossen zu werden. Dabei braucht es nur einen Befehl. Ich kann mir nicht vorstellen, dass sie mit solch einem Leben zufrieden sind.

Dann kommt mir eine Idee. »Habt ihr schon versucht –«

»Haben wir«, unterbricht Mason mich, noch bevor ich es überhaupt aussprechen kann.

»Was versucht?«

»Einen Aufseher zu überwältigen«, antwortet Mason. »Du würdest nicht weit kommen. Hat Nine dir nicht erklärt, was passiert, sollten wir versuchen, das Gelände ohne Zustimmung zu verlassen? Und egal, welche Idee dir einfällt, vergiss es wieder – wirklich alles wurde schon versucht. Es gibt kein Entkommen. Also gewöhne dich besser an dieses Leben.«

»Aber was, wenn ihr –«

»Schon versucht.«

Ich stöhne genervt. »Bring einen ordentlichen Satz zustande!«

»Das Armband kann man nicht einfach abnehmen oder es zerstören und nein – es ist feuerfest und auch ein Störsignal funktioniert nicht richtig.«

»Woher –«

»Weil du nicht der Erste bist, der diese genialen Einfälle hatte.«

Ich bleibe ruhig. Irgendetwas muss es geben. Etwas, woran noch keiner gedacht hat. »Und was, wenn ihr –«

»Auch schon versucht.«

Ich funkle ihn an.

Auf seinen Lippen bildet sich ein neckisches Grinsen. »Eine Einheit wollte während einer Mission flüchten, doch binnen wenigen Stunden wurden sie gefunden und vor versammelter Mannschaft hingerichtet.«

Bei der Vorstellung läuft es mir kalt den Rücken runter. Aus den Nachrichten ist mir bekannt, dass NOS einen knallharten Ruf hat, doch das übertrifft alles.

Mason lacht bitter. »Einer hat sogar seinen eigenen Arm abgetrennt, um unbemerkt aus der Einrichtung fliehen zu können. Unsere *netten* Armbänder reagieren auf unseren Herzschlag. Es dauerte nicht lange, bis NOS ihn hatte, und was, denkst du, haben sie mit ihm gemacht?«

»Ihn getötet?«

»Mmm.« Er schluckt das letzte Stückchen Schnitzel hinunter. »Beantwortet das deine Frage, weshalb wir gezwungen sind hierzubleiben?«

»Ich begreife es nicht. Wie kann NOS so viel Kontrolle über euch haben? Ihr seid doch so etwas wie Superhelden. Nur ohne Umhang.«

»Dafür in schicken einheitlichen Baumwollkleidern«, scherzt Mason.

Mir ist gar nicht nach Lachen zumute. »Es muss einfach –«

»Wie oft muss ich es dir noch sagen?«, unterbricht er mich ernster. »Es gibt keinen Ausweg. Akzeptiere es und finde dich damit ab.«

»Hast du es denn?«

Mason hält inne – das Glas Wasser noch nicht ganz am Mund.

»Jep«, sagt er. »Ist leichter.« Dabei deutet er mit einem Nicken wenige Tische weiter. Dort sitzt eine kleine Gruppe. Sie tuscheln, stecken die Köpfe dicht zusammen. Nicht gerade subtil gleiten ihre Augen zu den Aufsehern und beobachten ihre Bewegungsabläufe. Mir selbst ist bereits aufgefallen, dass sie wie einstudiert die Reihen ablaufen.

»Diese Kids weigern sich, den Tatsachen zu glauben. Sie haben noch die närrische Hoffnung, dass sie ohne einen S-Rang hier rauskommen.«

»Dann werden ausschließlich S-Kandidaten selektiert?«, halte ich fest.

»Üblicherweise schon.«

»Soll heißen?«

Mason geht nicht weiter darauf ein. »Fakt ist, dass ihre Hoffnung dumm ist.«

Ich seufze. »Manchmal bleibt einem nur das, um nicht verrückt zu werden.« Meine Hoffnung, Tobias eines Tages wiederzusehen, war meine einzige Rettungsleine. Ohne sie wäre ich ertrunken. »Lass ihnen ihren Glauben.«

Mason schiebt das Tablett von sich. »Bin nur realistisch. Ein Entkommen ist für mich undenkbar.«

»Aber in Europa hat es funktioniert«, erinnere ich ihn. »Zwei Subjekten ist die Flucht gelungen.«

»Eine Ausnahme. Seit dem Vorfall wurden die Sicherheitsvorkehrungen verstärkt und das Wachpersonal aufgestockt.«

Also ist ein Entkommen aussichtslos. Jetzt wird mir klar, wieso sie NOS folgen und sich ihren Befehlen beugen. Ihnen bleiben keine Alternativen, wenn sie am Leben bleiben wollen.

»Darf ich mich zu euch setzen?«, fragt eine Stimme zögerlich, die ich unter Tausenden wiedererkannt hätte. Ich drehe mich um und tatsächlich – da steht Tobias neben mir. Er sieht lediglich ein bisschen zerzaust aus in dem blauen Pullover und der Jogginghose.

»Wo bist du gewesen?«, frage ich sofort, besorgt um sein Wohlergehen.

»Einzeltraining.«

Eine Lüge. Er hat gezögert und meidet meinen Blick. Behutsam stellt Tobias das Tablett ab und setzt sich zu mir.

»Warum sitzen die anderen beiden dort drüben?«, fragt er.

»Weil sie sich wie verwöhnte Kleinkinder benehmen«, antwortet Mason entnervt. »Isaac ist mit der Entscheidung unseres Direktors unzufrieden.«

»Die lautet?«

Sowohl Mason als auch ich schauen Tobias entgeistert an. Die Entscheidung wurde gestern Abend getroffen. Es wundert mich, dass er davon nichts mitbekommen hat. Die gesamte Einrichtung redet darüber. Ein unerfahrener Teenager, der zum Spezialisten ausgebildet werden soll. Hinter meinem Rücken werden schon Wetten abgeschlossen, wie lange ich durchhalten werde.

»Sam ist mit sofortiger Wirkung ein vollwertiges Mitglied unserer Einheit«, verrät Mason.

Mit offenem Mund starrt Tobias mich an, bevor er sich wieder seinem Essen widmet.

»Gut«, meint er und viertelt mit dem Messer eine Kartoffel. »Hätte Neil dich weggeschickt, dann hätte ich spätestens jetzt einen Aufstand angezettelt.«

Hitze flammt in meinen Wangen auf. »W-was …?«

»Gott, bitte!«, ruft Mason gespielt angeekelt. »Verschont mich damit!«

»Weiß nicht, wovon du redest«, protestiert Tobias.

»Ach, wirklich?«

Tobias wirft ihm einen stechenden Blick zu und Masons Mundwinkel ziehen sich nach oben. Ich hingegen fühle, wie mein Gesicht bei der Bemerkung noch wärmer wird.

»Ich werde mich für heute zurückziehen«, sagt Mason und steht auf. »Ich rate euch, dasselbe zu tun.« Dabei schaut er zu mir. »Gerade du solltest dir eine Mütze Schlaf gönnen.«

Guter Punkt.

Mein Schlafrhythmus war schon immer etwas eigenwillig, doch die fünf Stunden von dieser Nacht sind eindeutig zu wenig.

Ich umfasse das Tablett und will Mason folgen, als ich unerwartet von einer Berührung am Unterarm zurückgehalten werde. Ebenso plötzlich lässt Tobias von mir ab und murmelt eine leise Entschuldigung.

Ich setze mich wieder hin. »Ist alles okay?«

»Wartest du einen Moment?«, weicht er meiner Frage aus. »Ich möchte dir unbedingt etwas zeigen.«

Nach dem Essen zieht Tobias mich aus der Mensa. Zielstrebig passieren wir die Gänge und bleiben vor einer breiten Doppeltür aus Glas stehen. Hier enden die weißen Bodenfliesen und weichen einer überdachten Graslandschaft in einem dunklen, gewächshausähnlichen Konstrukt. Wie Glühwürmchen erstreckt sich ein Meer aus kniehohen Laternen, welche die Halle mit seichtem grünem Licht ausfüllt. Nur mühsam lassen sich die Wege aus Steinplatten erkennen. Holzbrücken führen über Bäche und künstlich angelegte Teiche. Am Rande wachsen Pflanzen und verschiedene Straucharten – Kartoffeln, Erdbeeren, Blattsalat, Tomaten. Der Anbau ist säuberlich eingegrenzt. Nie würde man solch ein kleines Paradies erwarten und nie hätte ich damit gerechnet, dass NOS einen Teil ihrer Verpflegung selbst anbaut.

»Ich komme am Abend gern hierher«, sagt Tobias und zieht mich an der Hand nach vorn. »Wenn die Laternen angehen, ist der Ort nicht ganz so beängstigend.«

Staunend lege ich den Kopf in den Nacken. Durch das große Glasdach kann ich den klaren Nachthimmel sehen. Hunderte Sterne vermitteln mir für den Moment ein Gefühl von Freiheit, als wäre ich weg von den trostlosen grauen Mauern der Einrichtung. Ich nehme einen

Atemzug. Die Luft ist angenehm warm und ein erdiger, süßer Geruch liegt in ihr.

In der Mitte des Gartens wächst ein riesiger Baum, dessen Äste Teile des Raumes überspannen. Seine Wurzeln sind kräftig und ragen an manchen Stellen deutlich aus dem Boden heraus.

Plötzlich raschelt etwas neben mir. Das Gras teilt sich und ein flauschiger kleiner Kopf mit gespitzten Ohren schaut hervor. Zwei Hasen – ein brauner und ein schwarzer – knabbern seelenruhig an Salatblättern. Als sie Tobias erblicken, hoppeln sie zu ihm und stellen sich auf die Hinterbeinchen.

»Wie …?« Ich bin völlig sprachlos.

Tobias bückt sich und nimmt den schwarzen Hasen auf den Arm. Seine Lippen verziehen sich zu einem warmen Lächeln, während seine Finger sacht über das Fell streichen.

»Neil erlaubt mir, sie zu halten.«

»Einfach so?«

»Ein paar Anläufe hat es gebraucht«, verrät er lachend, »aber am Ende habe ich gewonnen.«

»Du warst schon immer gut im Verhandeln. Ich weiß noch, wie du mir früher immer die besten Spielkarten besorgt hast.«

Er kichert. Doch dass der Direktor so weichherzig sein kann, hätte ich nicht für möglich gehalten.

Ich beuge mich hinunter und strecke eine Hand aus. Der braune Hase kommt mit neugierigen Schritten näher, bevor er meinen Duft schnuppert und sich gegen meine Finger reibt.

Damals wollte Tobias unbedingt eigene haben, allerdings erlaubten es ihm seine Eltern nicht und als ich meine Mum bat, lehnte sie ab, da sie an einer Tierhaarallergie leide. Dabei liebt Tobias die kleinen flauschigen Dinger. Völlig vernarrt ist er immer aus dem Klassenzimmer gestürmt und hat mich zum Tiergeschäft um die Ecke gezogen. In dem Kaninchenstall konnte er sie zumindest beobachten.

Der Hase auf seinem Arm schüttelt seine langen Ohren und seine Augen verengen sich zu kleinen Schlitzen. Ihm scheint das Kraulen zu gefallen.

»Wieso hast du mich hergebracht?«, frage ich.

»Die Hasen wollten dich unbedingt kennenlernen. Es wäre gemein von mir gewesen, ihnen diesen Wunsch abzuschlagen.«

Ich hebe eine Augenbraue.

Tobias neigt verlegen den Kopf. »Ich hatte gehofft, sie würden mich beruhigen«, gibt er zu und setzt den Hasen zurück ins Gras. Sofort wird dieser von seinem Kameraden in Beschlag genommen. Er hüpft und rollt sich auf ihn.

»Ist alles okay mit dir?«, greife ich meine Frage von vorhin wieder auf.

Sein Atem stockt und er räuspert sich. »Mir geht's gut.«

»Und deine Schulter?«

»Meine Schulter? Alles gut, sie tut nicht mehr weh.«

»Mason meinte –«

Er stöhnt. »Er plappert zu viel. Mach dir darüber keine Gedanken. Ich habe rechtzeitig ein Gegenmittel bekommen.«

Ich sage nichts, lasse zu, dass sich das Schweigen zwischen uns ausbreitet, ehe ich es unterbreche. »Wir müssen reden.«

»Du hast recht«, sagt er und setzt sich auf die Kante einer nahe gelegenen Bank. Dabei verzieht sich sein Gesicht angestrengt. Er versucht es mit einem halbherzigen Lächeln zu kaschieren. Die Sache ist die: Ich *will* darüber reden und Tobias weiß das, nur bin ich mir nicht sicher, ob es der *richtige* Zeitpunkt ist.

»Es ist …«, setzt Tobias an. Er schaut hoch zum Glasdach, auf die unzähligen Sterne. »Das alles ist nicht so leicht zu erklären. Du hast bestimmt eine Menge Fragen an mich.«

»Mm«, mache ich und stemme mich aus der Hocke. »Warum bist du einfach verschwunden?«, fange ich mit der offensichtlichsten Frage an.

»Du nimmst keine Rücksicht, was?« Ein kleines, unsicheres Lachen. »Aber das liebe ich an dir. Deine direkte und unverblümte Art. Du verstehst dich sicherlich gut mit Mason.«

»Ty«, sage ich etwas drängender. Mir ist nicht entgangen, dass er meine Eigenschaften liebenswürdig findet, jedoch will ich vermeiden, dass er vom Thema abschweift.

Tobias wird still und ich wünschte, ich könnte die verschiedenen Emotionen auf seinem Gesicht lesen. Die Dunkelheit kommt ihm zugute und macht es ihm leichter, sich vor mir zu verstecken.

Geduldig warte ich, bis er schließlich beklommen ansetzt: »Da gibt es nicht wirklich viel, was ich dir erzählen kann. NOS hat mich gefunden und ich habe die Entscheidung getroffen, ihnen zu folgen.«

»Verarsch mich nicht«, sage ich. »Da steckt mehr dahinter und ich will es wissen.«

»Warum?«

Fragt er mich das ernsthaft? »Weil es um dich geht, Ty. Um *uns*. Du hast dich an dem Abend so seltsam verhalten. Als ich dich gebeten habe, mich nicht zu verlassen, bist du mir –«

»Sam …«

»– ausgewichen und dann warst du weg. Euer Familienhaus ist abgebrannt und jeder behauptete, dass niemand überlebt hätte.« Ich trete näher und erkenne, dass Tobias' Miene vorsichtig ist. Abwartend. Kalkulierend. »Hast du gewusst, dass wir uns an dem Abend das letzte Mal sehen würden?«

»Das ist lächerlich.«

Sein spöttischer Unterton strapaziert meinen Geduldsfaden. »Weißt du, wie es für mich gewesen ist?«

»Ich kann es mir vorstellen«, erwidert er mit schwacher Stimme.

Ich starre ihn an. »Das bezweifle ich.«

Und er sagt nichts. Gott, er treibt mich in den Wahnsinn. Tief durchatmend versuche ich, die hässliche Wut in mir zu unterdrücken.

»Dachtest du, ich könnte dich einfach aus meinem Leben streichen und so tun, als wären wir uns niemals begegnet?«, klage ich ihn an und höre den verbitterten Ton in meiner Stimme. »Vier Jahre. Es sind vier gottverdammte Jahre vergangen, Ty, und dann tauchst du aus heiterem Himmel wieder auf und verlangst von mir, dass ich dir vertraue. Findest du das etwa auch lächerlich?«

Endlich schaut er mich an und ich erschrecke fast. Ich sehe, wie er schluckt, sehe, wie sich seine Kiefermuskulatur anspannt. Er wirkt zutiefst unglücklich und elend zugleich.

»Glaubst du, mir hätte das Ganze weniger zugesetzt?«

»Du redest ja nicht mit mir«, verteidige ich mich. »Woher soll ich es wissen?«

»Du kennst mich.«

»Offenbar nicht gut genug«, sprudelt es ohne meine Zustimmung harsch über meine Lippen; aber es ist zu spät, die Worte zurückzunehmen. »Ich habe dich gebraucht!«, schreie ich ihn an. All die gut versteckten Gefühle lassen sich nicht länger zurückhalten. Sie brodeln und brechen aus mir heraus. »Als ich nach den Weihnachtsfeiertagen zurückkam, hat sich auf einmal alles verändert. Du warst weg. Tot! Und man riet mir, nach vorn zu schauen. Selbst Mum und Dad meinten, ich solle dich vergessen. Wenige Tage später starb Mum und meine Mitschüler, die mich sonst gemieden hätten, waren scheißfreundlich zu mir und spielten mir ihr geheucheltes Mitleid vor. Mein Dad, der mir in der Zeit eine Stütze hätte sein sollen, verkroch sich in seiner Arbeit. Sein einziger Versuch, mir zu helfen, bestand darin, mich zu einem verfluchten Therapeuten zu schicken.«

»*Sammy …*«, versucht er, mich zu unterbrechen, doch ich bin noch nicht fertig damit, meinen Frust herauszuschreien.

»Ich habe dich gebraucht und du warst nicht da!«, halte ich ihm gemeinerweise vor. »Also vergib mir, dass ich verstehen muss, was damals passiert ist. Dass mein Herz dich zu Recht beschützt hat und ich dir vertrauen kann!«

Mein Atem geht stoßweise, in abgehackten Zügen.

Plötzlich merke ich, dass Tobias' Augen glasig sind und seine Unterlippe bebt. Ich kenne den Ausdruck. Ein Protest gegen die Tränen, die sich an den Rändern bereits sammeln.

Scheiße.

Ich bin ein Trottel. Ein Arsch!

Durch meine Wut habe ich die Kontrolle verloren und all meinen Frust auf ihn abgeladen. Dabei weiß ich verdammt noch mal, dass Tobias eine plausible Erklärung für sein Verschwinden hat.

Ich werde dich niemals allein lassen.

Er hat es mir versprochen, doch auch jemand wie er konnte nicht vorhersehen, was mit uns passieren würde.

»Bitte … ich …« Die Worte sterben auf seinen Lippen. »Glaub mir … ich *wollte* dich sehen, aber … aber ich …«

Rasch laufe ich zu ihm und setze mich.

»Hey«, sage ich sanft. »Schau mich an.«

Tobias' Hände zittern, er atmet flach und ich erkenne den Anflug einer Panikattacke. *Ich bin ein Riesenarsch*, korrigiere ich gedanklich und umfasse seine Handgelenke. Unter meinen Fingern pocht ein rasender Puls.

»Es tut mir leid«, wimmert er. »So unfassbar …«

»Ich weiß«, sage ich. »Mir auch. Bitte verzeih –«

»Nein«, meint er schwermütig. »Du bist zu Recht wütend und enttäuscht. Ich habe dir wehgetan und das ist etwas, was ich mir niemals verzeihen werde. Es war dumm von mir, anzunehmen, dass eine einfache Entschuldigung deinen Schmerz lindern und wir wieder so leicht in alte Verhaltensmuster zurückkehren könnten.« Endlich schaut er zu mir und als sich unsere Blicke kreuzen, ersticke ich fast. In seinen Augen liegen zu viele Dinge, die mein Herz gewaltsam zusammenquetschen; tiefe Traurigkeit und Schuldempfinden. »Du hast recht. Ich bin es gewesen, der dein Leben durcheinandergebracht hat und wegen dem du nun in einer Einrichtung gefangen bist, in die du gar nicht gehörst. Durch meine Dummheit –«

Ich kann ihm nicht länger zuhören. Ehrlicherweise bin ich in dem Moment das Arschloch. Ein sturer Dickschädel, der mit dem Kopf durch die Wand nach Antworten verlangt, ohne zu begreifen, wie es für sein Gegenüber sein muss. »Du kannst nichts dafür, hörst du? Dich trifft keine Schuld. Es tut mir so leid. Ich hätte dich nicht anschreien dürfen.«

Tobias schließt die Augen und atmet durch die Nase aus. »Ich hätte mehr tun müssen und meinen Standpunkt hartnäckiger verteidigen können.«

»Und was hätte das verändert? NOS hätte deinen Wünschen niemals stattgegeben.«

»Neil –«

»Ich habe keine Ahnung, was ihr beiden für eine Beziehung führt«, unterbreche ich ihn leise, »aber auch ein Direktor hat seine Grenzen. Aus unbekannten Gründen scheint er dich zu bevorzugen, trotzdem solltest du nicht waghalsig dein Glück herausfordern. Irgendwann könnte weitaus mehr passieren als eine Verwarnung.«

»Wovon sprichst du?«

Meine Hände bewegen sich, streichen über seinen Arm, heben ihn an und ziehen den Ärmel seines Pullovers ein Stück nach oben. Sein Unterarm ist ordentlich verbunden und als ich einen Teil der Bandage abnehme, stehe ich meiner Vermutung, was mit ihm passiert ist, gegenüber. Auf seiner Haut sind kleine Brandwunden sowie erbsengroße Einstichstellen, die bereits mit Schorf überdeckt sind.

»Du wurdest bestraft.« Es ist keine Frage. Es ist ein Scheiß-Tatbestand. »Deswegen warst du heute nicht da.«

Tobias atmet zittrig aus. »Du warst schon immer sehr aufmerksam.« Er entzieht sich meiner Berührung. »Es ist halb so schlimm. Bitte mach dir keine Sorgen.«

»Du bist ein Idiot.«

»Sam …«

»Wie kannst du das von mir verlangen? Natürlich mache ich mir Sorgen. Denkst du, es wäre mir egal, wenn du Schmerzen hast?«

»Das meinte ich nicht …«

»Du bist ein *Idiot*!«, wiederhole ich, diesmal kraftvoller.

»Tut mir leid.«

»Dein Ernst?«, schnaube ich hilflos und zornig zugleich. »Du entschuldigst dich? Ich brauche keine Entschuldigung. Ich hätte dich gebraucht, *ja*, doch mir ist klar, dass es für dich unmöglich gewesen wäre. Ich will nicht, dass du meinetwegen dein Leben aufs Spiel setzt. Lieber lebe ich getrennt von dir, als zu wissen, dass du wegen mir leidest.«

Oh.

Oh!

Ich bin der größte Dummkopf auf Erden. Tobias' Handeln spiegelt meine eigenen Gefühle. Er hat das Leben gewählt und folgt NOS, um für mich zu *leben*. Ganz gleich, welche Zweifel er hegt, letztlich tut er es für mich.

»Bitte sag mir, was damals passiert ist«, bitte ich ihn ein letztes Mal.

Tobias blinzelt, presst den Mund zusammen und macht ein unzufriedenes Geräusch. »Das ist nicht so leicht zu erklären.«

»Versuch's«, flehe ich.

»Genau wie deine Eltern arbeitete mein Dad für NOS. Sein Hauptschwerpunkt ruhte dabei auf Funktionsweise und Verbesserungsmöglichkeiten der Armbänder. Als er an den Feiertagen zurückkam, benahm er sich merkwürdig. Nein«, berichtigt er, »er verhielt sich schon eine ganze Weile so. Schreckhaft, übermüdet, gereizt. Ich erinnere mich kaum daran, was an Heiligabend passiert ist. Mein Dad brachte mich ins Bett und dann … *nichts.*« Betrübt lässt er die Schultern hängen. »Ich besitze dieses tolle Gedächtnis, doch ausgerechnet ich habe Erinnerungslücken, die sich nicht schließen lassen. Das Nächste, woran ich mich erinnere, ist ein steriler Geruch und ein weicher Untergrund«, fährt er heiser fort. »Es dauerte einen Moment, aber dann begriff ich, dass ich im Krankenhaus war. Nicht in Kensington, sondern in Seoul. Dort hat Neil mich schlussendlich gefunden und mir verraten, dass Dad gestorben ist.«

Ich bleibe still, höre ihm dabei zu, wie er in einem murmelnden Tonfall über die letzten vier Jahre spricht. Ich habe das Gefühl, dass wesentlich mehr vorgefallen ist, als Tobias zugibt, doch er hüllt sich in Schweigen.

»Was ist mit deinen Geschwistern? Mason meinte, dass sie leben.«

Ein Muskel bewegt sich an Tobias' Kinn. Die Andeutung von etwas Weichem, das einem Lächeln nahekommt. »Tess und Tommy sind bei Verwandten untergekommen. Ihnen geht es gut und laut Neil fehlt es ihnen an nichts. Tess hat sogar einen festen Freund. Dabei war sie immer so wählerisch.«

»Und deine Mum?«, frage ich weiter.

»Ist abgehauen.«

Stutzig suche ich seinen Blick. Er verwehrt es mir.

»Wie meinst du das?«

»Na ja, du weißt schon«, sagt er. »Sachen gepackt und fort. Ich war allein im Krankenhaus. Sie kam mich nicht ein einziges Mal besuchen. Auf Nachfrage haben mir die Ärzte verraten, dass meine Mum mich eingewiesen und sich seitdem nicht mehr gemeldet habe.« Den letzten Teil hat er schnell und sehr vage ausgesprochen. »Neil hat mich dann im Krankenhaus gefunden und mir die Wahl gelassen. Leben oder sterben.«

Das schlechte Gewissen packt mich. Ich stelle mir Tobias vor, einen von Angst überwältigten Teenager, dem man sagt, dass er eine Entscheidung treffen müsse und alles andere hinter sich lassen solle.

»Scheiße.«

»Ja«, sagt Tobias mit rauer Stimme. »Ich habe Neil immer wieder angefleht, dich sehen zu dürfen. Nur für einen Augenblick, um mich wenigstens zu verabschieden, aber er war zu starrsinnig. Meinte, dass ich dich damit in Gefahr bringen würde. Irgendwann erfuhr ein Mitarbeiter von meiner Beziehung zu dir und NOS begann, mir zu drohen. Wenn ich meine Ergebnisse nicht verbesserte, dann würden sie dir etwas antun.«

»Warum liegt denen so viel an dir?«

Er zuckt die Schultern. »Keine Ahnung, aber ihnen gefällt es nicht, dass mein Rang so weit unten ist.«

Ich schließe die Lücke. »Dann ist es Absicht?«

Jetzt grinst er. »Zu einem Spiel gehören mindestens zwei Personen. Ich biege bloß ein wenig die Regeln, um sie zu ärgern.«

»Ist das nicht … riskant?«

»Ich habe nichts zu verlieren. Neil hat mir sein Wort gegeben, auf meine Geschwister und auf dich aufzupassen, und –«

»Moment. Bitte warte.« Ich bin überfordert. »Wurde ich überwacht?«

»Die Mitarbeiter werden in regelmäßigen Abständen vom Informationskommando unter die Lupe genommen. Dazu gehören Kreditkartenabrechnungen und Überprüfungen der Personen, mit denen sie sich treffen. NOS nimmt die Verschwiegenheitsklausel sehr ernst. Da dein Dad im Forschungsteam ist, schätze ich, dass du ebenfalls kontrolliert wurdest.« Seine Stimme klingt jetzt fester. In ihr schwingt ein trotziger Unterton mit. »Neil hat mir sehr ausführlich zu verstehen gegeben, dass ich dich niemals wiedersehen würde und dich vergessen sollte. Als Subjekt bleibt mir nur die Chance auf das Heilmittel. Doch bis dahin hängt mein Leben an den Launen der AUTORITÄT.«

Das ist …

»… beängstigend«, spreche ich meinen Gedankengang aus.

»Eine andere Wahl bleibt uns nicht«, seufzt er entkräftet und wieder verhärten sich seine Züge.

»Wie schlimm war deine Bestrafung wirklich?«

Er wedelt abwehrend mit der Hand. »Es zwickt nur noch ein bisschen.«

»Wie sehr, Ty?«, lasse ich ihn nicht vom Haken.

»Drei«, presst er widerwillig heraus.

Es zerreißt mir das Herz, dass er überhaupt Schmerzen hat. Ich wünschte, ich könnte sie ihm nehmen. Als Kinder hat meine Mum Tobias mehrmals verarztet und ihn gefragt, wo auf der Skala sein Schmerzlevel liegt. Oft untertrieb er den Wert, sodass wir automatisch zwei Zahlen addierten.

»Ich werde auf mich aufpassen«, verspricht er.

Ich erwidere seinen Blick, erschöpft und todunglücklich, aber trotzdem warm.

»Wir schaffen das«, sage ich. »Ich hasse die Situation, doch wir machen das zusammen. *Du und ich*, erinnerst du dich?«

»Wie könnte ich das vergessen? Du hast geheult, als wir uns das Versprechen gegeben haben.«

»Hab ich nicht.«

»Oh doch. Leugnen ist zwecklos.«

»Mir ist nur Dreck in die Augen geflogen«, protestiere ich schwach.

Tobias lacht und mein Herz blüht auf. Es ist das erste Mal nach vier Jahren, dass ich es höre. Aufrichtig, unbefangen und hell.

»Danke fürs Aufheitern«, sagt er und steht von der Bank auf. »Wir sollten langsam zurück. Deine Muskeln schmerzen sicherlich vom heutigen Training.«

Ich stöhne. »Sie schreien nach einem Bett.«

Mit einer Hand zieht er mich auf die Füße, so schwungvoll, dass unsere Gesichter nur wenige Zentimeter voneinander entfernt sind. Unschlüssig schaue ich ihn an. Es ist, als würde ich in bekannte Gewässer blicken und dennoch etwas Neues in ihm finden. Wie in den kitschigen Momenten in den Liebesromanen, die ich gelesen habe, weichen wir nicht voneinander. Meistens enden diese Augenblicke mit einer großen Enthüllung. Dem Hauptcharakter wird eine wichtige Sache bewusst.

Ich bin immer noch in dich verliebt.

In meinen schlechten Romantikbüchern folgt darauf ein Kuss.

Unwillkürlich will ich mich von Tobias lösen, doch sein Griff hält mich felsenfest an Ort und Stelle.

»Könntest du …«, fange ich an und halte inne.

Irgendjemand hat die Pause-Taste gedrückt. Mein Kopf ist wie leer gefegt. Ich weiß nicht mehr, was ich fragen wollte.

Könntest du mich loslassen?

Könntest du mich küssen?

Könntest du für einen klitzekleinen Moment die Welt anhalten, damit wir noch länger zusammenbleiben können?

Mein Blick fällt auf seine Lippen und fuck –

Viel zu laut atme ich aus. Ein Hauch von Sehnsucht überrennt mich. Dass wir uns vier Jahre nicht gesehen haben, bedeutet auch, dass es vier verdammte Jahre her ist, dass ich seine Lippen auf meinen gespürt habe. Ob sie sich noch gleich anfühlen?

»Dein Herz rast«, flüstert Tobias.

»Deins auch.«

Ganz automatisch lehne ich mich vor und er kommt mir auf halbem Weg entgegen. Noch ein Stückchen und –

»Ty!«, dringt eine Frauenstimme in mein Bewusstsein.

Abrupt weichen wir auseinander. Tobias murmelt einen Fluch und eine Entschuldigung.

Hinter ihm überquert eine hübsche junge Frau die Holzbrücke und wirft sich überschwänglich in seine Arme. Dabei muss ihr der schmerzverzerrte Laut von Tobias entgehen, denn sie grinst und drückt ihm unerwartet einen Kuss auf den Mund. Völlig perplex sehe ich zu, wie Tobias sich aus ihrer Umarmung zu winden versucht.

»Claire, bitte.«

Sie lässt ihn nicht los. »Hab überall nach dir gesucht. Hast du mich vermisst? Du hast es, stimmt's?« Noch bevor er etwas sagen kann, schaut sie zu mir. Selbst in den eintönigen Klamotten von NOS sieht sie umwerfend aus. Perfekte Haut. Perfektes Make-up. Perfekte rosafarbene Lippen. Sie strahlt auch eine ganz andere Aura aus als die anderen Frauen in dieser Einrichtung. Etwas Zielorientiertes, Dominantes, Arrogantes. Eigenschaften, von denen ich mich lieber fernhalte.

»Oh, Verzeihung.« Kichernd streicht sie sich eine Strähne hinters Ohr. Ihr Haar ist kinnlang, braun und mit silbernen Spangen seitlich hochgesteckt. »Du musst der Neue sein. Wie heißt du?«

»Sam«, erwidere ich und wünschte mir im selben Moment, sie würde verschwinden.

Doch sie zieht Tobias unbeeindruckt an ihre Seite. »Nett, dich kennenzulernen. Ich bin Claire. Spezialistin und Tys *feste* Freundin.«

Mir ist, als würde der Boden unter mir aufbrechen und drohen, mich im Ganzen zu verschlucken.

Bitte, was?

Hilfe suchend wende ich mich an Tobias. Genervt befreit er sich aus ihrem Tentakelgriff und öffnet den Mund, doch abermals wird er von der nervig hohen Stimme unterbrochen. »Komm. Ich will dir von meiner Mission erzählen. Isaac, Liam und Mason warten bereits im Schlafsaal.«

»Claire –«

»Schon gut«, meine ich. »Geh mit ihr. Ihr habt euch sicherlich einiges zu erzählen.«

Claire zwinkert mir zu. »Du bist ein Schatz.«

Angewurzelt bleibe ich stehen und beobachte, wie sie seine Hand nimmt und ihn aus dem Garten zerrt. Sein Kopf ist nach unten gerichtet, während Claire ihren Monolog beginnt. Er wirft einen entschuldigenden Blick über seine Schulter, bevor die beiden den Garten verlassen.

Schwerfällig setze ich mich ins Gras. Sofort sind die Hasen bei mir und schnuppern an mir herum. Dann hüpfen sie auf meinen Schoß, legen sich flach auf dem Bauch und machen keine Anzeichen, sich von der Stelle zu bewegen. Die Wärme ihrer kleinen Körper durchdringt mich tröstlich.

Minutenlang ist mein Kopf leer.

Unbewusst greift meine Hand unter den Stoff meines Pullovers und zieht einen silbernen Ring hervor, der an einer Kette baumelt.

Meine Augen brennen. *Ich hoffnungsloser Idiot.*

KAPITEL 9

Messer klappern.

Ich stehe allein am Wurfstand und trainiere meine Zielgenauigkeit beim Messerwerfen. An der Wand reihen sich mehrere Ziele auf – Puppen in unterschiedlichen Größen, Formen und Markierungen. Sie sind an Metallschienen befestigt, die per Knopfdruck den Abstand zu mir verringern oder vergrößern.

Gott, bin ich müde. Ich habe keine Ahnung, wie meine Arme nach all dem Training überhaupt noch funktionieren können. Die pochenden Gelenkschmerzen und zahlreichen bunten Flecke auf meiner Haut habe ich zwar erwartet, aber dass die Ausbildung mir so viel abverlangt, überrascht mich dennoch.

Nine schenkt mir keine Ruhepause. Je mehr ich mich beschwere, desto intensiver nimmt er mich auseinander. Mit einsilbigen Befehlen scheucht er mich durch die Halle. Ihm macht es sogar Spaß, wenn ich sein diabolisches Grinsen richtig deute.

Ich sehe auf die Puppe und stelle mir sein Gesicht vor, dann schleudere ich das Messer in meiner Hand. Wirbelnd saust es auf das Ziel zu. Es bleibt zwar nicht an der Stirn hängen, dafür hat er nun ein Loch in der Wange. Wesentlich besser als die ersten Versuche. Meine Messer sind klirrend auf den Boden gefallen oder von der Wand abgeprallt.

»*Wie armselig bist du eigentlich?*«, erinnere ich mich an Nines giftige

Worte. *»Brauchst du eine Brille? Selbst die Zehnjährigen treffen die Puppen. Oder muss ich sie für dich extra näher ranholen?«*

Er hat einen wunden Punkt in mir getroffen.

Ich hasse es, wenn mein Stolz untergraben wird, und so habe ich jeden Tag eine Stunde Extratraining hinten drangesetzt. Nicht dass Nine das irgendwie gewürdigt hätte.

Seufzend greife ich nach dem nächsten Messer und spüre den kühlen Metallgriff auf der Haut.

Die Tage vergehen schneller, als mir lieb ist. Das Ende meiner Ausbildung rückt mit rasender Geschwindigkeit näher. In keiner Weise fühle ich mich ausreichend vorbereitet. Ich übe an Sandsäcken, schieße und werfe auf Zielscheiben, und gelegentlich erprobe ich meine Fortschritte gegen Mason. Er ist der Einzige, der sich Zeit nimmt. Bei Isaac wundert mich das nicht – aus unbekannten Gründen kann er meine Anwesenheit nicht leiden. Dabei ist die Halle voll von Subjekten und Spezialisten, die mir Tipps geben könnten. Aber sie weichen mir aus.

Und Tobias …

Flüchtig huscht mein Blick auf die Matte rechts von mir. Er kämpft gegen Liam und so, wie es aussieht, gewinnt er. Schweiß tropft ihm vom Gesicht. Die ausgeprägten Armmuskeln bewegen sich, sobald Tobias ausholt, und ich kann die Umrisse seiner Bauchmuskeln erkennen, weil das figurbetonte Shirt an seinem Körper klebt. Mit geschickten Fausthieben drängt er Liam in die Ecke. Bei ihm wirkt es so einfach. Tobias scheint viel besser zu sein als in meiner Erinnerung. Viel, viel besser. Schneller. Stärker. Stolz durchströmt mich. Ihn so zu sehen, ist inspirierend. Es spornt mich an, noch härter zu trainieren, damit ich an seiner Seite kämpfen kann.

»Ty, komm schon. Mach eine Pause!« An der Seitenlinie steht Claire, Handtuch und Trinkflasche griffbereit. Zögerlich unterbricht Tobias seinen Trainingskampf und geht zu ihr. Sofort klammert sie sich an ihn und überschüttet ihn mit Komplimenten. Liebreizend betätschelt sie seine Arme und kichert dabei. Ohne es zu wollen, regt sich in meiner Magengegend ein kaltes Gefühl. Sie ist ihm so verdammt nah.

Seit unserem Gespräch im Garten habe ich nur gelegentlich ein Wort mit Tobias gewechselt, bevor Claire uns unterbrochen hat und ihn bat, ihr bei irgendwelchen Dingen zu helfen. Sie ist eine Klette! Wie eine nervige Mücke fliegt sie umher und lässt Tobias kaum Platz zum Atmen.

Sie ist seine Freundin, meldet sich mein Kopf.

Gerüchte!, schlucke ich das madige Gefühl hinunter.

Laut Peeta haben sich die beiden auf dem Dach geküsst und seien seitdem ein Paar. Mason bestätigte seine Aussage, betonte aber, dass ich mit Tobias über diesen Vorfall reden solle.

Reden.

Innerlich grunze ich.

Wenn das bloß so einfach wäre in ihrer Gegenwart.

Verdrossen stoße ich die Luft aus und wiege das Messer in der Hand. Mein Magen zieht und krümmt sich, als ich aushole und werfe. Die Spitze bleibt im Rippenbogen stecken.

»Du hast eine gute Technik«, bemerkt jemand und ich erstarre. Unsere Köpfe sind dicht an dicht und Tobias' Stimme ist direkt an meinem Ohr, tief und kraftvoll. »Aber dein Stand ist unsicher.«

Zaghaft legt er eine Hand auf meine Bauchdecke und mein Herz macht einen verräterischen Sprung. »Halt hier die Spannung und atme vor jedem Wurf tief aus«, fügt er leise hinzu. »Warte, ich zeig's dir.«

Tobias nimmt ein Messer und ich beobachte seinen Arm, als er es schleudert. Die Spitze trifft genau ins Herz. Ermutigend reicht er mir eine Klinge und gibt mir mit einem Kopfnicken zu verstehen, dass ich ihm meine Wurfkünste demonstrieren soll. Konzentriert stelle ich mich seitwärts zur Puppe hin und versuche, seine Haltung nachzuahmen.

Fester Stand. Schultern zurück. Dann spanne ich meinen Körper an und atme tief ein. In meinem Bauch regt sich ein warmes Gefühl. Es ist, als könnte ich Tobias' Berührung noch immer spüren, obwohl er längst neben mir steht und auf meinen Wurf wartet.

Ich hebe den Arm und werfe das Messer. Der dumpfe Einschlag ist das Erste, was ich höre. Um Haaresbreite habe ich den roten Ring um das Herz verfehlt.

»Es hat funktioniert«, sage ich verblüfft.

Tobias lacht. »Hast du an meinen Lehrmethoden gezweifelt?«

»Wieso hat Nine mir das nicht gezeigt?«

»Hat er«, meint er. »Er ist nur ein wortkarger Mann, der dich lieber fordert und motiviert, selbst dein Köpfchen anzustrengen, statt dir alle Tricks auf dem Silbertablett zu servieren.«

Ich schnaube verärgert. »Er hat sich über mich lustig gemacht!«

»Und dich dazu getrieben, über deine Grenzen hinauszugehen. Ich weiß, dass du nachts länger aufbleibst und dich in die Trainingshalle schleichst, um ihn zu beeindrucken.«

Mein Bauch kribbelt. »Das hast du mitbekommen?«

»Du bist nicht der Einzige, der aufmerksam ist«, kontert er.

Ich seufze. »Mein Simulationskampf ist in wenigen Tagen. Meinst du, es wird reichen?«

»Mm«, macht er nachdenklich und schaut mich mit einem prüfenden Blick von Kopf bis Fuß an. »Kämpf gegen mich.«

Sprachlos starre ich ihn an. »Ist das dein Ernst?«

»Sicher. Komm schon.« Seine Hand schließt sich um meine und ich lasse mich widerstandslos auf eine freie Matte führen. »Ich werde auch sanft mit dir umgehen.«

»Was ist mit deiner Klette?«, frage ich und bin erstaunt, dass sie uns nicht längst voneinander getrennt hat.

»Meiner *was*?«

»Claire«, definiere ich es genauer.

Wir stellen uns auf.

Tobias verdreht die Augen. »Ich will nicht darüber reden.«

»Aber –«

Ich habe keine Zeit, meinen Satz auszuformulieren, da lande ich schon rücklings auf dem weichen Untergrund.

»Regel Nummer eins«, trällert Tobias grinsend und hilft mir auf die Beine. »Sei immer auf der Hut.«

»Das war unfair!«

»Dort draußen wird niemand fair zu dir sein. Also Fäuste hoch!«

Mit großen Schritten überwindet Tobias die Distanz und holt aus. Gerade rechtzeitig gelingt es mir, den Kopf zurückzuziehen, doch dadurch komme ich ins Wanken. Mein unsauberer Stand wird sofort ausgenutzt und erneut mache ich Bekanntschaft mit der Matte.

»Du musst konzentriert bleiben. Verbann alles andere aus deinen Gedanken und achte auf deine Umgebung«, rät er mir, während er mit dem rechten Arm zuschlägt. Ich schaffe es, seine Attacke zu parieren, aber er tritt mit dem Bein nach und erwischt meine ungeschützte Seite. Ich merke, dass er sich zurückhält. Seine Schläge sind deswegen nicht weniger schmerzhaft.

Jetzt hält Tobias sich auf Abstand, wartet auf meinen Angriff. Ich hebe die Fäuste und versuche, mich daran zu erinnern, was mir bislang beigebracht wurde. Aus dem Augenwinkel mustere ich seine Gestalt. Äußerlich hat er sich kaum verändert; er sieht noch genauso zierlich aus wie in meiner Erinnerung. Doch seine Haltung ist eine andere. Selbstsicherer. Weniger zerbrechlich.

»Halt den Kopf oben.« Ein Stoß gegen die Schulter. »Schütz die Seiten.« Ich stolpere über seinen Fuß. »Bleib in Bewegung.« Sein Ellbogen kollidiert mit meinem Brustkorb und lässt mich für eine Sekunde das Gleichgewicht verlieren.

Sanft, am Arsch!

Meine Wangen glühen. Er führt mich vor! Ein gut platzierter Treffer ist alles, was ich brauche. Natürlich nur, wenn ich ihn erwische.

Mit erhobener Faust greift Tobias an, doch zum ersten Mal weiche ich aus. Sein Nacken ist schweißüberlaufen. Wieder ducke ich mich, tipple um ihn herum und trete ihm in den Rücken. Dann greife ich nach seinem Arm und verpasse ihm einen wuchtigen Schlag gegen das Kinn.

Zufrieden hält er sich die Stelle, die bereits rot anläuft.

»Siehst du?«, sagt er. »Du kannst es.«

Ein warmes Gefühl umfängt mich.

»Habe ich dir wehgetan?«, frage ich dennoch besorgt.

»Wir trainieren. Natürlich schmerzt es. Aber im Gegensatz zu mir hast du dich nicht zurückgehalten.« Gespielt beleidigt streicht er sich über das Kinn. »Du hast ganz schön viel Kraft.«

Mit der Handfläche wische ich mir den Schweiß von der Wange. »Wie habe ich mich geschlagen?«

»Nicht schlecht für einen Frischling«, fängt er an. »Zwei Sachen solltest du aber im Hinterkopf behalten.« Er hebt den Zeigefinger. »Du legst zu viel Gewicht auf dein rechtes Bein, was deinen Gegnern erlaubt, dich leichter von den Füßen zu holen.« Sein Mittelfinger kommt hinzu. »Deine Schnelligkeit ist deine größte Stärke. Nutze sie.«

»Denkst du, ich habe eine Chance?«, frage ich.

Tobias' Hand landet auf meiner Schulter. Sanft drückt er zu. »Vertrau auf deine Fertigkeiten. Bei den Simulationskämpfen geht es nicht darum, dein Gegenüber zu besiegen, sondern NOS von dir zu überzeugen.«

Der schrille Gong hallt durch die Halle und beendet das heutige Training.

Ich sitze am Tisch meiner Einheit und versuche, die neugierigen Blicke der anderen auszublenden. Selbst nach vier Wochen scheine ich für sie ein interessantes Gesprächsthema zu sein. Je näher das Ende meiner Ausbildung rückt, umso mehr höre ich sie tuscheln:

»Meinst du, er wird es schaffen?«

»Warum darf er bleiben?«

»Spielt sich als Spezialist auf. Dass ich nicht lache! Hält sich wohl für was Besseres! Ich musste mir meinen Platz hart verdienen.«

»Noch zwei Tage, dann sind wir ihn los.«

Ironischerweise sind es ausgerechnet Subjekte, die mir normalerweise aus dem Weg gehen, die mir jetzt besorgt hinterherschauen und anfangen, mich auf den Gängen zu begrüßen.

»Hey, alles klar?«, fragt Tobias.

Bevor ich ihm antworten kann, wird er von Claire in Beschlag genommen. Ihre Stimme unterhält die gesamte Einheit. Sie muss sich wirklich gern beim Reden zuhören. In ausgiebigen Sätzen berichtet sie von ihrem Tag und lässt keinen Platz für Widerworte. Ich blende sie aus und konzentriere mich auf mein Essen. Kartoffel-Brokkoli-Auflauf.

Auf einmal wird die große Doppeltür aufgeschoben und in der Mensa wird es schlagartig still.

»Guten Abend«, begrüßt uns ein Mann mit grauem Bart freundlich. »Ihr wisst, weshalb ich hier bin.« Ohne Erklärung öffnet er ein Klemmbrett und beginnt, Namen vorzulesen.

Jubel, ein paar Tränen und viele Umarmungen.

Mir fällt auf, dass Tobias die ganze Zeit den Kopf gesenkt hält, und ich frage mich, ob er die Selektion verabscheut. Er ist der Einzige, der nicht diesen erwartungsvollen Ausdruck hat.

»Was passiert mit ihnen?«, frage ich leise.

Mason stößt mich mit den Ellbogen an und erst, als ich die grimmigen Züge von Isaac erblicke, bemerke ich meinen Fehler. Seine Augen werden schmal und einen Moment lang schaut er mich kommentarlos an. Shit. Ich muss wirklich lernen, meine Neugier in den Griff zu bekommen.

»Sie erhalten ein Mittel gegen ihre Kräfte«, antwortet Liam.

Das ergibt null Sinn.

»Ich weiß, dass NOS damit beauftragt wurde, an einem Heilmittel zu forschen, aber dass sie es tatsächlich geschafft haben«, ich schüttle den Kopf, »davon höre ich zum ersten Mal.«

»Sam«, zischt Mason warnend.

»Was denn?« Ich erwidere seinen mürrischen Blick. »Keine Ahnung, wie lang ihr schon hier seid, doch meinst du nicht, dass NOS oder die AUTORITÄT es in den Nachrichten verkündet hätte, wenn es ihnen gelungen wäre? Das wäre ein bahnbrechender Erfolg.«

Es ist mir schleierhaft, dass ihnen daran nichts komisch vorkommt.

»Du hältst dich wohl für ziemlich clever, was?«, meint Claire spitz. »Doch du bist leider dümmer, als ich angenommen habe.« Sie reckt das Kinn, blickt auf mich herab. Ich fühle mich wie ein Kind, das von seinem Vater belehrt wird. Sie hat denselben maßregelnden Ton drauf. »Das Mittel ist stark begrenzt. Sollte die Bevölkerung mitbekommen, dass es tatsächlich ein Heilmittel gibt, würde jeder darum betteln, eine Impfdosis zu bekommen. Ziemlich schnell würde Chaos ausbrechen. Die Regierung wäre gezwungen, eine Rangfolge zu bestimmen. Das Gefühl von Benachteiligung und Ungerechtigkeit bei den Ungeimpften würde folgen und meist endet das in einem Aufstand.« Sie seufzt. »Wenn es um die eigene Gesundheit geht, ist der Mensch ein egoistisches Wesen.«

Ich bleibe still. Natürlich hat sie recht und ich komme mir dämlich vor, den Punkt nicht bedacht zu haben.

Der Mann ruft einen letzten Namen auf. Fünf Subjekte reihen sich hinter ihm auf. Nach einer kurzen Verabschiedung verschwindet er mit ihnen. Sofort herrscht wieder reges Treiben zwischen den Tischreihen.

An einem Pfeiler finde ich Nine. Er unterhält sich mit einer Trainerin, die schließlich zu unserem Tisch zeigt.

Bitte nicht.

Doch mein Ausbilder kommt zielstrebig zu uns. Auf seinen Lippen das breite, hämische Grinsen.

»Guten Abend«, grüßt er uns und lässt sich auf den Stuhl neben mir sinken.

»Was verschafft uns die Ehre?«, fragt Tobias. Seine Stimme klingt tonlos, beinahe mechanisch.

»Wollte sehen, wie es unserem Frischling geht. Immerhin findet in zwei Tagen sein Simulationskampf statt. Da sollte er gut vorbereitet sein.«

Tobias' linkes Auge zuckt. »Wer wird den Kampf überwachen?«

Hat ihm niemand erzählt, dass Nine dafür verantwortlich ist? Schelmisch legt er einen Arm um meine Schulter und zieht mich an sich.

»Ich habe die Ehre, ihn zu prüfen«, verkündet Nine freudig.

Etwas klirrt neben mir. Hastig schaue ich zu Tobias – die Gabel liegt nicht länger in seiner Hand, sondern wenige Zentimeter von seinem Teller entfernt. Es dauert nur drei Sekunden, aber ich erkenne ganz deutlich seine innere Unruhe.

»Tatsächlich?«, gibt er sich gleichgültig.

»Ich werde mir Mühe geben, den Frischling auf das Leben dort draußen vorzubereiten«, erwidert Nine. Er trommelt mit den Fingern auf die Tischplatte. Seine Knöchel sind gerötet und aufgeplatzt. Als hätte er zu fest zugeschlagen. »Bin gespannt, wie lange er durchhält.«

Ich habe das dringende Bedürfnis, ihm etwas zu sagen. Zum Beispiel, dass ich keine Angst habe und ich es auf jeden Fall schaffen werde, ihn von meinen Fertigkeiten zu überzeugen. Doch ich bringe kein Wort heraus.

»Was ist mit dir? Ich habe gehört, du wurdest auf deiner letzten Mission verwundet«, meint Nine in Plauderstimmung.

Tobias zuckt belanglos die Schultern. »Nichts Nennenswertes.«

Sind die beiden etwa befreundet? Mein Blick gleitet zu Mason, der den Kopf gesenkt hält. Auch die anderen verhalten sich auffällig zurückhaltend. Subjekte meiden ihre Trainer, zumindest ist mir das in den letzten Wochen aufgefallen. Doch so, wie Nine mit Tobias spricht, scheinen die beiden sich besser zu kennen. Rivalen? Das wäre denkbar. Schließlich kämpfen die Ausbilder in regelmäßigen Abständen gegen ihre Schützlinge, um sie auf die Missionen vorzubereiten. Vielleicht hat Nine in Tobias einen ebenbürtigen Gegner gefunden.

»Gibt's sonst noch was?«, fragt Tobias.

Nine lässt sich Zeit mit seiner Antwort. »Eine Nachricht von Neil. Er erwartet Ergebnisse.«

»Bekommt er.«

»Gut«, sagt Nine und steht auf. Bevor er geht, schaut er noch einmal grinsend zu mir. Erst als er zwei Tischreihen von uns entfernt ist, entspannen sich meine Schultern.

»Was sollte das?«, fragt Mason entnervt.

Liam schüttelt den Kopf. »Wollte sich wohl wichtigmachen.«

»Eher eine Warnung aussprechen«, meint Isaac kühl und widmet sich seinem Essen.

»Ich kann kaum glauben, dass schon ein Jahr vorbei ist«, setzt Liam nachdenklich fort.

»Ein Jahr?«, hake ich nach.

Claire schielt kurz zu Tobias, ehe sie mir antwortet: »Nine wurde von den Simulationskämpfen gesperrt.«

»Weswegen?«, frage ich weiter.

»Ging bei einem Kampf zu weit«, erklärt sie vage. »Er soll ein Subjekt fast zu Tode geprügelt haben.«

»Hörensagen«, mischt Isaac sich ein. »Seine Methoden mögen speziell sein, aber sie zeigen Wirkung. Er ist einer der besten Trainer von NOS.«

Ich beobachte Nine. Selbstbewusst schreitet er durch die Mensa. So gern ich es auch abstreiten möchte, Isaac hat recht. Durch ihn habe ich in kürzester Zeit viel über Kampf- und Verteidigungstechniken gelernt.

Ruckartig wird ein Stuhl zurückgeschoben. Tobias haucht eine Entschuldigung und verlässt fluchtartig die Mensa. Sein Abendessen auf dem Tablett ist unberührt.

Ohne nachzudenken, sprinte ich ihm hinterher und hole ihn vor den Fahrstühlen ein.

»Was hast du vor?«, stoppe ich ihn, den Kopf zu drücken.

»Rate«, kommt es gepresst von seinen Lippen. Seine Finger betätigen die Bedienfläche, um den Aufzug zu rufen. Er fährt aus dem vierten Stockwerk nach unten.

»Ich dachte, Subjekte hätten keinen Zutritt zu den oberen Etagen.«

»Neil mag mich.«

»Ty.« Der Fahrstuhl hält im zweiten Stock. »Denkst du, er würde seine Meinung ändern? Es war Neil, der Nine zu meinem persönlichen Ausbilder ernannt hat.«

Er schnauft und drückt weiter ungeduldig den Knopf. »Ein Umstand, den ich tolerieren kann, aber nicht, dass er deinen Simulationskampf ausführt.« Frustriert stößt er die Luft aus. »Warum hast du mir nichts davon erzählt?«, konfrontiert er mich direkt.

Wann denn?, will ich ihm vorwerfen, aber die Panik in seiner Stimme lässt mich aufhorchen.

»Bist du besorgt wegen Isaacs Worten?«

»Es sind keine Gerüchte.« Die Türen gleiten auf, doch Tobias betritt die Kabine nicht. Stattdessen lässt er die Schultern hängen und dreht sich zu mir um. »Er ging zu weit und beinahe wäre das Subjekt gestorben.«

Ich knüpfe daran an. »Und das weißt du, weil du involviert warst?«

Eine nervenzerreißende Pause. Die Fahrstuhltüren schließen sich wieder und wir bleiben im Gang zurück.

»Es ist unüblich, dass ein Trainer für sein Verhalten bestraft wird«, fängt Tobias zögerlich an. »Schlichtweg weil es NOS egal ist, was mit uns passiert. Sollten wir sterben, gibt es noch genug andere, die deinen Job ausführen können. Täglich erleiden Subjekte und Spezialisten innerhalb der Einrichtung tödliche Verletzungen. Sie werden als Unfälle deklariert. Um sie wird nicht getrauert, verstehst du? Das Einzige, was NOS interessiert, ist Erfolg.«

»Und Nine?«

»Ist ein hervorragender Trainer«, meint Tobias und überrascht mich. Ein Lob aus seinem Mund ist das Letzte, was ich erwartet habe. »Aber er kennt keine Grenzen«, setzt er argwöhnisch nach. »Für ihn gibt es keine zweiten Chancen und durch den Vorfall wurde er von den Simulationskämpfen gesperrt.« Tobias legt eine Hand an seine Stirn. Leise sagt er: »Ich hätte nicht gedacht, dass ein Jahr so schnell vergehen kann.«

»Ty –«

Er schaut mich an. »Ich muss es versuchen.«

»Tu es nicht«, halte ich ihn ab, erneut den Fahrstuhl zu rufen.

»Ich kann doch nicht –«

»Ich will nicht, dass du meinetwegen Schwierigkeiten bekommst«, unterbreche ich ihn und lege meine Hände um seine. »Ich werde es schaffen. Glaub an mich.«

KAPITEL 10

Nach dem Mittagessen beginnt der Simulationskampf. Ich sitze auf dem Boden neben der Trainingshalle. Ich habe nichts gegessen, stattdessen nage ich an der Innenseite meiner Wange und kann nur warten, bis Nine meinen Namen aufruft.

Die Nervosität lässt mich nicht los. Sie festigt sich und wandelt sich in Ehrfurcht. Automatisch tasten meine Finger nach dem Armband. Wenn ich nicht gut genug bin, könnte ich heute Abend schon tot sein. Mausetot.

Mein Magen rebelliert. Ich kneife die Augen zu und öffne sie erst, als sich jemand neben mich setzt. Tobias lächelt zaghaft, während Mason mir gegenüber an der Wand lehnt.

Zu gern möchte ich etwas sagen, um ihnen die Sorge zu nehmen, aber ich bringe keinen Satz zustande.

Von wegen *»Ich werde es schaffen«* und *»Glaub an mich«*. Große Worte schwingen und jetzt den Schwanz einziehen. Scheiße!

Minuten verstreichen. Kann jemand die verdammte Zeit anhalten? Tobias scheint es ähnlich zu gehen. Unruhig rutscht er hin und her und tippt mit dem Zeigefinger auf sein Schienbein. Mason wirkt entspannter, aber selbst er kaut am Nagel seines Daumens herum.

»Habt ihr schon mal gegen ihn gekämpft?«, erwische ich mich zu fragen.

»Nine ist unser Trainer«, erwidert Mason. »Wir alle mussten irgendwann gegen ihn antreten.«

»Hat jemand gegen ihn gewonnen?«

»Aus unserer Einheit?«, fragt er und ich nicke. »Nur einer.«

Unmöglich. Ich habe jedem Einzelnen beim Training zugesehen. Isaac ist clever und geht in seinen Zweikämpfen sehr taktisch vor. Hat er den geringsten Zweifel, dass er verlieren könnte, gibt er sich gar nicht erst Mühe und tritt von der Matte. Laut Tabelle ist sein Rang ›A‹. Dagegen ist Mason verbissener. Er scheut keine Herausforderung und legt sich selbst mit den robusteren Typen an. Mit Erfolg! Bislang hat er sehr wenige Übungskämpfe verloren, dafür besucht er öfter die Krankenstation. Aufgeben scheint für ihn keine Option zu sein. Ein bisschen bewundere ich seine Ausdauer. Trotz allem ist sein derzeitiger Rang ›C‹. Liam ist der Einzige unter ihnen, der die Kämpfe nicht ernst nimmt und einen Scheiß auf die Meinung seiner Ausbilder gibt. Trotzig lässt er sie mitten im Satz stehen. Im Training übt er ausschließlich mit seiner Einheit. Seine Stärke liegt in seiner Zielgenauigkeit. Wie ein Adlerauge behält er alles im Überblick und verfehlt niemals einen Schuss. Sein Rang ist der gleiche wie Masons und ich bin mir sicher, dass er einen höheren erreichen könnte, wenn er sich mehr Mühe geben würde. Doch genau wie Tobias scheint er daran kein Interesse zu haben. Die Erkenntnis, dass nur einer von ihnen Nine schlagen konnte, schockiert mich. Sie alle sind mir bei Weitem voraus.

Plötzlich wird mir schwindelig und ich fühle mich maßlos überfordert. Moment. »Wer von euch hat gewonnen?«

Mason lächelt matt. »Was glaubst du?«

Meine Augen landen sofort auf Tobias.

»Wie?«, frage ich in der Hoffnung, er könnte mir einen Tipp geben.

»Trainiert«, antwortet er. »Ich wollte ihn unbedingt besiegen.«

»Das ist untertrieben«, brummt Mason. »Du warst besessen von der Idee und hast uns jeden gottverdammten Tag gezwungen, mit dir zu trainieren.«

»Hat euch wohl nicht geschadet!«

»Das ist nicht der Punkt.«

»Kannst du mir –«

»Nein«, schneidet Tobias mir sanft das Wort ab und sein Anblick verblüfft mich. Ich kann mich irren, aber in seinen Augen spiegelt sich eine gewisse Enttäuschung wider. »Ich kann dir nicht helfen. Ich habe einen Vorteil, den du nicht hast«, ein Finger berührt seine Stirn, »und das ist leider auch der einzige Grund, warum ich ihn schlagen konnte.«

»Ty hat recht«, stimmt Mason zu. »Nine ist besser als die meisten unter uns. Er war eine Zeit lang beim Militär und hat reichlich Erfahrung im Außendienst. Nicht ohne Grund ist er zum jüngsten Trainer ernannt worden. Hätte Tobias sein Supergedächtnis nicht, dann hätte er wohl weiterhin gegen ihn verloren.«

Falls mich das beruhigen sollte, ist es ihm definitiv nicht gelungen. Jetzt will ich wirklich nicht länger hier sein. Wie zum Teufel soll ich NOS beweisen, dass ich es wert bin, wenn ich nicht einmal meinem Ausbilder in den Arsch treten kann?

»Hab keine Angst«, meint Mason. »Alles, was du tun musst, ist, ihn von dir zu überzeugen.«

Leichter gesagt als getan. Ich bin nicht schwach, aber viel schmächtiger als er und gewiss keine Kampfmaschine, die alles und jeden zermahlen kann.

Nach etwa fünfzehn Minuten wird die Tür aufgeschoben und Nine ruft meinen Namen. Ich stehe auf, weil ich aufstehen muss. Am liebsten würde ich mich verkriechen.

Bevor ich den Trainingsraum betrete, hält Tobias meine Hand fest und sagt: »Er ist größer als du, also nutze deine Schnelligkeit. Vergiss nicht, was du gelernt hast, und lass dich nicht von ihm provozieren. Behalte ihn im Auge und –«

»Ty«, unterbricht Mason ihn.

Er seufzt. »Sei vorsichtig.«

Ich muss schmunzeln. »Versprochen.«

»Du wirst es schaffen.«

»Ehrlich?«, frage ich.

Sein Druck gegen meine Hand ist tröstlich. »Du hast gesagt, ich solle an dich glauben«, sagt er. Ein kleines Lächeln umspielt seine Mundwinkel. »Ich glaube an dich. Viel Glück, Sammy.«

Hitze überrennt mich. Seine Worte vertreiben für einen Moment meine Zweifel. Dann tippt Tobias mir mit den Fingern unters Kinn. *Kopf hoch.*

Ich hebe das Kinn und betrete so selbstbewusst wie möglich die Trainingshalle. Hinter mir schließt sich die Tür. Im Rechteck ist das Kampffeld in weißer Farbe markiert und als ich den Kopf hebe, finde ich eine Tribüne. Mein Herz beginnt zu hämmern. Dort sitzt Neil O'Brien. Das goldene Emblem auf seiner Brust blitzt in dem matten Deckenlicht, als er sich zurücklehnt und an seinem Kaffeebecher nippt. Einen Augenblick lang fühle ich mich gedemütigt, denn seine Miene zeigt nichts als Desinteresse. Genau wie ich scheint er nur hier zu sein, weil er muss.

»Hast du dich von deinen Freunden verabschiedet?«, fragt Nine.

Ich hasse es. Die Art, wie er auf mich herabblickt mit diesem dreckigen Grinsen auf den Lippen.

»Es wird kein langer Abschied bleiben«, sage ich.

»Oha. Woher kommt das plötzliche Selbstvertrauen, Frischling?«

»Wohl nicht von meinem Ausbilder.«

Nine bleibt stumm. Ob ich gerade selbst mein Grab ausschaufle?

»Wann wird der Kampf eigentlich beendet?«, frage ich und stelle mich auf.

»Wenn ich es entscheide«, antwortet Nine knapp.

Ungläubig starre ich ihn an. Ist das sein Scheißernst? Was bedeutet *»Wenn ich es entscheide«*?

Bis ich nicht mehr stehen kann?

Gebrochene Knochen?

Mein Tod?

Und überhaupt. Es ist sein erster Simulationskampf seit seiner Sperre. Wieso zum Fick darf er eine solche Entscheidung allein treffen? NOS scheint es wirklich egal zu sein, was mit uns passiert. Scheiße. Je länger ich darüber nachdenke, umso schwitziger werden meine Hände.

»Merk dir eines, Frischling: Man weiß nie, wann ein Einsatz tatsächlich beendet ist«, erklärt Nine nüchtern. »Vor sechs Monaten ist es einer Einheit gelungen, einen langgesuchten Abtrünnigen auszuschalten. Sie dachten, die Mission wäre abgeschlossen, doch seine Anhänger zündeten einen Sprengsatz. Durch ihre eigene Naivität ist einer von ihnen gestorben.« Seine Stimme wird kraftvoller. »Es ist mein Job, dich auf alle möglichen Gefahren vorzubereiten, und ich habe nicht vor zu versagen. Ich hoffe, dir ist bewusst, worauf du dich eingelassen hast.«

Das hoffe ich auch, denke ich und gehe in Ausgangsstellung. Dabei blende ich alles andere aus; die wachsamen Augen von Neil, den grimmigen Ausdruck meines Trainers, das grelle Deckenlicht und den kühlen Luftzug aus der Klimaanlage. Im Kopf arbeite ich die Liste ab, die ich mir zurechtgelegt habe.

Knie leicht beugen.

Arme im richtigen Winkel hochhalten.

In Bewegung bleiben.

Den Gegner im Blick behalten.

Nicht so viel Gewicht aufs rechte Bein legen.

Tief einatmen.

Bis drei zählen.

Und ausatmen.

Nine führt den ersten Schlag aus. Als er ausholt, ducke ich mich unter seinem Arm hindurch und ramme ihm die Faust in die Bauchdecke. Bevor er mich zu fassen bekommt, springe ich zur Seite und baue Abstand zu ihm auf. In meinen Gedanken höre ich die Stimme von Tobias, die mir sagt, dass meine Geschwindigkeit mein größter Vorteil ist. Ich muss auf eine günstige Gelegenheit warten und dann zuschlagen.

Mit dem Unterarm wehre ich den nächsten Angriff ab. Der Zusammenstoß tut weh. Nine hält sich kein bisschen zurück. Seine Schläge sind präzise und kraftvoll ausgeführt.

Mit einer Hüftdrehung nach links weiche ich aus und packe seinen Arm. Mein Ellbogen stößt in seine Rippe, doch anstatt zurückzuweichen oder eine Miene zu verziehen, bleibt Nine unbeeindruckt stehen. Wie eine felsenfeste Mauer baut er sich auf und belächelt meinen Versuch. Seine Masse macht ihn zwar langsamer, allerdings schützen ihn die Muskeln vor den Schlägen.

»Und ich dachte, ich hätte dich besser vorbereitet.« Nine seufzt enttäuscht.

Ohne Vorwarnung umklammert er meine Taille und fegt mich von den Füßen.

Steh auf, steh auf, rufe ich mir zu und rolle mich ab. Rasch komme ich auf meine Beine, gerade rechtzeitig, um seinem Tritt zu entkommen.

Shit.

Denk nach, Sam. Bleib ruhig. Konzentrier dich.

Im bloßen Zweikampf bin ich ihm eindeutig unterlegen. Tobias meinte, dass es in einem Simulationskampf nicht darum gehe, seinen Ausbilder zu besiegen. Man solle NOS beweisen, dass man nützlich für ihre Zwecke sein kann.

Trotz seiner Größe bewegt Nine sich geschmeidig und lässt kaum eine Lücke in seiner Verteidigung. Mir gelingen ein paar Treffer – Kinn, Schienbein, Rippen, Bauch –, aber nichts bringt ihn aus dem Gleichgewicht.

»War das etwa schon alles?«, höhnt er und gibt sich gelangweilt. »Hast du vergessen, was auf dem Spiel steht?«

Wie könnte ich? Allein der Gedanke, in wenigen Stunden in den Tod geschickt zu werden, lässt meinen Magen flau werden. Ob Nine Mitleid mit mir hätte, wenn ich mich vor seinen Füßen übergeben würde?

Nein!

Aufgeben kommt nicht infrage! Ich werde ihnen beweisen, dass ich es wert bin – dass Neil keine falsche Entscheidung getroffen hat und ich Tobias beschützen kann.

Als Nine erneut zu mir rennt, tänzle ich um ihn herum und setze zum Gegenangriff an. Ohne auch nur mit der Wimper zu zucken, blockiert er meinen Schlagarm mühelos. Dann schnellt sein Körper wie eine gewaltige Sprungfeder nach vorn und wirft mich auf die Matte. Sein Ellbogen drückt gegen meinen Kehlkopf, übt so viel Druck aus, dass ich kaum Luft bekomme.

»Du musst dich schon mehr ins Zeug legen, wenn du mich besiegen willst«, raunt Nine. Ich trete, schiebe, schlage und kratze, doch es ist vergeblich. Sein Arm besteht aus reiner Muskelmasse.

»Willst du aufgeben?«, frage er.

Ich weigere mich, darauf eine Antwort zu geben.

Sein Lachen schrillt in meinen Ohren. »Weißt du, was mir aufgefallen ist?«, redet er ungerührt weiter. Seine Piercings spiegeln sich in dem grellen Licht und lassen seine Visage noch gemeiner wirken. »Hast du dich mit Tobilein gestritten?«

»Nein«, keuche ich und verfluche den kläglichen Klang in meiner Stimme.

»Mmm.« Ich ziehe scharf die Luft ein, als Nine den Druck gegen meinen Kehlkopf verstärkt. Mir ist bewusst, dass ich mich schleunigst aus seinem Griff befreien muss, doch mein Körper scheint nicht länger auf mich zu hören.

»Liegt es vielleicht an Claire?«

Ungewollt drängen sich die flüchtigen Berührungen in den Vordergrund. Ein Händestreicheln hier, ein aufmunternder Klaps auf die Schulter da, der Kuss im Garten. Es ist nicht schwer zu erkennen, dass Claire in Tobias verliebt ist. Sie himmelt ihn an und hängt an seinen Worten. Sie gibt sich auch keine Mühe, ihre Zuneigung zu verstecken. Warum sollte sie? Sie ist hübsch, intelligent und stark. Unter den Spezialisten zählt sie zu den besten. Eine perfekte Partnerin für Tobias.

Plötzlich überwältigt mich der Gedanke, Tobias könnte sich neu verliebt haben; in Claire. Eine temperamentvolle und selbstbewusste Frau. Verglichen mit ihr, was bin ich schon? Sie kann ihn viel besser beschützen. Vielleicht wäre es leichter, wenn ich mir eingestände, dass aus einem *»Ich liebe dich«* ein *»Ich habe dich geliebt«* werden kann. Dass wir nicht an ein *»Für immer«* gebunden sind. Aber das will ich nicht.

»Habe ich einen Nerv getroffen?«, fragt Nine belustigt.

Lass dich nicht von ihm provozieren, rufe ich mir gedanklich zu. *Du kennst Ty besser als jeden anderen. Er würde niemals auf deinen Gefühlen herumtrampeln oder mit dir spielen!*

»Die beiden geben ein hübsches Paar ab. Kurz nachdem Tobias hierhergekommen war, war Claire ganz versessen darauf, ihn besser kennenzulernen. Sie hat ihm geholfen und war immer an seiner Seite.«

Leere Worte.

»Kein Wunder also, dass die beiden offiziell zusammen sind.«

Nichts als Lügen. Ich kann den Kuss zwischen ihnen nicht leugnen, doch Tobias hat nicht gewirkt, als würde es ihm gefallen. Er hat versucht, Claire von sich wegzustoßen. Und auch jetzt sucht er meine Nähe und will mir helfen. Möglicherweise verunsichert sie mich und womöglich bin ich eifersüchtig, aber mein Vertrauen ist unerschütterlich. Schließlich hat er es mir versprochen! Unter den tanzenden Lichtern der Feuerwerkskörper hat er mir sein Wort gegeben und Tobias ist keine Person, die leichtfertig Sachen ausspricht.

»Ich vertraue ihm«, presse ich hervor.

Das hochnäsige Lächeln auf Nines Lippen stirbt. »Was hast du gesagt?«

»Claires Gegenwart verwirrt mich und vielleicht bin ich einfach nur dumm zu glauben, dass sich seine Gefühle nicht verändert haben, doch das ändert nichts daran, dass ich Tobias vertraue!«

Egal was es gewesen ist, aber der Druck um meine Kehle wird um einiges stärker.

»*Vertrauen*«, spuckt Nine das Wort aus, als hätte er etwas Säuerliches gegessen, »in jemand anderen zu setzen, bedeutet deinen Untergang. Niemand wird dir den Rücken freihalten!« Die Luft wird knapp. Panisch drücke ich gegen seinen Oberarm und sehe hinauf, hoch auf die Tribüne. Neil sitzt kerzengerade in seinem Stuhl. Sein Ausdruck ist unverändert. Dieselbe unbekümmerte Miene.

»Du bist wie er«, zischt Nine hasserfüllt. »Genauso naiv und einfältig. Hast du wirklich gedacht, du hättest eine Chance gegen mich?«

»Nein«, gebe ich zu.

Seine Mundwinkel zucken. »Zumindest bist du ehrlich.« Er lehnt sich zurück und der Druck löst sich etwas, erlaubt mir einen gierigen Atemzug. »Für deine Tapferkeit sollte ich dir ein Geheimnis verraten. Willst du wissen, wem ich fast das kleine Lichtlein ausgepustet hätte? Wer zehn Tage die Krankenstation nicht verlassen konnte und sich wimmernd in den Schlaf weinte? Oh, seine Schreie«, auf seinem Gesicht sitzt ein grässliches Grinsen, »werde ich niemals vergessen, nachdem ich ihm sein Bein gebrochen habe.« Nine beugt sich weit nach vorn, sodass seine Lippen mein Ohr streifen. Mir wird eiskalt, als ich seinen Atem spüre, und insgeheim bete ich, dass ich den roten Faden falsch gesponnen habe. »Willst du wissen, was er gesagt hat, bevor er das Bewusstsein verloren hat? *Es tut mir leid, Sammy*«, äfft er eine weinerliche Stimme nach.

Sein Lachen hallt an der hohen Decke wider. Rau, hässlich und viel zu amüsiert. Ich will es ihm wegnehmen. Diese maßlose Überheblichkeit. Gleichzeitig brennt es in mir. Beißende Flammenzungen aus Wut und Unverständnis schlagen um sich und schreien mich an, endlich auf die Füße zu kommen.

Er muss dafür bezahlen. Die Vorstellung, Tobias reglos auf einem Krankenbett zu sehen, verbunden, an Schläuchen und um sein Leben ringend, haut die letzte Sicherung raus.

Ich sammle Speichel im Mund und spucke ihn Nine ins Gesicht. Rasch umfasse ich mit beiden Händen seinen Arm und kralle die Finger in seine Haut. Die kurze Unachtsamkeit von ihm ist alles, was ich brauche. Mit ganzer Kraft schiebe ich ihn von mir, so weit, dass es mir gelingt, mein rechtes Bein zu heben. Dann trete ich zu, erwische zuerst seinen Magen, gefolgt von Schulter und Kinn. Ruckartig wälze ich mich herum und stemme mich auf den Unterarmen in eine aufrechte Position. Meine Sicht verschwimmt. Das Atmen ist schmerzhaft. Jede Faser meines Körpers drückt und sticht.

»Respekt, Frischling.« Nine applaudiert und wischt sich mit dem Handballen das Blut vom Mund. »Das hätte ich dir gar nicht zugetraut. Doch das wird dir auch nicht helfen.«

Ich blinzle einmal, nehme einen kurzen, zittrigen Atemzug, und plötzlich kippt der Raum. Ein Schatten bewegt sich vor meinem Sichtfeld und ich schlage ins Leere. Ein heftiger Stoß gegen die Schulterblätter lässt mich nach vorn fallen. Es gelingt mir nicht, den Sturz mit den Armen abzufangen. Stattdessen landet ein Gewicht auf mir.

»Zu langsam«, meint Nine und hält meinen linken Arm zwischen seinem Ellbogen und seinen Rippen fest, während sein Knie meine Schulter in die Matte presst. »Obwohl ich zugeben muss, dass du dich besser schlägst als erwartet. Trotzdem ist deine Leistung armselig. Soll ich dir verraten, was mit Werkzeugen passiert, die unbrauchbar werden?«

Nein, will ich ihm antworten, doch ein scharfer Schmerz lässt mich innehalten. »Sie kommen zur AUTORITÄT und – BÄM – wird ihr erbärmliches Leben ausgepustet. Willst du auch so enden?«

»Nein«, hauche ich kleinlaut.

»Hast du was gesagt?«, fragt er und ohne, dass ich sein Gesicht sehen kann, weiß ich, dass er grinst.

»Ich sagte nein!«

Nines Lachen trommelt in meinen Ohren. »Oh, ich liebe es, wenn ihr euch weigert, die Tatsachen zu akzeptieren.« Gewaltsam zieht er den Arm höher und überstreckt ihn. Der Schmerz wird beißend. »Ich bin gespannt, wie sehr es ihn verletzen wird, wenn ich dir den Arm breche.« Mir wird schwindelig und an den Rändern meines Sichtfelds sammeln sich schwarze Punkte. Er wird nicht wirklich –

»Sag nicht, ich hätte dich nicht gewarnt, Frischling«, ist das Letzte, was ich aus seinem Mund höre. Innerlich stähle ich mich gegen die Qual, die folgen wird, beiße die Zähne zusammen und –

Und dann wird die Tür krachend aufgerissen.

»Sofort aufhören!«, schreit eine wohlvertraute Stimme. Außer Atem und mit einem mörderischen Ausdruck kommt Tobias auf die Matte. Allerdings beachtet er mich nicht. Seine Augen heften sich auf Neil. Der ist mittlerweile von seinem Stuhl aufgesprungen und krallt sich mit beiden Händen am Geländer fest.

»Was hat das zu bedeuten?«, verlangt der Direktor nach einer Erklärung.

»Das reicht«, antwortet Tobias gefasst.

Nine grunzt über mir. »Ich entscheide, wann der Kampf beendet ist.«

»Oder ich«, ergänzt Neil trocken. »Lass den Jungen los.«

Ich spüre, wie der Druck sich löst und das Gewicht verschwindet. Unter Schmerzen stütze ich mich langsam auf, bleibe aber sitzen. Aus dem Augenwinkel nehme ich Nines Gesichtszüge wahr, der den Blick des Direktors mit Argwohn erwidert.

»Ist das Ihr Scheißernst?« Ein Finger landet auf Tobias. »Nach den Regeln darf sich niemand in einem Simulationskampf einmischen.«

»*Nach den Regeln* sollen die Ausbilder objektiv beurteilen, ob die Fertigkeiten ausreichen, um die Ziele unserer Einrichtung zu erfüllen«, korrigiert Tobias.

»Du hast die Regeln gebrochen«, hält Nine fest. »Du weißt, was das bedeutet.«

Tobias ignoriert ihn. Stattdessen spricht er an Neil gerichtet: »Sam kann Nine im Zweikampf nicht besiegen. Das war Ihnen von Anfang an bewusst. Hat er Ihnen nicht trotzdem bewiesen, dass er nützlich sein kann? Innerhalb kürzester Zeit hat er sich verbessert und seine Entschlossenheit unter Beweis gestellt. Sollte das nicht reichen?«

Quälende Sekunden der Stille füllen die Halle.

»Deine Sorge um ihn ist schon immer deine Schwäche gewesen«, meint Neil und hält dem feurigen Blick von Tobias stand. »Wenn du mir unbedingt beweisen willst, dass er es wert ist, wieso zeigst du es mir nicht in einer realen Situation?«

»Was –«

»Eine Mission«, unterbricht er Tobias. »Sie wurde gerade von der AUTORITÄT angewiesen. Normalerweise hätte ich Sam hierbehalten, aber wenn du darauf bestehst, besser zu wissen, wer nützlich für uns sein kann, dann ordne ich an, dass er euch begleitet.«

»Das können Sie nicht …«

»Ich habe dich gewarnt, Tobias«, wirft er ihm vor. »Erinnere dich an dein Versprechen. Ihr Schutz gegen deine Gehorsamkeit. Einen Simulationskampf aus einer Laune heraus zu unterbrechen, ist wohl kaum die Gehorsamkeit, die man von einem Werkzeug erwartet.«

Hass.

Das ist alles, was ich in dem Moment für diesen Mann empfinde. Niemals hätte ich damit gerechnet, dass Neil Tobias droht, und mir ist klar, dass es keine leeren Worte sind. Er meint es ernst und so, wie Tobias bewegungslos dasteht und die Hände fest zusammenballt, ist das auch ihm bewusst.

Scheiße.

Es ist genau das eingetreten, was ich verhindern wollte. Meinetwegen – wegen meiner verdammten Schwäche – bringt Tobias sich in Gefahr. Dabei sollte er es besser wissen. Er kennt die Grausamkeit dieser Einrichtung.

Bevor er sich noch weiter in die Schusslinie wirft, stehe ich mühsam auf und stelle mich an seine Seite.

»Einverstanden«, sage ich an Neil gerichtet. »Ich werde mitgehen.«

Tobias schaut mich an, als hätte ich mir gerade wirklich mein eigenes Grab geschaufelt. Ich weiß auch wieso. Es ist dumm, Neil zuzustimmen. Genauso dumm ist es, überhaupt den Mund aufzumachen.

Begeistert von meinen Worten klatscht Nine die Hände zusammen. »Jetzt erinnere ich mich wieder, warum du mir so gefällst, Frischling. Dein Mut ist beachtlich, doch gleichzeitig unglaublich naiv.«

Sichtlich genervt reibt Neil sich die Stirn. »Darf ich annehmen, dass die Sache damit erledigt ist?«

Tobias rührt sich neben mir, aber ich ergreife seinen Arm und halte ihn auf, eine Silbe zu sprechen. Das Unausgesprochene *»Glaub an mich«* hängt an meinen Lippen, das seine Augen mit einem *»Ich will nicht, dass dir etwas passiert«* erwidern.

Ich drücke seinen Arm fester. »*Vertrau mir.*«

»Gut«, setzt Neil wieder an. »Ich werde euren Gruppenführer über meine Entscheidung unterrichten. Kommt in einer Stunde in den Besprechungssaal Nr. 4.«

Dann wendet er sich ab und verlässt die Tribüne.

Nine feixt und sieht Tobias herausfordernd an. »Unser Direktor ist unverbesserlich. Lässt den Frischling für dich durchkommen, damit er dort draußen das Zeitliche segnen kann. Hast du dir schon überlegt, welche Blumen du auf sein Grab legen willst?«

Tobias reißt sich schroff von meinem Griff los.

»Halt's Maul, Arschloch!« Jedes Wort spuckt er Nine scharf entgegen.

In all den Jahren, die ich ihn kenne, habe ich ihn noch nie so aufgebracht erlebt. Seine sonst beruhigende Stimme trieft vor Gift, ist eine halbe Oktave tiefer und so durchzogen von purem Zorn, dass sich mir die Nackenhaare aufstellen. Wie festgefroren kann ich nichts anderes tun, als ihm hinterherzusehen, wie er fluchtartig aus der Halle stürmt.

TOBIAS
Bitte schaue niemals hinter meinen Vorhang

KAPITEL 11

Nach einer kalten Dusche eile ich in den Garten und lasse mich unter den dichten Ästen des Baumes zu Boden sinken. Es dauert nicht lange, bis sich ein kleiner Körper gegen meine Seite drückt und auf meinen Schoß hüpft.

Es hat nicht funktioniert, denke ich, während ich mit den Fingern sanft über die weichen Ohren bis hin zum Rücken des Hasen streiche.

Sobald ich die Augen schließe, setzt die Erinnerung wieder ein. Ich stehe vor den Türen der Trainingshalle und tigere ungeduldig den schmalen Flur auf und ab. Mason lehnt mit verschränkten Armen an der Wand und beobachtet wachsam meine Gestalt. Womöglich will er verhindern, dass ich etwas Dummes mache.

Ich kann nicht sagen, wann es angefangen hat, und rückblickend betrachtet lässt es sich auch nicht erklären. Meine Schulter begann, schmerzhaft zu pochen, und ein undefinierbares Gefühl bohrte sich tief in meine Schädeldecke. Alles in mir schrie danach, gefälligst den Arsch in Bewegung zu setzen und in die Halle zu stürzen. Masons Gesicht zog sich besorgt zusammen, doch er konnte mich nicht davon abhalten.

Sam. Beeil dich. Gefahr.

Meine Beine bewegten sich ohne ein Mitspracherecht und ehe ich mich's versah, unterbrach ich eigenmächtig den Simulationskampf.

Ich bin so dumm.

Wahnsinnig dumm. Was habe ich erwartet? Es grenzt an ein Wunder, dass ich die Halle auf zwei Beinen verlassen konnte. Die Frage ist: Zu welchem Preis?

Zu meiner Verteidigung: Ich hatte nicht einen Moment lang geplant, den Kampf zu unterbrechen. Es ist nicht so, als würde ich häufig die Beherrschung verlieren und Dinge waghalsig aus dem Bauch heraus entscheiden. Doch wenn es um Sam geht, setzt mein Verstand aus und lässt mich sämtliche Logik vergessen.

Im Grunde bleibt mir nur eine Möglichkeit: Ich muss mir eingestehen, dass ich ein vollkommener Trottel bin, und darum kämpfen, Sam am Leben zu halten. Doch …

Die Realität lässt sich nicht so leicht verdauen. Ich weiß nicht, was ich alles tun muss, um ihn vor der Brutalität dort draußen zu schützen, und diese Hilflosigkeit vermischt sich mit Panik. Eine hohle Empfindung rutscht in meine Magengrube. Ein Gefühl, welches noch stärker und grausamer als jeglicher Schmerz ist: Angst.

Die Angst, Sam zu verlieren. Und das für immer.

Ich will nicht dafür verantwortlich sein, dass er stirbt. Ich will, dass er in Sicherheit ist. Bestenfalls in Kensington, zusammen mit seinem Vater, weit weg von NOS und im schlimmsten Fall auch von mir. Lieber sehe ich ihn niemals wieder, als seine unschuldigen Hände mit Blut zu tränken.

»Was soll ich tun?«, frage ich den schwarzen Hasen auf meinem Schoß. »Meinst du, es würde sich lohnen, noch einmal mit Neil zu reden?« Der kleine Fellball rührt sich und knabbert an der Spitze meines Fingers. Ich muss lachen. Seine Antwort ist eindeutig. »Natürlich nicht. Eine dumme Idee, ich weiß«, sage ich und kraule ihn unterm Kinn. Unweit von uns entfernt liegt langgestreckt sein kleiner Freund. Seine Augen sind geschlossen. Manchmal stelle ich mir vor, dass die beiden

Sam und mich verkörpern. Der schwarze Hase ist verspielt, zutraulich, besitzergreifend und ziemlich aufgeweckt – genau wie Sam, der keine Scheu davor hat, seine Meinung zu vertreten. Der braune hingegen hält sich zurück und wirkt unbeholfen. Gerade zu Fremden ist er distanziert. Bevor ich Sam kennengelernt habe, war ich genauso. Beobachtete aus der Ferne und verhielt mich ruhig, um meiner Mum keinen Anreiz zu geben, sauer auf mich zu werden.

Auf einmal knarzt das Holz der Brücke und ich sehe nach vorn. Zielstrebig kommt Liam auf mich zu. Seine Anwesenheit erschreckt den braunen Hasen. Schnell hoppelt dieser zu mir herüber und platziert sich mit aufgestellten Ohren vor meinen Beinen. Fast als wolle er mich und seinen Kameraden auf meinem Schoß beschützen. Jep – eindeutig ich.

Eine Weile steht Liam reglos da, mustert den kugelrunden kleinen Hasen, ehe sein Blick meinen kreuzt. In seinen Augen spiegelt sich Sorge, doch beim genauen Hinsehen erkenne ich Trotz und Ärger.

»Was hast du dir dabei gedacht?«, fängt er an und hält sich keine Sekunde lang mit seiner Enttäuschung zurück. »Hätte dir der Ausgang nicht bewusst sein müssen?!«

»Ich habe an nichts gedacht, okay?« Meine Hand bleibt auf dem weichen Fell liegen. Die Hasenohren haben sich alarmiert aufgerichtet. »Ich fühlte den Drang, etwas zu unternehmen.«

Liam verzieht das Gesicht. »Und du konntest das nicht ignorieren?«

»Ich wusste nicht wie.«

»Das ist ziemlich einfach, Ty. Umdrehen und wegsehen.«

»Oh ja«, entgegne ich bitter. »Wie naiv von mir, die Leitsätze von NOS zu vergessen. Furchtbar *einfach*, diesen willenlos zu folgen, wenn dein Freund *deinetwegen* Schmerzen erleidet und dich die Schuldgefühle niederdrücken. Sag mir, wie *einfach* das ist, wenn es *dein* Freund ist, der auf einem Bein am Rand des Abgrunds balanciert.«

»Ty.« Liams Stimme wird versöhnlich und ich höre die Entschuldigung auf seinen Lippen, doch ich will sie in diesem Augenblick nicht akzeptieren.

Ich will, dass er verschwindet und mich allein in meinem Dilemma zurücklässt, aber Liam ist stur. Er macht keinerlei Anstalten, den Garten zu verlassen.

»Ich werde nicht tun, als hätte ich eine Ahnung davon, was in dir gerade vorgeht«, beginnt er. »Aber wenn du sein Leben schützen möchtest –«

»Ich werde sein Leben schützen! Ich versuche –«

»Hör auf damit. Sam ist kein kleiner Junge, dem du die Hand halten musst.«

»Denkst du, ich wüsste das nicht?«, presse ich zwischen zusammengebissenen Zähnen hervor. »Nur –«

»Nur *was*, huh? Kapierst du nicht, dass er nun ein Teil unseres Lebens ist? Egal wie sehr du dich windest und versuchst, es abzustreiten, du kannst diesen Fakt nicht ändern. Tu dir also selbst den Gefallen und finde dich damit ab.«

Mit der Härte seiner Worte habe ich nicht gerechnet. Sie brennen auf meiner Wange.

»Und du glaubst, das ist so einfach?« Ich bemühe mich, leise zu sprechen, um den Hasen auf meinem Schoß nicht zu verschrecken.

Erstaunlicherweise schüttelt Liam den Kopf. »Nein, aber kopflos ihn und damit auch dich selbst in Gefahr zu bringen, ist purer Wahnsinn.« Seine Lippen werden schmal. »Selbst wenn Isaac anderer Meinung ist, gehört Sam zu uns. Ich werde alles tun, um ihn zu schützen – ich gebe dir mein Wort –, aber ich werde nicht tatenlos danebenstehen und zusehen, wie du dich mit deinen Aktionen in die Schussbahn begibst. Der Direktor beschützt dich, Ty«, dabei deutet er auf die Hasen, »doch auch seine Bemühungen sind begrenzt, wenn du nicht lernst, ihm zu vertrauen. Meinst du nicht, dass Sam bereits deportiert und vermutlich schon tot wäre, hätte Neil nicht die notwendigen Strippen gezogen?«

Ich möchte laut schreien und am liebsten irgendetwas zertreten. Nicht weil ich wütend bin, sondern weil ich befürchte, dass Liam mit seinen Worten recht hat. Nein. Er hat ganz eindeutig recht.

»Urteile nicht zu vorschnell«, meint er und hält mir seine Hand entgegen. »Und behalte einen guten Überblick über deine Umgebung.«

Für einen kurzen Moment bin ich sprachlos. Dann dringt ein leises Lachen aus meiner Kehle, nachdem ich den Hasen vorsichtig ins Gras gesetzt habe.

»Hast du mich gerade tatsächlich zitiert?«, frage ich und ergreife seine Hand.

Liam erwidert mein Lächeln. »Bist ein guter Lehrer.«

»Besser als Nine?«

»Übertreib es nicht«, sagt er und zieht mich auf die Beine. »Sag, wie geht es dir wirklich?«

Ich seufze. »Rastlos. Panisch. Verärgert. Ich fühle zu *viel*.«

»Dann stell dir vor, was Sam gerade durchmachen muss.«

Genau das macht mich so fertig, denke ich. Eine Mission ist mit einem Übungskampf nicht zu vergleichen. Zu viele Dinge können schiefgehen, auf die ich keinen Einfluss haben werde.

Liam kehrt mir den Rücken und ich folge ihm aus dem Garten. Die weißen Fliesen führen uns zu den Fahrstühlen. In der Mitte der Eingangshalle befindet sich ein Banner mit dem goldenen Emblem von NOS. An den Seiten stehen bewaffnete Aufseher, die uns allerdings keine Beachtung schenken.

»Sam braucht dich, Ty«, fügt Liam seinen Worten mit mehr Gewichtung hinzu.

»Kannst du nicht mit Isaac reden?«, frage ich. »Vielleicht –«

»Das hat er längst«, unterbricht er mich und drückt die Schaltfläche für den Aufzug. Seine Worte schockieren mich. Als Liam sich zu mir umdreht, zuckt sein Mund. »Warum so überrascht? Hältst du Isaac für so kaltherzig?«

»Er mag Sam nicht.«

»Und das hat einen Grund«, erinnert er mich. »Er macht das nicht aus Absicht. Auf seine Weise ist er besorgt und glaubt, mit seinem Verhalten das Richtige zu tun.«

Fuck, das weiß ich selbst. Kaum einer kennt die Einzelheiten, was bei dem Einsatz vor sechs Monaten vorgefallen ist. Sie wissen, was passiert ist – dass es uns gelungen ist, den gesuchten Abtrünnigen auszuschalten, und dass durch unsere Unachtsamkeit einer von uns gestorben ist –, aber sie haben keine Ahnung, wie sehr Isaac der Auftrag erschüttert hat. Das Opfer war sein bester Freund. Ein Mensch. Ein Neuankömmling. Ein Spezialist.

Die Fahrstuhltüren gleiten auf und wir treten hinein.

»Isaac konnte Neil nicht umstimmen«, verrät Liam.

»Es ist verrückt«, sage ich und ergänze das Offensichtliche: »Sam ist noch nicht so weit.«

»Deshalb braucht er dich. Bei klarem Verstand und in Topform. Du musst mit den Folgen deiner Entscheidungen zurechtkommen und das Beste daraus machen.« Mit einem *Pling* hält der Aufzug im zweiten Stockwerk an. In dem schmalen Gang laufen uns Forscher entgegen. »Ich weiß, dass ich viel verlange und dass es dir gegenüber ungerecht ist, aber meinst du, du bekommst das hin?«

Als Kinder ist Sam der Stärkere von uns beiden gewesen und ich glaube auch jetzt noch, dass er viel mutiger und furchtloser ist, als ich es jemals sein könnte. Aber Liam trifft einen Punkt. Meine Selbstzweifel und Unsicherheiten dürfen mich nicht ausbremsen. Ich muss das annehmen, was vor mir liegt, und dementsprechend klug handeln. Neils Versprechen hat sich nicht geändert und sein Ultimatum ist letzten Endes eine weitere Warnung, dass ihm womöglich sehr bald kaum noch Möglichkeiten bleiben, wie er mir helfen kann.

»Werde ich«, antworte ich. »Hilfst du mir?«

Zwischen seine harten Züge schiebt sich ein kleines Lächeln. Bevor er die Klinke zum Besprechungssaal nach unten drückt, sage ich noch: »Danke, Liam.«

Er dreht sich nicht um oder erwidert etwas. Das muss er auch nicht. Erleichterung füllt mich. Ich bin froh, einen Freund wie ihn zu haben.

Der Saal ist im Vergleich zu den übrigen Besprechungsräumen kleiner. Der Boden, die Wände, die Decke, die Stühle, alles ist weiß. Nur der lang gezogene Tisch und die Panoramafront sind aus Glas. Über uns sirren die Leuchtstofflampen in grellweißem Licht. In den Ecken des Raumes befinden sich Kameras, die jede noch so kleine Bewegung einfangen.

Ich schiebe den Stuhl neben Mason zurück und setze mich. Auf dem Tisch liegen zwei Tablets, die mit Kabeln verbunden sind, Gläser sowie Flaschen Mineralwasser.

Sam sitzt mir gegenüber. Er sieht müde, aber konzentriert aus und ich kann mir vorstellen, wie nervös er sein muss. Unfreiwillig landen meine Augen auf seinem Kehlkopf. Schlangenartig wickeln sich dunkle Abdrücke um seinen Hals. Aus Erfahrung weiß ich, dass ihm das Schlucken schwerfallen muss, und innerlich will ich Nine das Gleiche antun.

»Hey«, sagt eine Stimme neben mir. »Alles in Ordnung?«

»Mir geht's gut«, erwidere ich fast schon automatisch. »Warum bist du hier?«

Claire grinst. »Was? Vermisst du mich denn gar nicht? Dabei bin ich deinetwegen hier.«

»Als ob«, schnaube ich abwehrend.

»Doch, wirklich«, meint sie, und sie klingt nicht enttäuscht oder wütend. »Die AUTORITÄT hat veranlasst, dass ein Spezialist euch bei der Mission unterstützen soll«, verrät sie und greift nach einer Wasserflasche. Diese zischt, als sie an dem Verschluss dreht. »Ich habe mich freiwillig gemeldet.«

»Hast du nähere Informationen?«, fragt Mason.

Sie füllt ein Glas und schüttelt dann den Kopf. »Mir wurde nur gesagt, dass diese Mission äußerst wichtig sei.«

Mir gefällt das nicht. Subjekte und Spezialisten agieren normalerweise getrennt voneinander. Sie bilden eigenständige Einheiten mit unterschiedlichen Aufträgen und das hat auch einen Grund. Schließlich werden Spezialisten dazu ausgebildet, Subjekte zu fangen. Um mögliche Konflikte zu vermeiden, wird darauf verzichtet, sie zusammen zu gruppieren. Nur in absoluten Ausnahmefällen ist es gestattet.

»Da fällt mir ein«, Claire neigt den Kopf und hebt das Glas an ihre Lippen, »ich muss vielleicht noch einmal nach Seoul. Würdest du mich begleiten? Die Stadt ist traumhaft und wir wären nicht wieder wochenlang voneinander getrennt.«

»Geht das überhaupt?«, mischt Mason sich ein.

Claire lacht. »Natürlich. Die AUTORITÄT mag mich und würde mir sicherlich den Gefallen tun.«

Ich höre den beiden nicht länger zu. Seoul. Südkorea. Mein Magen krümmt sich zusammen und ich spüre den Druck auf meiner Brust, der sich allmählich in meiner Kehle ausbreitet. Ohne meine Erlaubnis drängen sich mir Bilder auf. Ich, allein und eingeschlossen in einer Zelle, viele Hände, die mich anfassen und zwingen, Tabletten zu schlucken, verschiedene Ärzte, die –

Nein!

Schnell schiebe ich einen Riegel vor meine Erinnerungen. Niemals wieder möchte ich dorthin zurückkehren.

»Ty –«

»Geht es dir wirklich gut?«, wird Sam von Claire unterbrochen, die aufmunternd eine Hand auf meinen Arm legt. »Du bist auf einmal ganz blass.«

Ihre schlichte Berührung jagt einen Schauder über meinen Körper. Es ist mir unangenehm, dass sie mir so nah ist. Dabei weiß ich, dass ihre Geste lieb gemeint ist. Ich entziehe mich ihrer Berührung und baue Abstand auf.

Hinter mir wird die Tür aufgeschoben. Wir erheben uns und begrüßen unseren Direktor, der so eilig, wie es ihm mit dem Gehstock möglich ist, um den langen Tisch herumläuft. Unter seinem Arm klemmt eine Mappe mit vielen losen Blättern.

»Hallo zusammen«, beginnt Neil. Er blickt mich dabei nicht an, sondern tut so, als wäre ich Luft für ihn. Ohne auf eine Antwort zu warten, setzt er sich. »Ich mache es kurz. Ihr werdet mit einer streng vertraulichen Mission in Denver beauftragt, die absoluten Erfolg erfordert.«

»Streng vertraulich?«, wiederholt Mason und seine Augen fallen auf Sam. »Ist das nicht etwas früh?«

Neil schiebt seine Brille zurecht und ignoriert Masons Einwurf. Stattdessen greift er nach der Fernbedienung und schaltet den Beamer an. »Bitte seht euch das an.«

Ein Video wird auf der Leinwand abgespielt. Die Kamera ist auf eine Bar gerichtet. Ich erkenne nichts Ungewöhnliches. Im pinkfarbenen Scheinwerferlicht kümmert sich der Barkeeper um seine Gäste und demonstriert seine Mischkünste bei der Cocktailzubereitung. Dabei sitzt ein freundliches Lächeln auf seinen Lippen. Das Video pausiert, als zwei Mädchen einen Drink bestellen. Sie tragen knappe Outfits und zu hohe Schuhe, die sichtbar ungesund für ihre schlanken Beine sind.

»Wer sind die beiden?«, fragt Isaac.

Neil drückt weiter auf der Fernbedienung und ich halte den Atem an. Auf der Wand wird ein hochauflösendes Foto gezeigt. Zwischen vollgestopften Müllsäcken liegen die beiden Mädchen in einer verwahrlosten Gasse. Ihre Münder sind halb geöffnet, die Lippen blau und ihre Augen starren leer in die Linse. Die Kleider sind zerrissen und blutbedeckt. Am ganzen Körper finden sich zahlreiche Einstichstellen. Der Form und Größe nach zu urteilen, stammen die Verletzungen von einem Messer. Ihre Haare wurden ihnen scheinbar achtlos abgeschnitten.

»Lia und Michelle Stenford, sechzehn und achtzehn Jahre, geboren in Phoenix. Die beiden sind bedauerlicherweise kein Einzelfall.« Die nächste Folie zeigt fünf Jugendliche. Jeweils ein Bild vor und nach der Tat. »Uns wurde vom Informationskommando berichtet, dass mehrere Jugendliche unter zwanzig innerhalb der letzten zwei Monate spurlos verschwanden und ermordet aufgefunden wurden.«

»Es muss schnell gegangen sein«, stellt Mason fest. »Ich sehe keine Abwehrspuren.«

»Auch die Zeitspanne der Morde verringert sich«, wirft Liam ein und zeigt auf das jeweilige Datum am unteren Rand der Fotos.

Er hat recht, doch irgendetwas stört mich an den Verletzungen. Sie scheinen mit jedem Mal deutlich brutaler zu werden. Während das erste Opfer eine einzelne tödliche Wunde an der Halsschlagader zeigt, sind die Schwestern regelrecht hingerichtet worden.

»Sicher, dass es sich um denselben Täter handelt?«, fragt Isaac.

Neil seufzt. »Davon ist zwar auszugehen, aber die Polizei steht vor einem Rätsel. Das Motiv ist unklar und auch die Verletzungen sind nicht identisch. Das Einzige, was mit Sicherheit bestätigt ist, sind die Opfer. Sie alle waren Subjekte.«

Mason grunzt. »Müsste das die Regierung nicht in Ekstase versetzen? Jemand macht sich die Mühe und tötet die Abscheulichkeiten. Warum uns damit beauftragen, ihn aufzuhalten?«

»Ihr sollt ihn nicht aufhalten«, meint Neil tonlos.

»Wie lautet unser Auftrag?«, fragt Isaac nach.

»Potenzielle Subjekte verschwinden und das versetzt die Bevölkerung in Aufruhr. Einige von ihnen wurden an verschiedenen Ablageorten über die gesamte Stadt verteilt gefunden. Andere begingen Selbstmord oder sind noch immer spurlos verschwunden. Derzeit liegen der Polizei dreiundzwanzig Vermisstenmeldungen von Personen zwischen vierzehn und zwanzig Jahren vor. Die betroffenen Eltern geben der Polizei die Schuld und da die Mordfälle ungeklärt sind, rückt die Regierung für ihre Tatenlosigkeit in den Vordergrund. Das kann die AUTORITÄT nicht dulden. Sie hat ihre Unterstützung angeboten, die verschwundenen Jugendlichen zu finden.«

»Wir sollen bloß die Vermissten finden?«, hält Liam fest.

Ich verstehe seine Bedenken. Für so etwas sind wir nicht zuständig, aber die Tatsache, dass uns dieser spezielle Auftrag übergeben wird und uns Claire begleiten soll, lässt vermuten, dass wesentlich mehr dahintersteckt.

Neil zögert einen Moment, bevor er sagt: »Für die offiziellen Berichte, ja.«

»Und inoffiziell?«, fragt Isaac und klingt jetzt schon genervt.

»Den Täter finden und NOS *lebendig* übergeben.«

Das Leder knirscht, als Isaac sich seufzend zurücklehnt. »Also gut. Irgendwelche Hinweise, wo oder wie sie verschwunden sind?«

»Sie haben tatsächlich eine Gemeinsamkeit.« Auf der Leinwand wird ein neues Bild gezeigt. Ein dunkler Gebäudekomplex in einer belebten Straße. *Mirror* strahlen die Buchstaben der Reklametafel in violetter Farbe.

Isaac greift nach einem Tablet und wischt eine Weile durch die Unterlagen. »Das ist ein sehr beliebter Treffpunkt unter Jugendlichen«, sagt er dann. »Täglich gehen dort Hunderte Menschen ein und aus.

Wahrscheinlich, dass jemand etwas mitbekommen hat. Hat die Polizei den Inhaber befragt?«

»Haben sie«, antwortet Neil und drückt noch einmal auf die Fernbedienung. Neben dem Bild vom Club erscheint ein Foto eines Mannes. »Der Besitzer ist Caleb Ragland, einunddreißig. Er war ursprünglich ein aufstrebender Medizinstudent, bis er sein Studium aus unbekannten Gründen abgebrochen und vor zwei Jahren den Nachtclub eröffnet hat.«

Ich sehe mir das Foto genauer an. Der Mann hat mittellanges schwarzes Haar und scharfe Gesichtszüge. Es wurde wohl in einem Café aufgenommen. Entspannt sitzt er an einem Tisch und schaut seitlich an der Kamera vorbei. Dabei hängt auf seinen Lippen ein freundliches Lächeln.

Ich schnappe mir das zweite Tablet und tippe den Namen des Clubs in die Suchmaschine ein, während ich parallel die Karte von Denver öffne. Viel bringt es mir nicht. Innerhalb der kurzen Zeit floriert der Laden und hat ausschließlich positive Bewertungen. Besonders hervorgehoben wird ein Getränk. *Mirror's Dreams*. Jeder empfiehlt den Cocktail, der anhand seiner violetten Farbe hervorstechen soll.

Was mich eher beunruhigt, sind die Ablageorte, die sich innerhalb eines fünfzig-Kilometer-Umkreises vom Club befinden. Der der Schwestern liegt wenige Blocks entfernt.

»Hat uns der Besitzer Zugriffe auf die Kameras gegeben?«, will ich wissen.

Endlich sieht Neil mich an. »Ja. Laut Polizeibericht ist der Club sauber. Auch das Informationskommando hat in den Aufnahmen keine Auffälligkeiten gesehen. Trotzdem möchte ich, dass ihr euch dort umseht.«

Claire trinkt ihr Glas aus.

»Wieso?«, fragt sie.

»Darum«, meint Neil und zeigt uns die nächste Folie.

Im Besprechungssaal wird es mit einem Mal schrecklich still. Mir selbst wird ganz anders, als ich in die vertrauten Gesichter blicke. Vor den Clubtüren befindet sich Jonathan Redfield zusammen mit dem Riesen, der ebenfalls in der Halle gewesen ist. Dass der Auftrag ausgerechnet mit ihm in Verbindung steht, ist pures Pech. Selbst nach Wochen fällt es mir schwer, seine Worte abzuschütteln. Sie haben sich in meinen Kopf gepflanzt wie ein scheußlicher Parasit und feuern meine eigenen Zweifel an. Gleichzeitig frage ich mich, wie weitläufig sich seine Anhänger bewegen und ob sie um seinen Tod getrauert haben.

Sie werden mich verfluchen, denke ich bitter, *sollten sie wissen, dass ich derjenige war, der den Abzug gedrückt hat.*

»Kannst du mir zu dem Mann irgendetwas sagen, Sam?« Neils hellgraue Augen heften sich auf die meines Freundes. Irritiert über diese Frage will ich Einwand erheben, aber Liam stößt mich mit dem Fuß an, signalisiert mir unauffällig, den Mund zu halten. Machtlos lehne ich mich zurück.

»Warum sollte ich?«, erwidert Sam.

»Denk gut über deine Antwort nach«, mahnt Neil und beobachtet ihn dabei wachsam wie eine Katze.

»Nein.«

Neil seufzt und berührt den Rand seiner Brille. Dann zeigt er uns ein weiteres Foto. Im Gegensatz zu den anderen ist es verschwommen, unscharf, mit einem Weitwinkelobjektiv aufgenommen. Es ist schwierig zu sagen, von wo aus die Aufnahme gemacht wurde, allerdings ist das Detail unwichtig. Trotz der miesen Qualität sind die Personen gut genug zu erkennen. Ohne Zweifel stehen sich Jonathan und Mr. Koenig gegenüber.

Das ist schlecht. So derart katastrophal.

Sams Vater zählt zu den Berühmtheiten, die für NOS arbeiten. Genau wie mein Vater gehörte er zum ersten Forschungsteam und pflegt einen hohen Stellenwert. Mr. Koenig ist es gewesen, der die Armbänder entwickelt hat und Subjekte an die Einrichtung bindet. Von klein auf hatte ich zu ihm ein gutes Verhältnis und mein Vater suchte oft bei ihm Rat. Gelegentlich schaute ich ihnen beim Schachspielen zu und hörte, wie sie sich freundschaftlich unterhielten. Dabei fiel niemals ein Wort über ihre Arbeit. Aber eines steht fest: Wer immer ihn entführt hat, hat das mit der Absicht getan, NOS zu schaden. Das scheint auch unserem Direktor klar zu sein. Geduldig schiebt er seine Brille zurecht und lässt Sam nicht aus den Augen.

»Willst du deine Antwort noch einmal überdenken?«, fragt er ihn.

Sam wird vollkommen still und reglos, schaut mich an und ich sehe die Frage, die ihm auf den Lippen brennt: *Glaubst du das?*

Langsam schüttle ich den Kopf. Ganz gleich, was das Foto behauptet, es ist irrsinnig, daran irgendetwas festzumachen. Sams Vater hat keinen Grund, NOS zu hintergehen. Nicht wenn er damit das Leben seines Sohnes leichtfertig aufs Spiel setzt. Ich weigere mich, etwas anderes zu glauben.

»Nein«, erwidert Sam trocken. »Ich kann Ihnen dazu nichts sagen.«

»Bist du dir sicher?«

»Ja, verdammt!«, verliert Sam die Fassung. Er sagt die zwei Worte zu laut, sodass Claire, Isaac und Mason ihn entsetzt ansehen. »Ich kenne diesen Mann nicht und habe auch keinen blassen Schimmer, was er von meinem Vater wollte.«

»Aber du bestätigst, dass sie sich laut dem Bild wohl kannten, oder?«

Eine Trickfrage.

Liam wirft mir einen mahnenden Blick zu, als ich gerade mit dem Gedanken spiele, Neil für sein Misstrauen eine reinzuhauen. Gehorsam verhalte ich mich ruhig.

Liam wendet sich an unseren Direktor. »Entschuldigen Sie die Frage, Sir, aber was hat das mit unserem Fall zu tun?«

»Alles«, meint er und ein harter Zug legt sich um seinen Mund. »Jonathan hatte Verbindungen zu Mr. Koenig und Caleb Ragland. Dass die vermissten Jugendlichen höchstwahrscheinlich Subjekte sind und laut den Aussagen ihrer Freunde ebenfalls in dem Club gefeiert haben, lässt den Schluss zu, dass Caleb derselben Widerstandsbewegung angehört wie Jonathan. Wir wissen nicht, weshalb sie die Jugendlichen töten, aber die AUTORITÄT möchte, dass ihr in Erfahrung bringt, wo sie versteckt werden, und, sollte sich unser Verdacht bestätigen, Caleb Ragland festnehmt.«

»Was ist mit seinen möglichen Anhängern?«, fragt Claire.

»Tötet sie.«

Masons Kopf schnellt nach oben. »Sind Sie sich sicher? Ich dachte, der Club ist sehr beliebt.«

»Er befindet sich auch in der Nähe eines Wohnviertels«, ergänze ich mit flauem Gefühl. Mir gefällt das nicht.

»Was sollen wir tun, wenn ein potenzielles Subjekt die Kontrolle verliert?«, spricht Mason meine Sorge aus. »Es könnte eine Massenpanik auslösen und unnötiges Aufsehen erregen.«

»Genau aus diesem Grund senken wir zum einen das Level eurer Armbänder, damit ihr eure Fähigkeiten im Notfall einsetzen könnt. Zum anderen wird Claire euch begleiten. Ich erwarte, dass ihr den Auftrag effizient und ohne Zwischenfälle erledigt«, sagt Neil ernst.

»Schön und gut.« Isaac legt das Tablet aus der Hand und deutet auf Sam. »Aber was ist mit ihm?«

Neil schaltet den Beamer aus und Schweigen senkt sich über uns. Ich fühle mich, als würde mein Herz irgendwo zwischen den Mandeln sitzen.

»Habe ich mich missverständlich ausgedrückt? Er wird euch begleiten.«

Für einen Moment kämpfe ich mit mir selbst, gefälligst mein Mundwerk zu halten. Mit den Fingern kneife ich mir in den Oberschenkel, damit ich nicht aufspringe und einen gewaltigen Fehler mache.

Im Blickwinkel merke ich, dass Isaac zuerst mich und danach Sam ansieht.

»Verzeihen Sie, Direktor, aber ich muss Ihnen widersprechen. Als Gruppenführer habe ich die Fortschritte von Sam gesehen, doch für solch eine Mission ist es meiner Einschätzung nach zu früh.«

»Ach ja?«

»Ja.« Isaac nickt. »Wenn Caleb wirklich mit der Widerstandsbewegung kooperiert und das auch auf Sams Vater zurückzuführen ist, könnte ein Interessenkonflikt entstehen, der den Erfolg unserer Mission gefährdet.«

»Reine Spekulation«, erwidert Neil bissig. »Die Entscheidung steht. Das habe ich dir bereits in meinem Büro geschildert.«

»Aber –«

»Das steht nicht zur Debatte, Isaac«, unterbricht er ihn schneidend. »Ich wünsche mir, dass du meine Entscheidung nicht noch einmal infrage stellst. Ist das klar?«

Langsam lässt Isaac die Luft entweichen.

»Ja, Sir.« Die Lippen zu einer schmalen Linie gezogen, steht er auf und verbeugt sich. »Verzeihen Sie meinen Fehler.«

Neil nimmt die Brille ab und legt sie grimmig auf den Tisch. »Wenn ihr keine weiteren Fragen habt, dann bitte ich euch, euch fertigzumachen.« Er wirft einen kurzen Blick auf seine silberne Armbanduhr. »Euer Flug geht morgen früh.«

KAPITEL 12

Der Bass der Technomusik vibriert durch meinen gesamten Körper. Der Club pulsiert in fluoreszierenden Lichtern und den künstlich erschaffenen Nebelschwaden. Mittlerweile ist es der vierte Tag in Folge, an dem ich mir das Elend antun muss. Überall wimmelt es von kreischenden Gästen, die sich wie im Delirium zu der ewig andauernden Musik bewegen. Sie haben Spaß – trotz der Enge. Unter den blitzenden Lichtern, Rücken an Rücken, vergessen sie alles andere um sich herum.

Ich ziehe mich in einen erhöhten Bereich zurück. Dort befindet sich die Bar, die eine gute Sicht auf die Tanzfläche bietet. Unter modernen Holzverkleidungen verbergen sich Leuchtstoffröhren, die den gesamten Thekenbereich in einem Neonviolett erstrahlen lassen.

Kaum gleite ich auf einen stilvollen Hocker mit hoher Rückenlehne, öffnet der Barkeeper den Verschluss einer Bierflasche und schiebt sie mir unaufgefordert unter die Nase.

»Bist du neu in der Stadt?«, brüllt er über die laute Musik hinweg. Der Junge trägt ein übergroßes Shirt und Baggypants. Er ist jung, vermutlich zu jung, um in solch einem Laden zu arbeiten.

»Ja, tatsächlich«, antworte ich und hebe die Flasche zum Dank.

»Du bist bereits zum vierten Mal hier«, setzt der Junge das Gespräch unbekümmert fort, »und nicht einmal warst du tanzen.«

Vorsicht, meldet mein Warnsystem. Der Barjunge ist aufmerksam.

»Zwei linke Füße«, gebe ich zurück.

Amüsiert zucken seine Mundwinkel. »Dann bist du eindeutig im falschen Lokal.«

In der nächsten Viertelstunde verrät er mir, dass er vor drei Monaten in die Stadt gezogen ist und sein Chef ihn unter seine Fittiche genommen hat. Die Themen, die er anspricht, sind oberflächlich, aber es genügt, um mir ein Bild von ihm zu machen. Schulabbruch. Bi. Schlechtes Elternhaus. Falsche Freunde. Dass Caleb ihn gefunden hat, ist ein Sechser im Lotto. Er arbeitet aus reiner Dankbarkeit und ich glaube ihm. Seine neugierigen blaugrünen Augen funkeln, sobald er über seinen Chef redet. In seinen Worten schwingt aufrichtige Wertschätzung mit.

Unser Small Talk wird von einer Dame im nachtblauen Trägerkleid unterbrochen, die sich einen *Mirror's Dreams* bestellt. Leider versperren mir die Zapfhähne die Sicht, sodass ich nicht sehen kann, was der Barjunge in geübten Handgriffen in den Mixbecher schüttet, ehe er die violette Flüssigkeit in einem Cocktailglas mit einer Zitronenscheibe serviert.

»Was sind die Zutaten?«, erwische ich mich zu fragen, nachdem uns die Frau wieder allein gelassen hat.

»Geheimrezept des Hauses«, meint er breit grinsend.

»Habt ihr keine Sorge, dass jemand allergisch auf die Inhaltsstoffe reagiert?«, versuche ich mein Glück.

»Hast du Allergien?«, wirft er mir den Spielball gekonnt zurück.

Mit dem Zeigefinger kratze ich am Etikett der Bierflasche herum. Die meisten Unverträglichkeiten lösen Getreide, Weintrauben oder eine größere Menge Histamin aus. Ich blicke aufs Regal. Bis auf den Wodka steht sämtlicher Alkohol noch dort, wo er war, bevor die Dame zu uns gekommen ist.

»Bin neugierig«, überspiele ich.

Er lacht. »Die Gier nach Wissen ist eine hervorragende Eigenschaft, doch auch ziemlich gefährlich, findest du nicht?«

»Besser, als in Unwissenheit zu leben«, fließen die Worte über meine Lippen.

»Punkt für dich.« Er hält seinen Mixbecher nach oben. »Was ist? Magst du dein Glück herausfordern und unseren Geheimdrink probieren?«

Noch bevor ich ablehnen kann, wird der Hocker neben mir in Beschlag genommen. Überschwänglich wirft Claire sich gegen meinen Arm und bestellt den angebotenen Cocktail. Der Junge lächelt lasziv, als er ihre Gestalt mustert. Ich kann es ihm nicht verdenken. Claire trägt ein rotes Top mit tiefem V-Ausschnitt und dazu eine enge Lederhose, welche ihren Kurven schmeichelt. Seitdem wir hier sind, lenkt sie die Blicke magnetartig auf sich. Sie ist die Einzige von uns, die keine Hemmungen hat, sich den anderen Gästen anzupassen. Mit reizvollen Beckenbewegungen schmeißt sie sich an das männliche Geschlecht heran. Isaac hat sie schon mehrmals gewarnt, schließlich sind wir nicht zum Vergnügen hier, aber Claire widerspricht ihm mit den Worten, dass wir unauffällig den Club beobachten müssen, wenn wir Erfolg haben wollen. Ich sehe zum Barjungen, der in lockeren Handbewegungen den Mixer schüttelt. Ob er aufgrund meines defensiven Verhaltens bereits Verdacht schöpft?

Mit einem Zwinkern reicht er Claire ihren Drink. Freudestrahlend erwidert sie sein Lächeln und beäugt die klare violette Flüssigkeit.

»Du solltest nicht trinken«, weise ich sie hin.

Doch Claire ignoriert meinen Protest. Als sie das Glas wieder senkt, haftet am Rand der Abdruck ihres rosafarbenen Lippenstifts.

»Und du solltest dich locker machen«, meint sie. »Bei deinem grimmigen Gesicht vergeht einem richtig der Spaß.«

Keine Ahnung, woher sie auf einmal ihre Gleichgültigkeit nimmt, und offen gesagt macht mich ihre belanglose Art wütend. Hat sie den Grund vergessen, weswegen wir überhaupt in diesem stinkenden Laden sind?

»Der Drink schmeckt ausgesprochen gut«, sagt sie, während sie an dem Stück Zitrone saugt.

»Vielleicht kannst du deinen Partner überzeugen, auch einen zu probieren.«

»Keine Chance«, lehne ich ab.

»Selbst schuld.« Damit kehrt der Barjunge uns den Rücken zu und kümmert sich um die Bestellung einer Gruppe Jugendlicher.

»Du lässt dir wirklich was entgehen«, meint Claire und hält mir mit großen rehbraunen Augen ihr Glas entgegen. »Nur ein Schluck.«

Innerlich möchte ich sie packen und sie anschreien, sich gefälligst nicht so gehen zu lassen.

»Hast du unsere Mission vergessen?«, frage ich stattdessen.

Schmollend stellt sie das Getränk ab. »Wir sitzen hier seit vier Tagen fest. Niemanden würde es stören, wenn wir uns ein wenig amüsieren.«

»Willst du das den Eltern der vermissten Kinder sagen? Entschuldigen Sie meine Unachtsamkeit, aber der Drink war *ausgesprochen gut*.«

Auf einmal ist ihr Gesicht ganz nah an meinem.

»Komm schon, Ty«, haucht sie lieblich gegen meine Lippen, in dem Versuch, mich zu küssen. »Entspann dich.«

Sanft schiebe ich sie von mir. »Claire –«

»Was ist?«, fragt sie schnippisch. »Darf ich jetzt nicht mal meinen Freund küssen?«

»Wir sind nicht zusammen«, halte ich fest und sehe den verletzten Ausdruck, der über ihre Züge huscht. Ich möchte sie weder enttäuschen noch traurig machen, aber dieses Gespräch ist längst überfällig.

»Wir haben uns geküsst.«

»*Du* hast *mich* geküsst«, erinnere ich sie. »In einem Moment, wo es mir nicht gut ging. Und ich habe dir gesagt, dass es ein Fehler war. Ich empfinde nichts für dich. Zumindest nicht so.«

Ihr Kinn spannt sich an. »Willst du damit sagen, dass dir unsere gemeinsame Zeit nichts bedeutet hat?

»Das habe ich nicht gesagt«, gebe ich zügig zurück. Ich bin ihr für so viele unterschiedliche Dinge dankbar. Sie hat mich am Leben gehalten. Ihre Geduld und Güte werde ich niemals zurückzahlen können. Trotzdem habe ich ihr von Anfang an meine Grenzen gezeigt.

»Was ist es dann?«, verlangt sie nach einer Erklärung. »Ich habe dir alles gegeben, Ty. Es lief so gut zwischen uns, doch kaum ist *er* wieder in deinem Leben, stößt du mich weg.«

Dabei fällt ihr Blick auf die andere Seite des Clubs. An einem der Stehtische ist Sam in ein Gespräch mit einer hübschen Kellnerin verwickelt.

Ich seufze. »Er hat damit überhaupt nichts zu tun.«

»Du lügst.« Schlagartig ändert sich ihre Haltung. Innerhalb eines Wimpernschlages sind die niedergeschlagenen Züge von Härte überzogen. »Seitdem er aufgetaucht ist, verhältst du dich komisch zu mir. Selbst unser Direktor nimmt ihn in Schutz. ›D‹«, spuckt sie mir den Buchstaben giftig vor die Füße. »Sein Rang unter den Spezialisten ist ›D‹, Tobias!«

»Sam gibt sich Mühe«, verteidige ich ihn. »Im Gegensatz zu dir wurde er nicht von klein auf trainiert und dennoch hat er gewaltige Fortschritte erzielt.«

»Dein *Freund* wird bevorzugt behandelt«, schreit sie mir fast entgegen. »Was, glaubst du, löst das in uns aus?«

»Es kümmert mich einen Dreck, was andere denken.«

Sie rümpft die Nase und trinkt ihr Glas aus. Etwas heftiger als nötig stellt sie es ab. »Das sollte es aber.«

Irgendetwas an ihrem Ton lässt mich aufhorchen. Ihre Worte klingen nach einer unterschwelligen Drohung.

»Willst du damit etwas Bestimmtes andeuten?«, frage ich sie direkt. Als sie nichts erwidert, stehe ich auf. »Eifersucht steht dir nicht, Claire, also tu uns beiden den Gefallen und halt dich zurück.« Dann lehne ich mich vor, dicht an ihr Ohr, damit nur sie meine Worte verstehen kann. »Und wenn du mit seinem Rang unzufrieden bist, warum beschwerst du dich nicht bei deiner geliebten AUTORITÄT, hm? Schließlich ist er es, der unsere Leistung bewertet und uns in eine Schublade sperrt.«

Aus meiner Hosentasche fische ich ein paar Dollarscheine und lege sie auf den Tresen. Ich warte auf keine Antwort und trete an einen Stehtisch, der nicht belegt ist. Müde blicke ich auf die vollgestopfte Tanzfläche, wünsche mir, dass mich ihre grenzenlose Euphorie ansteckt. Ob es einfacher wäre? Das Gehirn in Alkohol zu ertränken, damit alles im Herzen ausgeschaltet wird? Am liebsten will ich diesen furchtbaren Ort verlassen. Es gibt auch keinen Grund, länger hierzubleiben. Nichts deutet darauf hin, dass der Besitzer mit der Mordreihe und der Entführung von Jugendlichen in Verbindung steht.

Laut dem Informationskommando wurden innerhalb der letzten achtundvierzig Stunden zwei weitere Personen als vermisst gemeldet. Beides Jungen. Achtzehn. Das Seltsame ist, dass mir ihre Gesichter unter den Partygästen nicht aufgefallen sind. Ein Detail, welches mich nervös macht. Hat der Täter seine Herangehensweise geändert? Gut möglich, dass ihn die Medien- und Polizeipräsenz abgeschreckt hat, seine Opfer im Nachtclub zu suchen. Bislang gibt es zum Glück keine weiteren Leichen.

Trotzdem macht mich das stutzig.

Anhand der vorliegenden Daten ist sein Verhalten untypisch und passt nicht in seine üblichen Muster. Eigentlich hatte ich damit gerechnet, dass er die Kontrolle verlieren und aus Affekt seinen Trieben nachgehen würde. Hinzu kommt die Art der Verletzungen, die mich bereits bei der Besprechung stutzig gemacht hat. Die vielen kleinen

Messerstiche in wahllosen Abständen verdeutlichen, dass er entweder sehr unerfahren ist oder mit seiner Beute ein perverses Spiel spielt. Bis auf das erste Opfer treffen die Stiche weder wichtige Arterien noch lebensnotwendige Organe. Im Bericht der Gerichtsmedizin wird der hohe Blutverlust als Todesursache angegeben.

Frustriert raufe ich mir die Haare. Vermutlich wäre es das Beste, wenn wir uns neu sortieren und unsere Möglichkeiten erweitern. Ich denke darüber nach, Mason und Liam bei der Zeugenbefragung zu helfen, als eine Stimme an mein Ohr dringt, sanft und warm.

»Du siehst wie eine Trauerwolke aus, wenn du so allein herumstehst«, sagt die Stimme und zieht mich aus meinen Gedanken. In engen Jeans und einem weißen Hemd stellt Sam sich neben mich. Seine Haare sind ein bisschen zerzaust und unter den blitzenden Lichtern kann ich die Schärfe in seinem Gesicht sehen. Für eine verrückte Sekunde wird mir klar, dass er nicht länger das Kind mit den süßen Hamsterbacken und den weiten T-Shits mit Hasenmotiven ist. Nein. Er sieht verdammt gut aus und so, wie die anderen Gäste ihn begutachten, bin ich nicht der Einzige, der das denkt.

»Bitte sag mir, dass du etwas herausgefunden hast«, bete ich innigst um eine positive Neuigkeit.

»Nicht wirklich.«

Irritiert von seiner Aussage suche ich seinen Blick. »Du hast dich ziemlich lange mit der hübschen Kellnerin unterhalten.«

»Mm«, macht er und auf seine Lippen schiebt sich ein breites Grinsen. »Hast du mich etwa beobachtet?«

»Einer muss doch auf dich aufpassen«, kontere ich.

Sam lacht kehlig und allein der Klang löst den Knoten meiner inneren Anspannung. »Auch wenn ich deine Fürsorge schätze, kann ich sehr gut auf mich achtgeben.« Er lehnt sich mir entgegen. »Leider konnte mir die *hübsche Kellnerin* keine brauchbaren Infos geben. Sie arbeitet erst seit Kurzem hier und sprach darüber, wie dankbar sie ihrem Chef sei. Durch ihn hat sie eine kleine Wohnung gefunden.«

Also eine ähnliche Geschichte wie beim Barkeeper. Alleinstehend. Geldnöte. Zerrüttete Verhältnisse. Ist das Zufall oder sucht der Clubbesitzer nach bestimmten Personengruppen?

»Als ich sie nach den VIP-Räumen gefragt habe, hat sie zuerst gezögert«, setzt Sam fort. »Sie sagte mir, dass der obere Bereich ausschließlich für das Stammpersonal zugänglich sei.«

Das bringt mich zum Nachdenken. An der Treppe steht ein hagerer Mann mit derart vielen Tätowierungen und Piercings im Gesicht, dass ich mir erst gar nicht die Mühe mache, sie zu zählen. Rund um die Uhr bewacht er den Zutritt zum VIP-Bereich. Kein Schichtwechsel. Keine Pause. Wie eine Mauer türmt er sich auf und begutachtet die Gäste. Selbst jetzt fehlt mir das Verständnis, nach welchen Kriterien er entscheidet. Das Geschlecht ist ihm egal, ebenso Herkunft, Hautfarbe oder Kleidungsstil. Auch das Alter interessiert ihn nicht, obwohl eine leichte Tendenz zu den jüngeren Clubbesuchern zu erkennen ist.

Ein paarmal habe ich Isaac vorgeschlagen, mich an dem Wachhund vorbeizuschleichen, aber er hat meine Idee jedes Mal abgelehnt. Ich dürfe die Geduld nicht verlieren und unsinnig unsere Tarnung gefährden. Seine Begründung ist dumm und ich weiß, dass ihm das bewusst ist. Er will bloß verhindern, dass ich allein handle.

Weil er kein Vertrauen hat, sinniere ich entrüstet.

»Was ist mit den vermissten Kindern?«, bohre ich weiter. »Konnte sie dir darüber etwas erzählen?«

»Sie hat es aus den Nachrichten erfahren und ist wütend geworden, als die Polizei den Club untersucht und die Überwachungsvideos beschlagnahmt hat. In ihren Augen gleicht es einer Verschwörung.« Sam schüttelt den Kopf. »Vielleicht ist es eine falsche Spur und der Direktor hat sich geirrt. Mag sein, dass Caleb eine Verbindung zu Jonathan hatte, aber mit unserer Mission hängt es nicht zusammen.«

Den gleichen Eindruck habe ich auch.

»Ich werde es mit Isaac besprechen«, erwidere ich und will mich abwenden, um ihn zu suchen, als Sam mich am Ärmel zurückhält.

»Eine Sache noch.«

Ich lege den Kopf schief. »Ja?«

»Gibt es einen Grund, weswegen Claire mich so anschaut, als hätte ich ihr ihr Lieblingsspielzeug weggenommen?«

Ich wende mich zur Bar. Tatsächlich schaut sie zu uns und scheint Sam mit ihren Blicken anzünden zu wollen. Hinter meiner rechten Augenbraue beginnt es zu pochen. Ich gebe mir selbst die Schuld. Hätte ich mich klarer ausgedrückt und die Gerüchte im Keim erstickt, wäre es vielleicht niemals so weit gekommen.

»Sie ist eifersüchtig«, sage ich.

»Auf mich?«

Ich muss schmunzeln. »Warum so überrascht?«

»Nun ja … ähm … ich …«, stammelt er und ich ahne, woran er denkt.

»Du bist wundervoll, Sam. Nicht jeder bekommt bei seiner ersten Bewertung einen guten Rang.«

»›D‹ ist gut?«

»Besser als ›E‹«, erwidere ich.

»Aber das ist nicht der einzige Grund, weshalb sie mich so anstarrt.«

»Nein.«

»Dann –«

Plötzlich und vollkommen unerwartet lenkt ein dürrer Körper meine Aufmerksamkeit auf die Treppe. In Strickjacke und ausgewaschenen Jeans steht er verloren und absolut fehl am Platz vor Piercing-Gesicht. Ein Lichtstrahler erfasst sein Gesicht und ich bin verblüfft, ihn nach vier Tagen endlich zu sehen.

»Was ist?«, fragt Sam.

Unauffällig deute ich auf die Treppe. »Kei ist hier.«

Auf dem Material, welches uns die Polizei zur Verfügung gestellt hat, konnte ich einen Jungen ausmachen, der tagtäglich in den Club hineinspazierte. Laut dem Bericht lautet sein Name Kei Crown, ein schlanker Junge mit hellbraunen Haaren und abgetragenen Klamotten. Anhand der Videos wissen wir, dass er Zugang zu den VIP-Räumen hat und dort für mehrere Stunden bleibt. Nur in den vergangenen Tagen fehlte jede Spur von ihm.

»Siehst du Isaac?«, frage ich.

»Er ist vor zehn Minuten nach draußen gegangen und wollte sich mit Liam absprechen«, verrät er. »Claire ist auch nicht mehr an der Bar.«

Shit. Soll ich allein agieren? NOS verlangt bei dieser Mission absoluten Erfolg und unsere einzige Verbindung wird gerade nach oben durchgewunken.

»Ich werde Kei folgen und versuchen, an Informationen zu kommen. Du bleibst hier. Sollte ich in dreißig Minuten nicht zurück sein, verständige Isaac.«

Sam verzieht sein Gesicht zu einer frustrierten Grimasse. »Hältst du das für eine gute Idee?«

»Eine bessere haben wir nicht.«

Ich sehe ihm an, dass ihm das bewusst ist.

Komm zu mir zurück, flehen Sams Augen.

In meiner Brust sticht es unangenehm. Sein Gesichtsausdruck erinnert mich daran, wie ich ihm versprochen habe, ihn niemals allein zu lassen. Damals war sein Blick der gleiche – voller Unsicherheit und Angst.

»Dreißig Minuten«, wiederhole ich in der Hoffnung, dass es ihn in irgendeiner Weise beruhigt. »Keine Sekunde länger.«

Damit ziehe ich mich hinter einen Pfeiler zurück und vergewissere mich, dass ich im toten Winkel der Kameras stehe. Dann aktiviere ich meine Fähigkeit und schleiche zur Treppe hinüber.

Mir ist merkwürdig zumute. Sobald ich Piercing-Gesicht näher komme, habe ich kurzzeitig das Gefühl, als hätte er in meine Richtung gesehen. Natürlich ist das undenkbar. Von Kopf bis Fuß bin ich unsichtbar und auch die Menge nimmt mich nicht wahr. Ihre Arme streifen mich, aber niemand schaut mir direkt in die Augen.

Behutsam winde ich mich an Piercing-Gesicht vorbei und eile die Stufen nach oben. Dann folge ich dem schmalen Gang und finde zu meiner Linken eine Tür, die einen Spaltbreit offen ist. Wie angewurzelt steht Kei vor der Ledercouch und zupft nervös am unteren Bund seiner Kapuzenjacke herum. Vor ihm sitzt Caleb Ragland in den gleichen Jeans wie gestern, aber statt eines schwarzen Shirts hat er nun ein dunkelblaues an. Sein Gesicht ist voll aufrichtiger Sorge.

»Was war es diesmal?«, unterbindet er das Schweigen. »Deine Mum?«

»Dad«, korrigiert Kei kleinlaut. »Kaum war ich zu Hause, ist er ausgerastet und … und …«

Caleb erhebt sich und zieht Kei an den Ellbogen in seine Arme. Äußerst sanft streicht er dem Jungen über die Haare.

»Hey, alles ist gut. Ich bin bei dir.« Ihre Blicke treffen sich und Caleb legt seine Lippen auf Keis. Mein Verstand strampelt heftig. Nie im Traum hätte ich damit gerechnet, dass die beiden solch eine Beziehung zueinander führen. Kei schmiegt sich enger an Caleb und küsst ihn leidenschaftlicher.

Hitze schießt in meine Wangen und ich schaue weg. Als ich nach zehn Sekunden den Kopf wieder hebe, schiebt Caleb Kei ein Glas in die Hände.

»Trink das. Danach wird es dir besser gehen.«

Das Getränk schimmert violett, genau wie der Cocktail, den sie unten an der Bar ausschenken.

Kei hebt das Glas an die Lippen und trinkt gierig ein paar Schlucke. Erst als es leer ist, stellt er es zurück auf den Tisch und lässt sich von Caleb auf die Schläfe küssen.

»Geh zu den anderen«, murmelt dieser leise. »Ich hole dich später ab.«

Gehorsam dreht Kei sich um und schnell trete ich einen Schritt beiseite, damit er mich nicht anrempelt. Ich laufe ihm hinterher, noch bevor ich mir überlegt habe, ob es eigentlich eine gute Idee ist. Aus sicherer Entfernung mustere ich seine zierliche Gestalt. Seine Schultern sind angespannt und in seinem Gang fehlt jeglicher Schwung. Fast schlaftrunken wandert er durch den düsteren Flur, der durch die Notbeleuchtung in ein mitternachtsblaues Licht gehüllt ist. Sämtliche Türen an den Seiten sind verschlossen und es ist ungewöhnlich ruhig für einen Nachtclub. Schwach vibriert der Bass unter meinen Füßen.

Vor einer Tür bleibt Kei stehen und drückt die silberne Klinke runter. Wie ein Peitschenschlag schwappt die plärrende Musik zu mir herüber. Bunte Lichter in Rot-, Gelb-, Blau- und Violetttönen blenden mich.

Mit pochendem Herzen lehne ich am Türrahmen und linse in den Raum hinein. Unzählige Jugendliche feiern die Party ihres Lebens. Mich fröstelt es, obwohl es stickig und warm ist. Auf den Tischen sammeln sich Pillen und Gläser mit den letzten Resten des Geheimdrinks des Hauses. Augenblicklich ziehe ich eine Verbindung. Die Gäste stehen völlig neben sich. Sie tanzen, jubeln, trampeln, knutschen. Manche von ihnen hängen teilnahmslos auf der Couch herum oder liegen bewusstlos in einer Ecke.

Wie betäubt, stellt mein Kopf fest.

Als ein gelber Lichtschein ein Gesicht erfasst, wird mir ganz anders. Ich erkenne das Mädchen. Schnell sehe ich mir die Jugendlichen genauer an und mein grauenhafter Verdacht bestätigt sich. Sie alle gehören zu den vermissten Personen und wenn die Angaben vom Informationskommando stimmen, dann befinden sich in dem Raum zwei Dutzend potenzielle Subjekte, die noch keinen Schimmer haben, wie sie ihre Kräfte kontrollieren sollen. Erst recht nicht in diesem Zustand.

Ich muss sofort zu Isaac!

Hastig drehe ich mich um und eile los. Ohne ihn zuvor bemerkt zu haben, stoße ich mit einem jungen Mann zusammen. Dieser taumelt unkoordiniert, bis er auf wackeligen Beinen stehen bleibt.

»Wasn dein Problem«, lallt er angriffslustig und schaut sich im Flur um. Mein Herz beginnt zu rasen.

Geh weiter. Geh weiter. Komm schon.

Mit einem verwirrten Laut geht der Mann an mir vorbei und verschwindet hinter der Tür. Erleichtert atme ich aus. Das war knapp.

Vorsichtiger als zuvor kehre ich an die Treppe zurück. Geschickt winde ich mich an Piercing-Gesicht vorbei und mache mich hinter einem Pfeiler wieder sichtbar. Stramm und ausdruckslos hat er sich keinen einzigen Millimeter bewegt. Er hat mich nicht bemerkt. Gut. Alles wirkt normal.

»Kannst du mir verraten, was das sollte?«, fragt eine Stimme seitlich von mir. Erschrocken fahre ich herum und blicke in grimmige Gesichtszüge, die mich gleichzeitig beruhigen. Isaac, Claire und Sam sind zu mir getreten.

»Ich wollte –«

»Mir egal, was du wolltest«, werde ich sofort unterbrochen. »Du hattest einen eindeutigen Befehl!«

Klar, dass Isaac nicht erfreut ist, und zum Teil kann ich seine Wut verstehen. Trotzdem fühle ich mich nicht schlecht deswegen.

»Sie sind hier«, setze ich an und hoffe, dass ich ihn damit milde stimmen kann. »Die vermissten Kinder. Sie alle feiern dort oben und scheinen völlig neben der Spur zu sein.«

»Vermutlich stehen sie unter dem Einfluss einer hochwirksamen Droge«, erklärt Claire.

Überrascht sehe ich sie an. »Was meinst du?«

Fast schon beleidigt verzieht sie das Gesicht. »Dachtest du, ich trinke das Zeug zum Spaß oder verhalte mich auf der Tanzfläche wie eine Irre? Tarnung, Ty.«

Augenblicklich nagt das schlechte Gewissen an mir. »Dann –«

»Ihr sogenannter *Spezialdrink*«, sie macht mit den Fingern Anführungszeichen, »beinhaltet eine Substanz, die bei Subjekten hochwirksam ist. Sie funktioniert ähnlich wie das Serum, welches NOS zur Fügung der Subjekte verwendet, nur nicht ganz so intensiv. Ich vermute, dass die Dosis sie in eine Art Rausch versetzt.«

Ihre Aussage passt zu dem, was ich gesehen habe.

»Stellt sich die Frage, wie ein einfacher Clubbesitzer an solch eine Droge kommt«, meint Isaac nachdenklich und schaut auf die tanzenden Leiber. »Wir sollten gehen und uns mit Mason und Liam absprechen.«

»Was ist mit den Jugendlichen?«, fragt Sam.

Seine Sorge ist berechtigt. Jetzt zu verschwinden, könnte den Erfolg der Mission gefährden.

Sichtlich frustriert deutet Isaac auf die Massen. »Soll ich vor ihren Augen einen Kampf provozieren? Wir dürfen sie nicht mit reinziehen.«

»Isaac hat recht«, stimmt Claire zu. »Lasst uns morgen wiederkommen.«

Keine Lösung, die mir gefällt, aber eine Alternative haben wir nicht. Ich drehe mich um und erstarre. Vor uns steht Caleb. Neben ihm eine Frau in Jeans, Boots und einer karierten Bluse. Die oberen Knöpfe sind offen, sodass ihr Dekolleté freiliegt und ich ihren schwarzen BH sehen kann.

Scheiße, ich kenne sie. Sie war damals in der Halle und hat verzweifelt versucht, durch den Feuerkreis zu kommen, um Jonathan zu helfen.

»Hallo, meine Süßen.« Sie lächelt verzückt. »Warum nehmt ihr Hübschen unsere Gastfreundlichkeit nicht an und trinkt mit uns?«

»Nein danke«, lehnt Isaac höflich ab. »Wir wollten gerade gehen.«

»Das ist aber nicht sehr nett«, beschwert sie sich. »Ich habe mir extra die Mühe gemacht, die Bilder auf den Überwachungskameras zu checken. Ihr kommt seit vier Tagen in unser bescheidenes Lokal und genießt nicht einmal unser Spezialangebot, abgesehen von dir, Schätzchen.« Sie zwinkert Claire zu und seufzt dann theatralisch. »Man könnte glatt den Eindruck gewinnen, dass ihr uns ausspioniert.«

»Unsinn«, widerspreche ich und verfluche die Zurückhaltung meines Gruppenführers. Seinetwegen habe ich die Kameras nicht manipuliert. Isaac wollte verhindern, dass es Aufsehen erregt, und nun stehen wir knietief in der Scheiße. »Wir müssen wirklich gehen.«

»Bleibt doch«, lässt sie nicht locker. »Ihr seht so aus, als könntet ihr ein wenig Abwechslung vertragen.«

»Karin, hör auf mit den Spielchen!«, raunt Caleb und stellt sich in den Vordergrund. Seine dunklen Augen halten uns gefangen. »Ihr seid von NOS und du –« Mein Blut gefriert, als er mich ins Visier nimmt. Unbändige Wut flackert in seinem Blick. »– hast unseren Anführer kaltblütig erschossen.«

Noch bevor ich die Möglichkeit habe, den Mund zu öffnen, schrillt ein ohrenbetäubender Schrei durch den gesamten Club. Die Menge hört auf zu tanzen und schaut sich verwirrt untereinander an.

»Unmöglich«, murmelt Caleb und wendet sich an seine Partnerin. »Sag Levis und Albert Bescheid und bringt die Gäste sofort hier raus.«

Karin rührt sich nicht, blickt mit aschfahlem Gesicht zur Treppe. Am Absatz steht Kei Crown, den Mund aufgerissen und beide Hände auf seinen Ohren. Er wankt und wirkt völlig desorientiert.

»Nun mach schon!«, brüllt Caleb sie an und endlich bewegt sie sich. Als er uns wieder anschaut, zückt er seine Glock und hält den Lauf in meine Richtung. »Und du wirst für deine Tat bezahlen.«

»Sollte deine Priorität nicht woanders liegen?«, fragt ausgerechnet

Sam und verblüfft nicht nur mich mit seiner Kühnheit, sondern auch Isaac. »Hast du die geringste Vorstellung davon, was passiert, sollte ein Subjekt die Kontrolle verlieren?«

»Niemand verliert die Kontrolle.«

»Übertrieben, so etwas zu behaupten, wenn dort oben Dutzende Subjekte ohne Erfahrung ihrem Rausch erliegen«, meine ich und kann den spöttischen Unterton nicht verbergen.

»Von kettengetriebenen Hunden lasse ich mir gar nichts sagen!«

Isaac seufzt. »Und von einem ehemaligen Medizinstudenten hätte ich mehr erwartet.«

»Du –«

Die Musik verstummt.

»Die Party ist zu Ende«, ruft Karin. »Bitte verlassen Sie unverzüglich unseren Club!«

Irritiert und verärgert will die Menge rebellieren, doch ein weiterer höllischer Schrei lässt sie erschrocken innehalten. Der Lärm ist so unfassbar laut, dass ein Schauer meine Wirbelsäule hinaufklettert. Vor meinen Augen tauchen weiße Blitze auf. Ich bin machtlos und sehe zu, wie einige Gäste ihr Gleichgewicht verlieren. Blut tropft aus ihren Nasen und Ohren. Irgendwo knackt es bedrohlich, bevor in der nächsten Sekunde sämtliche Gläser und Flaschen an der Bar gleichzeitig zerspringen.

KAPITEL 13

Chaos bricht aus, als alle gleichzeitig loslaufen, um den Ausgang zuerst zu erreichen. Wie ferngesteuert hetzen sie umher und stoßen andere achtlos zu Boden. Sie werden niedergetrampelt, absichtlich geschubst und ignoriert.

Der Barjunge und Piercing-Gesicht versuchen, die Menge geordnet nach draußen zu bringen – erfolglos.

Die Tanzfläche ist komplett verwüstet. Umgeworfene Tische, unzählige Glasscherben und ohnmächtige Personen, die dringend ärztliche Betreuung benötigen. Ein schwacher Eisengeruch mischt sich unter Alkohol, Schweiß und Parfüm. Einige Gäste kauern verängstigt hinter Sitzbänken, unfähig, sich aus der Schockstarre zu lösen und zum Ausgang zu rennen.

Nur mit Mühe gelingt es mir, das Gefühl des Schwindels zu unterdrücken, und ich schaue auf die Treppe. Nach dreißig endlosen Sekunden verklingt Keis Klageschrei.

Vorsichtig nähert Caleb sich dem Jungen. »Hey, was ist los? Was ist passiert?«

»Sie wollte uns töten!«, ruft er aufgebracht.

»Kei, sieh mich an.« Er gehorcht. »Von wem sprichst du?«

»Das Mädchen im blauen Kleid! Sie meinte, wir wären geisteskranke Wesen und dass sie uns alle töten würde. Ich habe uns gerettet!«

Mein Kopf setzt die Puzzlestücke zusammen, um mir ein Bild eines grauenhaften Szenarios zu zeigen. Unter den Jugendlichen befand sich eine junge Frau in besagtem Kleid. Apathisch saß sie auf der Couch und starrte in die Ferne.

»Was hast du getan, Kei?«, fragt Caleb direkt.

Irritiert legt er den Kopf zur Seite. »Bist du wütend? Ich verstehe nicht …«

Ich gehe auf die beiden zu. Kei ist unverletzt und zeigt keine Spuren eines Kampfes. Seine Hände und Beine zittern, vermutlich vom Schock, und bei näherem Hinsehen fallen mir seine geweiteten Pupillen auf. Seine natürlichen hellbraunen Augen wirken fast schwarz in dem schwachen Deckenlicht. Er ist kein blutrünstiger Mörder, aber ein Subjekt, welches die Kontrolle über seine Fähigkeit verliert und unter Alkoholeinfluss Wahnvorstellungen erleidet.

»War es das wert?«, komme ich nicht umhin zu fragen und zeige auf die Tanzfläche, auf Kei und schlussendlich auf die restlichen Gäste, die vollkommen traumatisiert ihren Blick abwenden, sobald mein Finger auf ihnen landet. »Schüler entführen, sie unter Drogen setzen und darauf warten, bis einer von ihnen austickt?«

»Wir beschützen sie!«, rechtfertigt Karin ihre Taten.

Ihre Naivität mit anzuhören, macht mich traurig und wütend zugleich.

»*Beschützen*?« Ich muss lachen. »Nennt man das so? Der Junge hat dort oben vermutlich ein unschuldiges Mädchen ermordet und du deckst ihn?«

»Schnauze!«, zischt Caleb. »Du bist selbst ein Mörder! Du hast kein Recht, über uns zu urteilen.«

Isaac stellt sich an meine Seite. »Ihr überschätzt eure Fähigkeiten. Verrate mir eine Sache: Wer von euch hatte den genialen Einfall, untrainierte Subjekte an einem öffentlichen Ort zu versammeln?«

»Besser, als ihnen eine gottverdammte Kette ans Bein zu binden!«, schreit Karin.

»Er hat unschuldige Menschen getötet«, klagt Isaac Kei an und der Junge zuckt heftig unter der Anschuldigung zusammen.

»Nein … ich habe uns gerettet«, stammelt er und greift nach Calebs Arm. Tränen perlen von seinen Wangen. »Ich … Nein … Habe ich es wieder getan? Er wird … Ich will nicht sterben … Ich …«

Caleb wischt ihm mit dem Daumen die Tränen weg und flüstert ganz zart: »Niemand wird dir wehtun. Ich bin hier. Alles wird gut.«

»Aber ich habe es wieder getan …«

Isaac schüttelt den Kopf. »Der Junge verliert die Kontrolle und damit den Bezug zur Realität. Wacht auf!«, richtet er sich an Caleb und Karin. »Ihr braucht Hilfe!«

»Ihr bringt sie doch erst in diese Lage!«, schimpft der Barjunge.

»NOS kann euch helfen«, widerspricht Claire.

Caleb lacht. Hart und rau. »Scheiße, ihr glaubt das wirklich, oder? Wie naiv seid ihr eigentlich?« Niemand von uns reagiert. »Ihr seid echt nicht mehr zu retten. Ihr werdet eurer Freiheit beraubt und gezwungen, für einen Mann zu töten, der sich feige im Hintergrund versteckt hält. Ziemlich abartig, wenn ihr mich fragt.«

»Alles, was wir tun, tun wir für euch«, setzt Karin hinterher. »Warum mischt ihr euch ein?«

»Weil Unschuldige sterben«, erwidert Isaac gepresst. »Euretwegen!«

Ein Funken Unmut huscht über Calebs Gesicht. »Zum allerletzten Mal: Wir haben mit der Mordreihe nichts zu tun! Also verschwindet –«

»Caleb.« Am oberen Treppengeländer steht Piercing-Gesicht mit einem erschütterten Ausdruck. Kurzzeitig bin ich verwundert. Ich habe nicht mitbekommen, wie er die Treppe nach oben gelaufen ist. Was mich aber viel mehr schockiert, ist sein Hemd, welches von Blut getränkt ist. »Sie ist tot.«

Sofort schaut Caleb zu Kei, der den Kopf in seine Halsbeuge drückt. »Unmöglich.«

Isaac gibt einen unzufriedenen Laut von sich. »Begreifst du nun, dass du dem nicht gewachsen bist? Wie viele sollen noch sterben, hm?«

Kaum trifft Calebs Blick auf Isaac, kehren die zornigen Falten auf seine Stirn zurück. »Halt's Maul!«

Doch Isaac spricht unbeirrt weiter: »Wir nehmen euch mit. Die AUTORITÄT wird entscheiden, was mit euch und dem Jungen passiert.«

Ruckartig hebt Caleb seine Glock. »Ich sagte: Halt's Maul!«

Ich sehe nicht, wer von beiden schießt, aber im Club kracht ein Schuss. Jemand schreit auf und die verbliebenen Gäste ducken sich wimmernd hinter die Sitzbänke.

Im Augenwinkel fange ich eine Bewegung am Boden auf. Sie ist schnell und schnappt in zickzackartigen Linien nach meinem Schatten. Ich weiche zurück und hieve mich über einen Tisch auf die andere Seite. Hinter einem Pfeiler lehne ich mich vor und sehe auf die Bar. Dort steht der Barjunge – Levis –, dessen Schatten sich aus seiner eigentlichen Position löst und meinem bedrohlich näher kommt.

Du hast dir den Falschen ausgesucht, denke ich und mache mich unsichtbar.

Seine Fähigkeit mag nützlich sein, aber sie hat einen entscheidenden Nachteil: Wo es keinen Schatten gibt, kann man diesen auch nicht manipulieren. Ich sprinte aus meinem Versteck hervor und eile zu ihm.

»Ty, hinter dir!«, höre ich jemanden rufen. Sam.

Intuitiv wirble ich herum, reiße die Ellbogen hoch und treffe Piercing-Gesicht am Kinn – allerdings nicht hart genug. Mit einer Hand packt er meinen linken Arm, während er mich mit seinem gesamten Gewicht gegen einen Pfeiler presst. Ich beiße die Zähne zusammen, um ein Stöhnen zu unterdrücken, und werde langsam wieder sichtbar.

»Wie …«, hauche ich nach Luft ringend, »… ist das möglich?«

Von oben herab grinst er mich an.

»Ich kann dich sehen«, sagt er. »Meine Augen folgen dir, egal wohin du dich bewegst.« Seine dunklen Pupillen haben einen merkwürdigen blauen Schimmer.

Tja, wenigstens weiß ich jetzt, warum ich dieses sonderbare Gefühl bei ihm hatte. Dass es solch eine Kraft gibt, ist ziemlich ungünstig für mich.

Gerade als Piercing-Gesicht zum Schlag ausholt, blitzt etwas in der Luft auf und trifft ihn am Unterarm. Blut spritzt ihm aus der Wunde, doch er stößt keinen Schmerzensschrei aus. Notgedrungen lässt er mich los und zieht das Messer aus seiner Haut. Sam drängt sich an meine Seite und pariert den nächsten Faustschlag.

Wieder greift Levis' Schatten nach meinem und trennt mich von Sam, der inzwischen in seinen eigenen Kampf vertieft ist. In einer fahrigen Bewegung werfe ich ein Messer nach Levis. Dann renne ich auf ihn zu und ziehe dabei ein zweites Messer aus dem Gürtelholster. Mit zügigen Auf- und Abwärtshieben halte ich ihn davon ab, seine Fähigkeit zu nutzen. Der Junge ist unerfahren. Viel zu leicht lässt er sich von mir verunsichern. Er täuscht eine Rechte an und ich weiche ihm aus. Er wiederholt es schneller. Wieder winde ich mich vorbei und ramme ihm den Knauf des Messers in die Magengrube. Sofort reiße ich meinen Fuß hoch und treffe ihn mit der Schuhspitze an der Stirn. Levis' Augen weiten sich, bevor sie glasig werden und er in die Glasscherben fällt.

Piercing-Gesicht will ihm helfen, wird allerdings von Sam aufgehalten. Auch Karin rennt los, doch Claire nutzt ihre Sorge um den Barjungen aus und verpasst ihr einen harten Kinnhaken. Wütend zückt Karin eine geschwungene Klinge aus ihren Boots und sticht blitzschnell zu. Ihre Angriffe sind zielgerichtet und sehr präzise. Milz. Leber. Herz.

Halsschlagader. Auf einmal denke ich, dass sie viel besser in das Täterprofil passt.

Ich blicke zu Kei hinüber. Er steht allein an der Treppe und schaut hilflos zu, wie Caleb von Isaac zurückgedrängt wird.

In meinem Kopf setzt sich das Puzzle weiter zusammen. Die vielen verschiedenen Verletzungen an den Opfern und der hohe Blutverlust, der schlussendlich zum Tod führte. Kleine, fast schon unbedeutende Stiche und solche, die gezielt wichtige Arterien und Organe trafen. Die Wunden stammen nicht von ein und derselben Person! Kei mag die Kontrolle verloren haben und wie ein Irrer auf seine Opfer eingestochen haben, aber seine Stiche waren nicht tödlich. Karins hingegen zielen nur darauf ab, zu töten.

Ein Schuss zerschneidet meine Gedanken. Sams schmerzverzerrter Schrei lässt sämtliche Alarmglocken schrillen. Die Kugel hat seinen Oberarm gestreift und ist hinter ihm in die Wand eingeschlagen. Meine Finger krampfen sich um den Griff meiner Pistole. In einer halben Umdrehung ziele ich auf Piercing-Gesicht. Der Warnschuss erschreckt ihn, sodass ich genügend Zeit habe, zu Sam aufzuschließen. Prüfend sehe ich nach der Wunde. Sie blutet, aber zum Glück ist es keine ernsthafte Verletzung. Trotzdem schürt der Anblick meine Wut.

Vor mir rührt sich Piercing-Gesicht, doch ich gebe ihm keine Gelegenheit, näher zu kommen.

»Waffe runter«, keife ich. »Ich kann sehr gut zielen. Ich wette, wesentlich besser als du.«

Hinter ihm beobachte ich, wie Isaac den Arm von Caleb fixiert, ihm seine Glock aus der Hand schlägt und ihn vor sich auf die Knie bringt.

»Es ist aus«, verkündet mein Gruppenführer, der seine eigene Waffe in Calebs Genick drückt. »Ergib dich oder deine Anhänger werden hier und jetzt sterben.«

»Lieber sterbe ich, als mich Gesindel wie euch zu ergeben«, spuckt Caleb.

»Dann lässt du mir leider keine –«

»Lass ihn los!«, unterbricht Kei ihn. Seine sonst ruhige Stimme ist hart und hasserfüllt. Rote Äderchen bilden sich in seinen Augen. »Lass ihn verdammt noch mal los!«, wiederholt er aufgebracht. Erschrocken weicht Isaac einen Schritt zurück und ich verstehe auch wieso.

Keis Pupillen sind weg und zahlreiche schwarze Linien verlaufen von seinem Hals bis zu seinen Wangen. Tief aus seiner Kehle dringt ein abscheulicher Laut, der dem eines Sterbenden gleicht; ein schmerzerfülltes Wimmern, das mir die Luft aus den Lungen raubt.

Es ist der lauteste und ohrenbetäubendste Schrei, den ich je gehört habe. Keis Leid lastet auf meinem Herzen. Es ist, als könnte ich all seine Gefühle nachempfinden: Angst. Verzweiflung. Selbsthass. Verachtung.

Scheiße, wir müssen etwas tun – *irgendetwas.*

Wankend trete ich zu ihm. Mein Kopf ist wie benebelt von den unmenschlichen Lauten.

Ty!, dringt Isaacs Stimme zu mir durch. *Kümmere dich um den Jungen.*

Innerlich grunze ich. Was kann ich schon ausrichten?

Er ist wie du, kommt die Antwort prompt.

Schockiert über diese Worte suche ich Isaacs Gesicht. Mein Gruppenführer sieht übel aus. Geschwollener Unterkiefer und eine Platzwunde an der Stirn. Blut tropft ihm vom linken Auge auf sein weißes Hemd.

Nun mach schon!

Zähneknirschend setze ich einen Fuß vor den anderen, kämpfe mich mühsam voran und behalte Kei im Blick. Die Sorge um seinen Freund muss in ihm einen Kurzschluss provoziert haben. NOS warnt die Bevölkerung nicht grundlos vor auffälligem Verhalten wie plötzlicher

Isolation oder übermäßiger Reizbarkeit. Unsere Fähigkeiten sind eng mit unseren Gefühlen verbunden. Angst, Wut, Neid, Lust, Hochmut, Stolz, all das beeinflusst unsere Kontrolle. Daher fällt es besonders jüngeren Subjekten so schwer, ihre Gabe im Zaum zu halten. Sie verstehen nicht, dass sie eine tickende Zeitbombe sein können. Die Hetzreden innerhalb ihres Umkreises befeuern die Unsicherheiten unnötig.

Mag sein, dass Caleb gute Absichten hatte, aber potenzielle Subjekte zusammenzutreiben und sie im Drogenrausch allein zu lassen, grenzt an absolute Dummheit. Sie können von Glück sprechen, dass es nicht bei mehreren zu einem Kontrollverlust gekommen ist.

Doch … etwas an Isaacs Ton bereitet mir Kopfzerbrechen. Er klang untypisch besorgt.

Er ist wie du.

Ängstlich? Verwirrt? Von Schuld getrieben? Überfordert?

Was von dem haben wir gemeinsam?

Ich beiße mir auf die Unterlippe, als ein lautes Fiepen in meinen Ohren pfeift. Mein Magen zieht sich zusammen und wenn ich schlucke, habe ich das Gefühl, Galle zu schmecken. Mit dröhnendem Schädel zwinge ich mich vorwärts.

Kaum war ich zu Hause, ist er ausgerastet, erinnere ich mich an Keis Worte.

Ist es möglich und Isaac konnte die Gedanken und Emotionen von Kei lesen?

Er ist wie du.

Sag mir nicht, Kei wurde auch …

Jetzt wird mir richtig übel.

»Kei!«, schreie ich aus ganzer Kraft und greife nach seinen Schultern. »Alles wird gut. Du und Caleb seid in Sicherheit. Sie sind nicht hier.«

Der Junge verzieht keine Miene. Sämtliche Worte prallen stumpf an ihm ab. In seinem Schrei ruht so viel Panik, so viel Schmerz und

Hilflosigkeit, dass es mir die Brust zuschnürt. Ich erkenne es. Wie ein perfektes Spiegelbild sehe ich vor mir einen ähnlichen Jungen, der mit Angstattacken und Ablehnung zu kämpfen hatte. Damals half mir nur eine Sache.

»Ich bin hier«, sage ich und drücke seine Hand. »Niemand wird dir wehtun. Du bist nicht allein. Ich bin hier.« Sein Klageschrei wird ruhiger. »Wenn du ihn beschützen willst, musst du dich beruhigen. Atme tief ein und aus.« Er hebt seinen Kopf, schaut mir mit seinen leeren pechschwarzen Augen ins Gesicht. »Niemand wird dir wehtun, Kei. Das verspreche ich. Weder deine Eltern noch sonst irgendjemand.«

»Sie … Sie haben … und Caleb … beschützen …«, wimmert Kei gebrochen.

Sein Schrei verhallt an den Wänden und der Druck auf meiner Brust und meinen Ohren nimmt schlagartig ab. Langsam verschwinden die spinnennetzartigen Linien auf seinen nassen Wangen. Behutsam ziehe ich ihn in meine Arme. Seine Finger vergraben sich in meinem Shirt.

»Shhh«, mache ich und fahre ihm sanft über den Rücken.

Kei schnieft. »Ich wollte nicht … Es tut mir leid.«

»Ich weiß«, sage ich und blinzle die aufsteigenden Tränen weg. »Es ist nicht deine Schuld.«

Dann sehe ich nach vorn, sicher, dass unsere Mission vorbei ist. Isaac hält Caleb mit dem Lauf seiner Pistole an Ort und Stelle und Claire hat gegen Karin gewonnen, die nun schwer verletzt an einem Pfeiler lehnt. Einzig Sam ist noch in seinen Kampf mit Piercing-Gesicht vertieft. Sein silberner Ohrring schimmert im Deckenlicht, während er geschmeidig den Angriffen ausweicht. Doch trotz seiner Schnelligkeit fehlt es Sam an Erfahrung. Meine Warnung kommt zu spät und mit einem erstickten Laut sinkt er auf die Knie.

Teilnahmslos steht Claire in sicherer Entfernung und rührt sich kein Stück. Sie lässt zu, wie Sam bedrängt wird. Mein Körper pocht im

Rhythmus meines Herzschlages, als ich dabei zusehen muss, wie Sam über einen umgeworfenen Tisch stolpert, sein Gleichgewicht verliert und Piercing-Gesicht den Moment ausnutzen will, um ihn ein Loch in die Brust zu schießen. Ich will meine Position aufgeben – scheiß auf den Erfolg der Mission –, doch ein Schuss lenkt Piercing-Gesicht ab. Schweiß läuft über meinen Nacken und erleichtert atme ich aus. Isaac ist Sam zur Hilfe geeilt und hat ihm genügend Zeit verschafft, ein Messer zu werfen. Die Kraft seines Wurfs hat während des Flugs bereits nachgelassen und die Klinge herabgesenkt. Die Spitze verfehlt das Herz und trifft stattdessen zwischen den Rippen. Isaac zielt mit seiner Pistole genauer. Der Schmerz von Piercing-Gesicht währt kurz. Ächzend sackt er zu Boden.

»Karin, jetzt!«, brüllt Caleb.

Ein Knall ertönt und im nächsten Moment ist der gesamte Club von weißen Nebelschwaden erfüllt. Schritte und Schreie dringen aus verschiedenen Richtungen und mit einem Ruck wird Kei aus meiner Umarmung gerissen. Der Junge wehrt sich zuerst, tritt und strampelt, wird dann aber ruhig.

Allmählich lichtet sich der Rauch und ich erkenne die Umrisse von Personen. Caleb zerrt Kei zum Hinterausgang. Ich will ihnen folgen, als mir das Herz in die Hose rutscht. Im Augenwinkel beobachte ich, wie Karin mit Calebs Glock auf Sam zielt.

Instinktiv stürze ich nach vorn, um uns aus der Schusslinie zu bringen, aber ich bin zu langsam. Sie drückt ab, bevor ich Sam mit mir auf den Boden werfen kann. Der Schuss hallt wie ein Donnerschlag durch die Clubhalle und die Kugel trifft meine linke Bauchseite. Trotz der Wucht des Einschlags gelingt es mir, meine Waffe hochzureißen und abzudrücken. Ich treffe Karins Brust.

Meine Ohren rauschen von dem Nachdröhnen, sodass ich nur am Rande mitbekomme, wie plötzlich die Vordertür aufgerissen wird und eine Horde Polizisten den Club stürmt. Kei lässt einen brutalen Schrei auf sie nieder, der mir kurzzeitig die Sicht raubt. Als ich die Augen wieder öffne, schwebt Sams besorgtes Gesicht vor meinem. Seine zittrigen Finger drücken auf die Wunde.

»Mir fehlt nichts«, sage ich.

»Du … Sie hätte …«, stammelt er gebrochen, bricht ab und versucht es erneut. »Sie hätte dich fast …«

Ich berühre seine Wange. »Alles gut. Hey, beruhig dich. Das ist nichts, was ein Verband nicht wieder richten könnte.«

Seine Mundwinkel schieben sich leicht nach oben.

»Ist der Auftrag jetzt beendet?«, fragt er.

»Für uns ja«, sagt eine Stimme neben uns. Langsam schaue ich hoch. Hinter meinen Augen kehrt das dumpfe Pochen zurück. Isaac ist zu uns gekommen, doch sein Blick bleibt auf die Treppe gerichtet. Dort steht Reed, der mit verschränkten Armen Befehle bellt und seine Gruppe koordiniert, für Ordnung zu sorgen. Oben reihen sich die vermissten Jugendlichen am Geländer auf. Sie wirken geistig abwesend. Ihre Blicke sind unfokussiert und sie stehen einfach nur da. Nichts weckt ihre Aufmerksamkeit.

»Die AUTORITÄT wird über das Ergebnis nicht erfreut sein.« Ein Seufzen verlässt Isaacs Lippen, ehe er sich zu mir herunterbeugt und mir seine Hand entgegenhält. »Aber mehr können wir im Moment nicht tun.«

Dankend nehme ich seine Hand, stehe auf und ignoriere dabei den beißenden Schmerz in meinem Bauch.

»Wir könnten sie verfolgen«, mischt Claire sich ein. Mit erzürnter Miene bohrt sie Löcher in Sams Körper. »Wir schnappen uns Liam und Mason und suchen nach ihnen. Weit können sie nicht gekommen sein. Karin ist verletzt.«

Isaac schüttelt den Kopf. »Das wird nicht nötig sein.« Dabei deutet er auf die andere Seite. Zwei Sanitäter hieven den schweren Körper von Albert auf eine Trage, während Reed Levis Handschellen anlegt und ihm ein Betäubungsmittel in den Nacken spritzt. »Wir konnten zwar Caleb nicht festnehmen, aber wir haben die vermissten Schüler gefunden und wenn sich unser Informationskommando bemüht, werden sie aus dem Jungen nützliche Details zur Widerstandsbewegung rausquetschen. Daher ziehen wir uns zurück und warten auf weitere Befehle.«

»Du willst warten?«, hält Claire verständnislos fest.

»Hast du ein Problem damit?«

Sie reagiert nicht und für Isaac ist die Diskussion beendet.

Noch bevor wir aus dem Ausgang treten, werden wir von aufgeregten Stimmen und Blitzlichthagel empfangen. Vor dem Club haben sich unzählige Menschen hinter dem gelben Absperrband versammelt. Schaulustige, besorgte Eltern und Reporter wuseln sich durch das Gedränge. Die Jugendlichen, die im Club gefeiert haben, schreien, weinen, klammern sich aneinander und schenken sich gegenseitig Trost, während sie von Sanitätern versorgt und von Polizisten zu den Ereignissen befragt werden.

»Ty!« Ich drehe mich in Richtung der Stimme und finde Mason, der mit Liam etwas abseits des Tumults steht. Kaum sieht er meine Wunde, verengen sich seine Augen. »Was ist passiert?«

»*Er* ist passiert!«, ruft Claire und zeigt mit dem Finger auf Sam. »Wäre er nicht so unfähig gewesen, hätte Ty sich nicht in Gefahr begeben.«

»Claire –«

»Nein!«, unterbricht sie mich schneidend. »Ich wusste von Anfang an, dass er uns Probleme machen würde. Wegen *ihm* wurdest du verletzt, wegen *ihm* ist uns Caleb entkommen, wegen –«

»– *dir* wäre er fast gestorben«, sage ich harsch. »Glaub nicht, ich hätte nicht gesehen, wie du gezögert hast, Sam zu helfen. Du standest frei, Claire, und trotzdem hättest du zugelassen, dass …« Ich schüttle den Kopf, um mir die grauenhafte Vorstellung nicht vor Augen zu führen.

Eine Hand legt sich auf meinen unteren Rücken.

»Mir geht es gut«, beschwichtigt Sam. »Und auch wenn wir unseren Auftrag nicht hundertprozentig erfüllen konnten, so haben wir doch einige retten können.«

Er hat recht. Das alles hätte weitaus schlimmer verlaufen können. In mehr Chaos, Verletzten oder Toten.

Allerdings …

»Es passierte so unglaublich schnell«, erzählt ein Mädchen unter Tränen. »Ich tanzte mit meiner Freundin und auf einmal hörten wir diesen entsetzlichen Schrei. Der Junge … er ist ausgerastet und wollte uns töten. Er hat Menschen getötet!«

Ein Mann zuckt belanglos die Schultern. »Ich habe kein Mitleid. Warum sollte ich? Hallo, er stand direkt vor mir und hat mich mit diesem irren Blick angesehen. Ich hatte Todesangst!«

Ein Junge ruft wütend: »Ich wünschte, die Monster würden einfach verschwinden. Haben wir nicht schon genug wegen ihnen gelitten?!«

Die Aussagen überschlagen sich. Jeder erzählt eine andere Version und glaubt, Dinge gesehen zu haben, die überhaupt nicht vorgefallen sind. Dennoch führt alles auf dasselbe hinaus: Ein Junge sei durchgedreht und habe sie wie ein Wahnsinniger angegriffen. Die Reporter fassen es auf, als wäre die Tragödie allein deswegen passiert, weil ein Subjekt anwesend war. Erneut warnen sie die Bevölkerung und teilen ihnen mit, bei Unstimmigkeiten im Verhalten ihrer Mitmenschen unverzüglich NOS zu kontaktieren.

Zwischen alledem sehe ich Reed, der ein Mädchen persönlich zu dessen Eltern lotst. Ich brauche einen Moment, um mich zu fragen, ob sie unter den Clubbesuchern war, die verängstigt hinter den Sitzbänken Schutz suchten. Ihr Gesicht kommt mir nicht bekannt vor, daher muss sie oben gewesen sein. Mir wird speiübel, als ich zu dem Schluss komme.

»Wo warst du?«, schreit ihr Vater.

Das Mädchen senkt beschämt den Kopf. »Ich –«

»Lüg uns nicht an! Haben wir dir nicht alles gegeben, was du wolltest? Ist das deine Dankbarkeit? Dich aus dem Haus schleichen und tagelang verschwinden? Deine Mutter war krank vor Sorge! Wir haben dich gesucht. Stattdessen erfahren wir, dass du dich betrinkst und in dem schäbigen Club sonst was treibst.«

»Ich habe nicht getrunk–«

Die Ohrfeige peitscht durch die Straße und lässt mich erschrocken einatmen. Die Szene schnürt mir die Kehle zu.

Die Mutter des Mädchens steht teilnahmslos neben ihrem Mann und weicht den flehenden Blicken ihres Kindes aus. Fast als könnte sie es nicht ertragen, dem Schandfleck in die Augen zu sehen.

»Bitte verzeihen Sie«, sagt Reed übertrieben freundlich und deutet eine Verbeugung an. »Mein Name lautet Jackson Reed und ich bin Kommandant der Schutzgarde in diesem Bezirk. Wir haben bei jedem vermissten Kind einen Schnelltest durchgeführt. Der ihrer Tochter ist bedauerlicherweise positiv. Sie ist infiziert.«

»Ein Subjekt?« Urplötzlich ändert sich die Haltung ihres Vaters und hasserfüllt starrt er auf seine Tochter hinab. »Du hast uns belogen!«

»Ich wusste es nicht«, heult das Mädchen. »Woher hätte ich es auch wissen sollen?«

»Jetzt spiel nicht die Unschuldige«, faucht er. »Natürlich hast du es gewusst. So was spürt man!«

»Ich habe es mir nicht ausgesucht.« Ihre Stimme klingt so verbittert und verzweifelt, dass ich nicht länger hinsehen kann. Die bekannten Worte brennen auf meiner Seele.

»Du bist krank!«, brüllt ihr Vater. »Du hättest uns anstecken können, du undankbares Kind! Bitte, Kommandant, bringen Sie unsere … nein – dieses Monster weg.«

Das Mädchen fleht panisch seine Mutter an: »Mom! Bitte hör nicht auf ihn. Mir geht's gut. Bitte, Mom, hilf mir.«

»Sei still!« Wieder höre ich eine Ohrfeige. Unwillkürlich blicke ich zu ihnen. »Ich bin nicht länger … o Gott …«

Das Mädchen greift nach ihr, doch ihre Mutter weicht zurück.

»Fass mich nicht an!«, kreischt sie und ihr Mann legt schützend einen Arm um sie.

»Ich habe es dir gleich gesagt«, spricht er sanft und ganz ruhig. »Wir hätten NOS rufen sollen, als sie sich so komisch benommen hat. Sie ist eine von ihnen, von diesen widerlichen Kreaturen. Sie hat uns wissentlich in Gefahr gebracht und hätte uns verletzen können! Sie ist krank.«

»Ich bin nicht krank«, schreit das Mädchen verzweifelt und geht auf sie zu. »Ich bin immer noch dieselbe.« Einen weiteren Schritt. »Ich fühle mich nicht anders. Vielleicht ruhelos und ängstlich, aber die Leute im Club haben mir versprochen, dass es besser wird. Sie werden mir helfen!« Und noch einen Schritt. »Bitte sieh mich an, Mom. Ich bin nicht krank und ich werde auch niemanden verletzen.«

Erneut greift sie nach ihren Eltern. Ihre Mutter schreit panisch auf und ihr Vater fordert, etwas gegen das Monster zu unternehmen.

Reed packt das Mädchen von hinten und vergräbt seine Hand in dessen Haaren. Kraftvoll reißt er sie von ihren Eltern weg und wirft sie zu Boden. Es kümmert die beiden nicht. Sie vergießen keine einzige Träne oder kommen zur Besinnung, um ihrem Kind zu helfen. Sie lassen einfach zu, dass Reed seine Dienstwaffe zieht und abdrückt.

Ein erstickter Schrei bahnt sich seinen Weg aus meiner Kehle, als ich mit ansehen muss, wie sich die Brust des Mädchens ein letztes Mal hebt. Die Menschen um uns herum atmen erleichtert auf.

»Es tut mir aufrichtig leid, doch es gab keine andere Möglichkeit«, erklärt Reed. »Ich hoffe, Sie verzeihen mir. Ihre Tochter – nein – die Kreatur war eine Bedrohung für jeden von uns.«

Vorgespieltes Mitleid. Seine Worte sind klug gewählt, aber in seinen Augen glänzt der Hochmut, einen von uns getötet zu haben. Die Eltern bedanken sich und kehren ihm den Rücken. Sie gehen weg, ohne noch einmal zurückzublicken.

Ich bin nicht deine Mutter! Du bist grauenhaft. Widerlich! Niemand liebt dich, höre ich eine vertraute Stimme in meinem Kopf.

Ein eiskalter Schauer jagt mir über den Rücken.

Jemand berührt meinen Arm. »Ty, geht es dir gut?« Mason. »Du wirkst blass.«

»Ist es deine Wunde?«, fragt Liam besorgt.

Claire setzt sich in Bewegung. »Ich hole einen Sanitäter.«

»Ty?« Vor mir taucht Isaacs Gesicht auf. »Tobias!«

Mir ist, als würde die Welt um mich herum einstürzen. Mein Herz pocht viel zu laut. Viel zu schnell.

Ich ignoriere sämtliche Rufe und renne in die Dunkelheit. Immer weiter, bis die Umgebung kippt. Mit einem gebrochenen Laut lasse ich mich auf meine Knie sinken. In meinen Ohren höre ich ihr Lachen.

Du bist erbärmlich.

Ein Monster!

Keiner wird dich jemals akzeptieren.

Ich wünschte, du wärst ***niemals*** *geboren worden!*

Krampfhaft versuche ich, die Stimme auszublenden, atme tief ein und aus, beginne zu zählen, doch nichts scheint zu funktionieren. Jedes noch so kleine Detail meines Lebens kehrt mit einem Schlag zu mir zurück. Erinnerung für Erinnerung. Ich presse die Augen zu, wünschte, es würde aufhören.

Doch ich bin machtlos.

Zu tief bin ich in ihnen gefangen.

KAPITEL 14

Hunger. Tief in meinem Bauch sitzt ein Raubtier, welches mit seinen Krallen versucht, ein Loch zu graben. Ich habe keine Ahnung, was ich falsch gemacht habe. Seit Tagen bekomme ich kaum etwas zu essen. Meistens sind es Reste vom Abendbrot oder Nahrungsmittel, die bereits abgelaufen sind.

Erschöpft sehe ich hoch, hinauf in die triste Wolkendecke. Allmählich dämmert es und die ersten Straßenlaternen springen an. Ich sitze auf der untersten Stufe der Veranda und warte darauf, dass Mum die Haustür wieder öffnet.

»*Geh mir aus den Augen!*«, hat sie gebrüllt, nachdem ich von der Schule gekommen war und sie mich vor die Tür gezerrt hatte. »*Du wirst so lange hierbleiben, bis ich dich reinhole. Und wehe, du fängst an zu heulen!*«

Eiskalter Regen fällt in Strömen, Millionen kleine Tropfen zerbersten auf dem grauen Asphalt. *Plitsch. Platsch.*

Das Wasser fließt in schnellen Bahnen den Bürgersteig entlang und trägt die Blütenblätter vom Kirschbaum gegenüber mit sich. Sie sammeln sich im Rinnstein.

Zumindest sind sie nicht allein, denke ich wehmütig und ziehe die Beine enger an den Körper.

Manchmal glaube ich, dass meine Lehrer wissen, was bei mir zu

Hause vor sich geht. Ihre besorgten Blicke sind kaum zu übersehen, sobald die Mittagspause beginnt und ich keine Brotbüchse aus dem Rucksack hole. Dennoch sage ich nichts, wenn jemand mich zur Seite nimmt und fragt, ob bei mir alles in Ordnung ist. Ich erfinde Lügen. Kleine Halbwahrheiten, die glaubhaft genug sind, um kein Aufsehen zu erregen. Würde herauskommen, dass Mum ihre Fürsorgepflicht verletzt, dann würde man sie von meinen Geschwistern trennen.

Tess und Tommy lieben Mum über alles. Sie ist ihr Anker, die schützende Hand, die sämtliche Dämonen fernhält. Auf dem Spielplatz sehe ich die Blicke der Kinder, die keine Mutter mehr haben. In ihnen ruhen Sehnsucht, Neid und Unverständnis. Ich will den beiden das nicht antun und so ertrage ich es.

Ihre manischen Episoden haben angefangen, als ich fünf war. Zuerst verstand ich es nicht, nur dass die blauen Flecke auf meiner Haut von ihr stammten. Meine Mum, die Person, die ihr Kind am meisten lieben sollte, hat es geschlagen. In ihrem Wahn nannte sie mich einen Fehler und schimpfte, dass Dad meinetwegen nicht zu Hause sei. Für mich ergab das alles keinen Sinn, doch sobald ich einen Funken Gegenwehr zeigte, schlug sie mich noch härter.

Dad bekam von alledem nichts mit. Er arbeitete für die Regierung – für NOS – und war dementsprechend oft auf Geschäftsreisen, um unser Land vor den widrigen Kreaturen zu beschützen.

Irgendwann begann Mum, seine Abwesenheit auszunutzen. Fremde Männer kamen zu Besuch, gut gekleidet und hochgewachsen. Ihre Statur und Haarschnitte ähnelten denen von Dad, und Mum schien sie ganz bewusst ausgesucht zu haben. Sie blieben bis spät in die Nacht. An diesen Tagen kroch ich unter die Bettdecke und drückte mein Gesicht in den weichen Stoff meines Plüschhasen. Sein milder Geruch nach Seife lenkte mich ab. Von dem grauenhaften Gestöhne und dem Knarzen des Bettes auf der anderen Seite des Flurs. Gelegentlich hörte ich ihre Stimmen, die schlimme Sachen raunten. Sätze wie: »… *gefällt dir, was?*«, »*Was dein Mann davon halten würde.*«, »*Na los, nimm ihn tiefer. Ja, so ist gut.*«, »*Sag mal, hast du nicht einen Sohn?*«, »*Macht es dich an, wenn er uns sehen könnte?*«

Sobald es im Schlafzimmer ruhiger wurde, dauerte es nicht lange, bis ich ihre nackten Füße auf dem Parkettboden vernehmen konnte. Mum stieg ins Bett und schmiegte sich an meine Seite. Ihr Körper war noch ganz warm, fast schon tröstlich, doch in ihren Augen lag eine Leere, die mich erstarren ließ.

Jeden Morgen schwor ich mir, mein Schweigen zu brechen und Dad die Wahrheit zu erzählen, aber die Panik hielt mich zurück. Da war eine kleine Stimme in meinem Ohr, die hauchte:

Was, wenn er dir nicht glaubt?

Was, wenn er dich hasst?

Was, wenn sie recht hat und dich niemals jemand lieben wird?

Mein einziger Rückzugsort war die Schule, denn dort war ich ganz weit weg von dem Monster, das sich als Mum ausgab. Die Lehrer lobten meinen Ehrgeiz und bemerkten, wie leicht ich mir neue Dinge einprägen konnte. Zum ersten Mal fühlte ich mich besonders. Bis Mum herausfand, was ich konnte. Sie meinte, ich wäre geistig behindert, ein Freak. Nur deswegen konnte ich mir alles merken, was ich je gelesen oder gesehen hatte. Je öfter sie es sagte, desto mehr fing ich an, ihr zu glauben. Sie war schließlich meine Mum, die mein Bestes im Sinn hatte und mich liebte.

Es war egal, wie oft sie mich schlug, wenn ich hundert Prozent im Test mit nach Hause brachte.

Es war egal, wie oft sie mich in den Keller sperrte oder mir keine Mahlzeiten zubereitete, wenn ich ihr erzählte, dass meine Lehrer meinen Fleiß lobten.

Es war egal, wie oft sie mir ins Gesicht sagte, wie dumm und nutzlos ich wäre.

Sie liebte mich. Auf ihre eigene Art und Weise. Und vielleicht … ja, vielleicht war es meine Schuld. Vielleicht machte ich sie krank. So wie die knochigen Körper in den Reportagen, die als ekelerregende Kreaturen gebrandmarkt wurden.

Ich war acht, als mir mein einziger Freund genommen wurde. Sein Name war Spencer und wir spielten regelmäßig im Park. Er war erst vor Kurzem von Amerika nach Seoul gezogen. Aufgrund der Sprachbarriere fiel es ihm schwer, Anschluss zu finden, und für ihn verbesserte ich mein Englisch. Wenige Monate vergingen, bevor er sich von mir distanzierte. Spencer mied jeglichen Kontakt in der Schule, wirkte blasser und schreckhafter. Dann kam er gar nicht mehr zum Unterricht. Wochenlang wartete ich im Park, aber von ihm fehlte jede Spur. Schnell kursierten Gerüchte. Dass Spencer krank wäre und NOS ihn zum Schutz der Bevölkerung getötet hätte. Ich wollte das nicht glauben. Mein Freund würde niemandem etwas antun! Doch schon bald stellte sich heraus, dass es stimmte. Spencer war ein Subjekt und laut den offiziellen Angaben hatte er im Wahn seine Familie angegriffen.

Meine Eltern reagierten auf das Ereignis gänzlich unterschiedlich.

Mum spuckte, es wäre meine Schuld gewesen. Ich hätte meinen Freund krank gemacht.

Dad entschied, nach Kensington zu ziehen. Mir kam es recht. Mich hielt nichts mehr in Seoul und mein Kopf malte sich bereits einen Neuanfang aus. Allerdings änderte sich überhaupt nichts. Dad war weiterhin fort und Mum wurde noch verrückter. Auch nachdem sie ihre Schwangerschaft verkündet hatte, ließ sie ihre unbändige Wut an mir aus.

Ein paar Monate später kam sie mit zwei Babys nach Hause. Sie waren so klein, so unfassbar zerbrechlich. Ihre großen Augen strahlten voller Leben und schenkten mir ein wenig Wärme. Mum hatte mir den Kontakt zu meinen Geschwistern verboten, trotzdem schlich ich mich heimlich in ihr Zimmer, um ihre kleinen Hände zu halten. Allein ihre Nähe machte alles erträglicher und ich beschloss, sie zu beschützen. Ganz gleich, was das für mich bedeutete.

Doch Mum überraschte mich. In ihrer Gegenwart war sie liebevoll und verlor nie ein schlechtes Wort. Stattdessen verwöhnte sie die kleinen Engel.

War ich neidisch? Gut möglich.

War ich ihnen böse? Keinesfalls!

Mir war es lieber, wenn Tess und Tommy die andere Seite von Mum niemals zu Gesicht bekamen. Solange sie glücklich und zufrieden waren, war ich es auch.

Auf einmal schieben sich zwei Gummistiefel in mein Sichtfeld. Überrascht hebe ich den Kopf. Ein kleiner Junge im Regenmantel, mit zerzaustem Haar und weichen Gesichtszügen lächelt mich an. In seiner Hand hält er ein Einmachglas.

»Hier!«, verkündet er und schiebt mir das Glas vor die Nase. »Du hast so traurig ausgesehen, deswegen habe ich dir einen Pudding gemacht. Mama sagt immer, dass Süßigkeiten glücklich machen.«

Das Biest in meinem Bauch wird sofort neugierig und grummelt nach der süßen Köstlichkeit. Ich blinzle, verwirrt und sprachlos, und sehe zu, wie der Junge sich ungefragt zu mir auf die Veranda setzt.

»Was ist? Magst du keinen Vanillepudding?« Die plötzliche Unsicherheit in seiner Stimme drückt unangenehm in meinem Inneren.

»Nein, das ist es nicht«, beschwichtige ich. Das Tier in meinem Magen jault und fordert, einen Löffel zu probieren, aber ich kann mich nicht überwinden.

»Hm?«

»Mum würde das sicherlich nicht gefallen«, gestehe ich leise.

Irritiert schieben sich seine Augenbrauen zusammen. »Warum sollte sie sauer werden, wenn du meinen Pudding isst?« Ich schweige. »Komm, koste ihn wenigstens. Ich bin zwar nicht der beste Koch – noch nicht –, aber ich habe mir sehr viel Mühe gegeben und gehofft, dass er dich zum Lächeln bringt.«

»Wieso?«, frage ich und spüre den Klumpen in meiner Kehle.

»Muss es dafür einen Grund geben?« Ein schwacher Sonnenstrahl bricht durch die dicke Wolkendecke und trifft genau auf sein Gesicht. Seine Augen funkeln wie leuchtende Sterne. »Ich bin übrigens Sam und ich will dein Freund sein.«

Freund …?

Laut Mum habe ich keine Freundschaften verdient und trotzdem bietet er mir seine so leichtfertig an. Es überwältigt mich.

Schnell wische ich mir mit dem Ärmel meiner Jacke die Tränen aus den Augenwinkeln und schaufle einen großzügigen Löffel in meinen Mund.

Von da an waren wir beste Freunde. Das Komische daran ist, dass wir von Grund auf verschieden waren. Ich war zurückhaltend und ruhig, während er laut und quirlig war. Ich liebte es, Zeit in seinem Zimmer zu verbringen, und er mochte es, rauszugehen. Sam probierte sich an vielen Sachen gleichzeitig aus und ich konzentrierte mich auf eine.

»Polare Gegensätze«, lachte Sams Mum und gab uns beiden einen Kuss auf die Stirn.

Dad war überglücklich, als ich ihm von Sam erzählte. Er hatte mein Lächeln vermisst und obwohl es mir nicht aufgefallen war, hatte er recht. Ich lächelte und lachte mehr.

Wochen vergingen, welche den Wechsel der Jahreszeiten mit sich brachten. In den Hochsommertagen verkrochen wir uns in den Schatten der Bäume, aßen schief geschnittene Scheiben Wassermelone und planschten in dem kleinen Wasserbecken von Sams Familie. Im Herbst lungerten wir im Park herum, nahmen eine Bank in Beschlag und hörten Musik auf seinem Smartphone. Sobald die Temperaturen weiter sanken und der erste Schnee vom Himmel fiel, schnappten wir uns die Kapuzenjacken und bauten Schneemänner. Am Abend kochte Sams Mum heiße Schokolade, die wir auf der Couch bei Anime-Serien austranken. Und im Frühling beobachteten wir den Kirschbaum und warteten darauf, dass die ersten winzigen Blätter hervorbrachen.

Mum konnte nichts anderes tun, als die Freundschaft zu Sam zu dulden. Sie war in der Nachbarschaft äußerst beliebt, eine pflichtbewusste Hausfrau, die sich rührend um ihre Kinder kümmerte. Es half ihr auch nicht, dass Sams Mutter uns öfter besuchen kam. Sei es, um selbst gebackene Leckereien vorbeizubringen oder auf eine Tasse Kaffee. Von außen glichen wir dem Bild einer perfekten Familie, die von der Nachbarschaft akzeptiert und respektiert wurde. Doch je heller das Licht, desto dunkler die Schatten. Jedes Mal, wenn ich mit Mum allein war, bröckelte die makellose Illusion, die wir erschaffen hatten.

Mum wurde in ihren Bestrafungen berechnender. Fast schon akribisch achtete sie darauf, wo sie mich schlug und für wie lange sie mich in den Keller sperrte. Alles hinter den Augen meiner Geschwister, die keine Ahnung hatten, was mit mir passierte.

Einmal sah Sam die Wunden an meinem Torso. Zu müde von den ständigen Qualen hatte ich beim Sportunterricht nicht aufgepasst und mein Shirt vor ihm hochgezogen. Ein erschrockener Laut entwich seiner Kehle und er forderte nach einer Antwort. Natürlich konnte ich ihm die nicht geben und erfand eine plausible Ausrede für den violetten Fleck. Er hinterfragte es nicht, obwohl ich ihm sein Misstrauen ansah.

Auch seine Mutter war viel zu aufmerksam und besorgt um mein Wohlergehen. Es brach mir fast das Herz, wie liebevoll sie die Wunden versorgte und jedes Mal wissen wollte, wie es mir ging. Mir fiel es schwer, sie zu belügen, doch ich sah keine andere Möglichkeit. Genau zu dieser Zeit zeigte mir Sam das Tiergeschäft. Dutzende flauschige Körper rannten aktiv im Stall herum oder schliefen friedlich zusammengekauert in einer Ecke.

»Ich hoffe, sie heitern dich auf«, flüsterte Sam und legte mir einen Hasen auf den Arm.

Seine Freundlichkeit ließ Tränen in meinen Augen aufsteigen. Trotz meiner Zurückhaltung und all meiner Lügen stieß er mich nicht weg. Im Gegenteil. Er blieb näher an meiner Seite, als wollte er verhindern, dass mir etwas passierte.

Leider konnte er mich nicht retten. Nicht vor ihr.

»Glaubst du wirklich, dass du gut genug für *ihn* bist?«, raunte Mum und rümpfte verachtend die Nase. »Du armes, verwirrtes Ding. Du bist *krank*! Niemand will dich und *er* ganz bestimmt nicht. Er wird schon sehr bald merken, wie *verdorben* und *dreckig* du bist!«

– September 2028 –

Am späten Nachmittag ist Kensington grau und bedeckt. Minutenlang grüble ich, ob es eine gute Idee ist, aber ich halte es keine weitere Sekunde zu Hause aus. Sam ist beim Geigenunterricht und seine Eltern werden frühestens in zwei Stunden zurückkommen.

Auf Zehenspitzen ziehe ich die Haustür hinter mir zu und überquere die Straße. Vorsichtig klettere ich den Baumstamm hinauf und ziehe mich an einem starken Ast hoch, der direkt zu Sams Fenster führt. Ich ziehe am Rahmen und bin überrascht, als es sich tatsächlich nach oben bewegen lässt. Perfekt für mich und eine indirekte Einladung.

Ein Bein nach dem anderen schlüpfe ich in das vertraute Zimmer. Auf dem Schreibtisch liegt ein Stapel Bücher und in den Regalen sammeln sich Actionfiguren von Marvel und Shōnen-Mangas.

Am Fenstersims streife ich die Sneakers ab und trete ans Bett. Seufzend falle ich in die weiche Matratze. Seit Tagen fühle ich mich matt und rastlos.

Seit deinem fünfzehnten Geburtstag, steuert mein Gehirn hilfsbereit bei. Ich weiß nicht wieso, aber ich finde keine Ruhe. Ich bin nicht krank. Mir geht es gut, dennoch bin ich schlapp und unkonzentriert. Vielleicht liegt es an Mum. Ihre Präsenz lässt meinen Körper auf Hochspannung bleiben und ich gebe alles, um ihr aus dem Weg zu gehen. Mit mäßigem Erfolg.

Meine Hand landet auf der linken Bauchseite. Die Finger üben keinen Druck aus und dennoch tut es weh.

Langsam atme ich durch die Nase ein. Ich bin umgeben von Sams Geruch – Vanille und Zimt. Es riecht nach Wärme. Nach Geborgenheit. Nach einem Zuhause.

Eine Stunde, rufe ich mir in Erinnerung. Länger darf ich nicht bleiben. Sechzig Minuten, in denen alles zum Stillstand kommen soll.

Vage nehme ich wahr, wie die Matratze sich unter mir senkt. Kurzzeitig bin ich verwirrt, ehe ich die Augen aufschlage und mein Blick sich mit Sams kreuzt. Das Zimmer ist mittlerweile schwach beleuchtet – eine Lampe auf dem Schreibtisch lässt das Pastellblau der Wände neutral wirken. Als mir klar wird, dass es draußen stockdunkel ist, richte ich mich erschrocken auf.

»Hey.« Sam drückt mich zurück ins Kissen. »Alles okay?«

»Nein«, erwidere ich trocken. Sein sanftes Schmunzeln schwindet aus seinem Gesicht, wird durch Besorgnis ersetzt. Ich wünschte, ich könnte in seiner Gegenwart besser lügen; Sam durchschaut mich.

Noch bevor ich den Mund aufmache, scheint er genau zu wissen, wann ich ihm eine Notlüge präsentieren will. Bislang hat er sie bereitwillig angenommen. Er drängt mich nicht oder hinterfragt mein Verhalten. Im Stillen beobachtet er und zieht seine eigenen Schlüsse. Zu welchen er kommt, will ich nicht wissen. Zu groß ist die Angst, dass ihm letzten Endes doch bewusst wird, wie verdorben ich in Wahrheit bin …

Sam hebt die Decke und deutet an, auf der Matratze zurückzurutschen. Dann schlüpft er zu mir, sieht mich an – ich weiche seinem Blick aus.

»Wie bist du eigentlich in mein Zimmer gekommen?«, fragt er.

»Dein Fenster war offen.«

»Mein –« Ungläubig blickt Sam auf die andere Seite. »Ist das dein Ernst?«

»Keine große Sache«, murmle ich.

»Du hättest dich verletzen können«, tadelt er und in seinem Ton höre ich die Frustration über meine Leichtsinnigkeit.

»Ich brauchte Abstand. Da war die Höhe kein Hindernis«, sage ich leise.

»Abstand wovor?«

Eine schwierige Frage, auf die es zwar eine Antwort gibt, die ich ihm allerdings nicht erklären kann.

Sam hebt mein Kinn an und betrachtet wachsam mein Gesicht. »War deine Mutter sauer wegen der Mathenote?«

Innerlich krampfe ich mich zusammen. Mum war wütend, doch nicht wegen des Testergebnisses. Das war ihr völlig egal. Aber Sams Frage bietet mir einen Ausweg, also nicke ich.

»Mmmmm …«, brummt er und denkt nach. »Meinst du, eine heiße Schokolade mit Zimt würde helfen?«

Mir wird warm. Dass Sam weiß, wie sehr ich Zimt liebe, sollte in mir nichts auslösen, doch genau das tut es.

»Können wir nicht einfach liegen bleiben?«, bitte ich.

Sams Arm bewegt sich unter der Decke und legt sich um meinen Körper. Meine Augen fallen zu und für den Moment genieße ich die Stille zwischen uns. Eine kleine Ewigkeit vergeht. Ich lausche auf Sams Atmung; sein Atem streift meine Wange und der regelmäßige Rhythmus wiegt mich langsam in den Schlaf.

»Bist du eingeschlafen?«, fragt Sam nach einer Weile.

»Noch nicht.«

Er lacht in sich hinein. »Soll ich Mum fragen, ob du bei mir übernachten darfst?«

Eine gute Idee, wäre da nicht das unwohle Gefühl in meiner Brust. Ich müsste schon längst zu Hause sein.

»Vielleicht sollte ich besser gehen«, sage ich.

»Willst du denn?«

»Nein.«

Ich rühre mich nicht. Wie könnte ich, wenn das hier – was immer *das* auch ist – sich so gut anfühlt?

»Dann bleib.«

Seine Hand wandert auf die linke untere Seite und als sie dort verharrt, zucke ich unwillkürlich zusammen. Ein beißender Schmerz durchfährt mich. Ich bin zu langsam. Ein erstickter Laut bahnt sich aus meiner Kehle. Sofort zieht Sam sich zurück.

»Ty –«

»Es ist nichts«, wehre ich ab.

»Das klang nach weitaus mehr«, hält er dagegen und zupft an meinem Shirt. Erneut bin ich zu langsam und kann nicht verhindern, dass seine Finger den gelb verfärbten Fleck entblößen. »Was ist passiert?«

»Bin gestürzt.«

»Ist das wieder eine Lüge?« Ich erstarre. Es ist das erste Mal, dass er es offen anspricht, und ich fühle mich scheußlich. Sam sieht weder enttäuscht noch wütend aus; er wirkt einfach besorgt. Um mich. Scheiße.

»Es tut mir leid«, wispert er. »Ich will dich nicht bedrängen. Es ist nur manchmal wahnsinnig frustrierend, nicht zu wissen, wie ich dir helfen kann.«

»Du hilfst mir«, streite ich ab.

»Aber nicht bei dem.« Dabei landen seine Augen auf dem grässlichen Bluterguss.

Ich nehme einen zittrigen Atemzug, suche sein Gesicht und überwinde mich, die eine Frage zu stellen, die mir schon länger im Kopf herumschwirrt: »Warum willst du mir helfen?«

Bislang hat es kaum jemanden interessiert. Wegschauen ist einfacher. Schließlich bin ich nicht ihr Problem. Warum will es ausgerechnet Sam wissen? Ein Junge, der jünger ist als ich und doch bereits viel älter wirkt.

»Du bist mein Freund«, antwortet Sam unmissverständlich. »Und du bist mir wichtig.«

»Aber … ich …« Ich bin *unbedeutend*. Ein *Niemand*. *Dreckig* und *verdorben*.

Schnaufend atmet Sam aus. »Warum fällt es dir so schwer, mir zu glauben?«

»Ich …« Mehrmals schüttle ich den Kopf. Keines meiner Worte fühlt sich richtig an und ich schäme mich, ihm nicht antworten zu können.

»Ich werde es dir beweisen«, haucht er. »Wenn du mich lässt.«

»Wie?«, frage ich erstickt.

Sams Wangen erröten ein wenig. »Darf ich dich küssen?«

Er will mich …? Seine Frage wirft mich völlig aus der Bahn. Es klingt so unwirklich, absolut irrsinnig, aber die Art, wie seine Finger an meinem Arm zucken und sein Blick schüchtern zu meinen Lippen wandert, lässt alles so viel realer erscheinen.

»Ja«, lasse ich mein Herz entscheiden.

Sekundenlang sehen wir uns an; dann verkürzt Sam den Abstand und küsst mich vorsichtig, ganz sanft. Es dauert nur einen Herzschlag und dennoch brennen bei mir sämtliche Sicherungen durch.

»War das … *okay*?«, fragt Sam schüchtern.

Okay?

Es war mehr als das. Es war dermaßen überwältigend, dass mein Herz nach mehr verlangt.

»Sammy?« Meine Stimme zittert.

»Mm?«

»Küss mich noch einmal.«

Sam lächelt – ein Riesengrinsen, das schöner leuchtet als die Sterne –, bevor er seinen Mund auf meinen drückt. Dieser Kuss ist ganz anders; lang, süß und mutig. Seine Lippen sind viel wärmer, viel weicher und zärtlicher als in meinen Träumen und ich kann nicht glauben, dass es wirklich passiert. Doch Sam ist hier, bei mir. Er ist wirklich da. Das übersteigt alle meine Vorstellungen und Erwartungen. Im Stillen habe ich gebetet, dass die flüchtigen Blicke, die liebevollen Gesten und die zaghaften Berührungen mehr bedeuten; dass meine Sehnsucht und das Bedürfnis nicht einseitig bleiben – und jetzt. Jetzt halte ich es nicht mehr aus. Ich will mehr.

Immer wieder trennen wir uns, bevor wir uns wie zwei Magnetstücke wieder treffen, jedes Mal mit größerer Dringlichkeit. Ich schlinge meine Arme um Sams Hals und ziehe ihn näher an mich, während er mit einer Hand meine Wange berührt und die andere in meinen Nacken legt.

Sein Atem. Sein Geruch. Seine Wärme.

Geborgenheit. Akzeptanz. Schutz.

Liebe.

Ich verliere mich in den Gefühlen, die wie Flutwellen über mich hereinbrechen. Es ist fast zu viel. Tief in mir höre ich eine Stimme, die mir sagt, dass es falsch ist. Dass ich krank und verrückt bin und Sam mit mir ins Verderben reiße. Aber unter den zahlreichen Küssen und dem lodernden Feuer in meiner Brust verstummen die Stimmen. Wie kann es falsch sein, wenn es sich so verdammt richtig anfühlt?

Es umhüllt jeden Teil von mir, raubt mir den Atem. Ich höre, wie ich selbst einen Laut ausstoße, der die atemlose Stille unterbricht, und –

Und dann löst Sam sich von mir. »Ich mag dich, Ty. Sehr sogar. Ich hoffe, das weißt du jetzt.«

Ein warmer Schauer durchläuft meinen Körper und hinter meinen Augen sammelt sich die verräterische Flüssigkeit. Mit beiden Händen halte ich ihn fest, solange es geht, und will ihn nie wieder loslassen. Wenn er bei mir ist, spüre ich diese erdrückende Leere nicht, und seit einer gefühlten Ewigkeit denke ich, dass Mama unrecht hat. Es gibt jemanden, für den ich wichtig bin.

Eine Woche später gerät alles außer Kontrolle. Ich liege im Bett und kann kaum atmen. Benommen starre ich an die dunkle Zimmerdecke. Hinter meinen Augen wüten Kopfschmerzen und irgendetwas schiebt sich an die Schwelle meines Bewusstseins.

Jucken. Meine Handgelenke kratzen.

Hart beiße ich mir auf die Innenseite meiner Wange. Bislang konnte ich dem Verlangen widerstehen, doch in dieser Nacht ist es schlimmer. Mein Unterarm brennt und fühlt sich an, als wäre er von einer Brennnessel gestochen worden. Ich weiß, dass durch das Kratzen der Juckreiz nur vorübergehend gelindert wird, trotzdem bin ich nicht stark genug. In hastigen Bewegungen fahren meine Fingernägel über die Haut. Auf und ab. Auf und ab und wieder von vorn. Das Mondlicht schimmert durch die Gardinen und zeigt mir –

Über mir schlägt etwas zusammen und droht mich unter sich zu begraben. Meine Hand … sie ist nicht … da? Unwillkürlich entfährt mir ein erstickter Laut. Nein. Nein. NEIN!

Unmöglich.

Ich bin kein –

Ich gehöre nicht …!

Scheiße. Ganz ruhig. Beruhig dich verdammt noch mal, Tobias!

Gierig fülle ich meine Lungen mit Luft und nehme den vertrauten Geruch nach Seife wahr. Meine Fingerkuppen fahren über den flauschigen Stoff des Plüschhasen.

Alles ist gut, versuche ich mit äußerster Mühe, die drohende Panik abzuwenden.

Ich wiederhole es.

Alles ist gut.

Alles ist gut.

Als ich die Augen wieder auf meine Hand richte, läuft mir eine Träne über die Wange. Sie ist da. Fünf Finger. Unter ihnen haftet Blut. Doch … es ändert nichts. Genau wie Spencer bin ich krank. Ein Monster. Und endlich begreife ich, weshalb Mum mich hasst: Ich bin ekelerregend. Ein Fehler im System, welcher nirgendwo dazugehören kann. Sie muss es gespürt haben. Mütter merken, wenn etwas mit ihrem Kind nicht stimmt.

In den darauffolgenden Nächten schlafe ich unruhig und schrecke aus meinen Träumen hoch. Verschwitzt liege ich unter der Bettdecke, den Plüschhasen fest an meine Brust gedrückt. Ich träume von Spencer. Von Männern, die ihn jagen und kaltblütig erschießen. Ich träume, ich wäre er. Ich träume von Sam. Wie er angewidert die Stirn runzelt und sich von mir abwendet.

Und ich versuche, ihm zu sagen: *»Bitte bleib stehen.«* Flehe: *»Ich bin nicht krank. Ich bin kein Monster!«*

Der Traum wechselt zu Dad, Tommy und Tess. Stumm starren sie auf mich herab und lassen zu, dass NOS mich abführt.

Am Ende höre ich Mum. In ihrer Stimme liegt eine Genugtuung, die mir einen eiskalten Stich ins Herz versetzt: »*Habe ich es dir nicht gesagt? Du bist ein* Niemand. *Ein* widerwärtiges Kind.«

In meinen Gedanken mischen sich die Bilder aus den Reportagen. Die Regierung macht sich keine Mühe, die gezeigten Szenen zu kaschieren. Unzensiert wird der Öffentlichkeit gezeigt, wie verdorben Subjekte sind und wie gnadenlos sie für ihre Vergehen verfolgt werden. Dabei spielt es keine Rolle, ob es Erwachsene oder schutzlose Kinder betrifft. NOS zögert nicht. Meistens ist es innerhalb weniger Sekunden vorbei. Was bleibt, sind leere Augen, die starr in die Kameralinse blicken.

Zwei Tage später sitze ich mit Dad vor dem Fernseher. Tess und Tommy spielen in ihrem Zimmer, während Mum den Abwasch vom Abendessen erledigt.

Eine Mitarbeiterin von NOS sitzt in einem Aufnahmestudio und erzählt, wie wahnsinnig schnell die Infektion sich ausbreitet. Schätzungsweise sind zwei Prozent der Gesamtbevölkerung gefährdet, die meisten davon unter zwanzig. Erneut werden die Schutzmaßnahmen heruntergebrochen: Abstand halten. Ausgangsbeschränkungen. Versammlungsverbot. Regelmäßige Kontrollen beim zuständigen Gesundheitsamt. In einer Ansprache teilt ein Forscher von NOS mit, dass es noch keine allgemeine Erklärung dafür gibt, wie man sich infiziert. Daher ist höchste Vorsicht geboten.

»Subjekte sind kein Teil unserer Zivilisation«, sagt der Mitarbeiter energisch. »Schützen Sie sich und Ihre Liebsten. Vertrauen Sie den Anweisungen der Regierung. Nur gemeinsam können wir diese Krankheit bezwingen.«

Mein Blick fällt auf mein Handgelenk. Die roten Kratzwunden verhöhnen mich, lachen über meine Schwäche und sagen mir, dass ich dazugehöre. Ein Wesen, das Unheil bringen wird, sollte es nicht rechtzeitig gestoppt werden.

»Dad, warum können wir Subjekte nicht so akzeptieren, wie sie sind?«, frage ich, nachdem das Programm auf einen Spielfilm gewechselt hat.

Zaghaft streicht er mir eine Strähne aus dem Gesicht. »Oh, Dummerchen, weil NOS es sagt.«

»Nur deswegen?«

»Subjekte sind gefährlich, Ty. Vergiss das nicht.«

»Wieso?«, lasse ich nicht locker und muss unweigerlich an Spencer denken. An sein breites Grinsen und seine lebensfrohe Art. Ich denke aber auch an die zahlreichen Gesichter aus den Nachrichten. »Sie wirken nicht wie eine Bedrohung.«

»Sie sind krank«, erklärt Dad belegt. »Unkontrolliert können sie eine Menge Schaden anrichten. Leider gibt es weder eine Heilung noch eine Antwort darauf, wie wir ihre Ausbreitung verhindern können.«

Seine Worte stechen unangenehm in meiner Brust.

»Hey«, wispert er sanft. »Ist alles in Ordnung?«

»Ja«, erwidere ich. »Ich habe dich vermisst.«

Eine schlechte Ausrede und so, wie Dad das Gesicht verzieht, ist ihm meine Lüge aufgefallen.

»Wenn dich etwas bedrückt, kannst du es mir sagen, hörst du?«

Ich vergrabe das Gesicht in seiner Halsbeuge, kämpfe gegen das leere Gefühl in meiner Magengegend an, als ich frage: »Sind alle Subjekte schlecht?«

Dad zögert zuerst.

»Natürlich nicht«, antwortet er schließlich. »Es ist …« Er führt seinen angefangenen Satz nicht weiter.

»Dad?«

»Es tut mir leid.«

Danach mied ich es, in Dads Nähe über NOS oder Subjekte zu sprechen. Irgendetwas schien ihn innerlich fertigzumachen und ich vermutete, dass es an seiner Arbeit lag. Tagtäglich wurde ich daran erinnert, mit welcher Härte die Regierung gegen die mutmaßliche Bedrohung vorging, und vielleicht hatte Dad mehr damit zu tun, als mir lieb war. Die Panik, er könnte mich verraten oder, schlimmer noch, töten, lähmte mich.

Je mehr Zeit verstrich, desto besser verstand ich, weswegen Spencer sich von allem zurückgezogen hatte. Man wurde paranoid. Jedes Wispern auf der Straße, jede noch so kleine Unauffälligkeit hinterließ die Frage: *Werde ich den heutigen Tag überleben?*

Aus Furcht beschloss ich, meine Veränderung zu einem Subjekt geheim zu halten. Ich war ein Meister darin geworden, die zahlreichen Wunden zu verstecken, und es funktionierte. Niemand schöpfte Verdacht. Meine Lügen glichen einem Kartenhaus.

Mir geht es gut. Ich habe keinen Hunger. Bin nur hingefallen. Ich brauche keine Hilfe.

Jeden Tag kam mindestens eine Karte dazu und drohte, das Gebilde zum Einsturz zu bringen. Doch ich war vorsichtig. Konzentriert legte ich eine neue Karte und atmete erleichtert auf, sobald sie sicher an ihrem Platz saß. Je öfter ich log und an der Wahrheit vorbeiredete, umso abgebrühter wurde ich. Mit der Zeit glaubte ich, dass mein Konstrukt niemals zusammenfallen könnte, einfach weil es niemanden interessierte, was hinter der Fassade passierte. Nicht einer hinterfragte, horchte hin oder gab sich die Mühe, näher hinzuschauen.

Keiner außer Sam.

Ich sah seine Blicke, die verwirrt und besorgt über mein Gesicht glitten. In seiner Gegenwart fiel es mir schwerer, eine neue Karte zu legen. Es fühlte sich falsch an, beinahe betrügerisch, doch am Ende blieb mir keine Wahl. Fast schon zwanghaft sprudelten die einstudierten Sätze über meine Lippen und Sam schluckte sie hinunter. Allerdings war er zu aufmerksam, um ihn mit halbherzigen Phrasen zu beschwichtigen. Zaghaft küsste er mich und forderte keine Erklärung von mir. Viel eher zeigte er mit Gesten, dass er wachsamer war, als ich hoffte. Das Verharren auf dem Gehweg, wenn wir uns an der Straße verabschiedeten und ich hinter mir die Haustür ins Schloss zog. Ein Kamillentee gegen die Bauchschmerzen, eine Schmerzsalbe für die Prellungen, ein Extrapausenbrot für die Schule, seine abwehrende Haltung, sobald Mum ihn in ein Gespräch verwickelte.

Seltsamerweise konnte ich in seiner Nähe besser mit meiner Veränderung umgehen. Meine neu gewonnenen Kräfte schienen sich bei ihm zu beruhigen, sodass es mir leichter fiel, mich zu kontrollieren. Bei ihm verschwanden meine Unsicherheit, die Einsamkeit und die Sehnsucht nach einer schützenden Hand. Weil er diese Hand war, die ich so unbedingt brauchte, um nicht verrückt zu werden.

Keine Ahnung, wann es passiert war, aber irgendwann hatte ich eine Grenze überschritten. Aus Freundschaft wurde Vertrautheit, wurde Geborgenheit, wurde Neugier, wurde Verlangen. Der Gedanke traf mich eiskalt. Ja, wir küssten uns und es fühlte sich wahnsinnig gut an, aber in mir brannte etwas, das nach *mehr* rief.

Ich wusste, dass es besser wäre, Abstand zu ihm zu halten. Aber wie sollte ich? Allein sein Lächeln ließ mein Herz höherschlagen. Sein Geruch, seine Lippen, seine Art, seine Augen, sein *Alles* nahm mich vollkommen ein. Es war unmöglich, ihm fernzubleiben.

Er war das Licht, das ich sehnlichst brauchte, und ich war die Motte, die ihm nicht widerstehen konnte.

Und ich dachte wirklich, ich wäre vorsichtig genug gewesen. Dass niemand vermuten würde, dass ich eine der widrigen Kreaturen war. Aber ausgerechnet Mum sah die Kratzwunden an meinem Körper.

Im Nachhinein überraschte es mich, dass es ihr nicht schon viel eher aufgefallen war. Als sie die Zeichen begriff, lachte sie und brüllte, dass ich es nicht anders verdient hätte. Anstatt NOS zu rufen, nutzte sie mich weiterhin als Ventil für ihre Ausbrüche.

Abschaum.

Monster.

Verrückt.

Ihre Worte wiederholten sich. Wie auf einem kaputten Plattenspieler, der den gleichen Ton in einer Endlosschleife abspielte. Und sie hatte recht. Ich war krank. Denn was für ein Mensch würde mit dem Gesicht nach unten liegen, seine Hüften gegen das Kissen drücken und dabei schmutzige Gedanken über seinen besten Freund hegen?

Richtig. Ein kranker und erbärmlicher Mensch. Mir war bewusst, dass es falsch war, auf diese Weise an Sam zu denken. An einen Jungen, der in seinen Augen dieses einzigartige Leuchten innehatte. Ich dachte daran, wie gut es sich anfühlen würde. Seine Lippen gegen meine, gefangen in minutenlangen Küssen. Seine Fingerspitzen über meiner Bauchdecke. Sein warmer Atem an meinem Hals. Sein Körper, der jeden Zentimeter von meinem bedeckte und in einem schwindelerregenden Rhythmus abwärts rieb. Scheiße, ich hasste es, wie sehr mir diese Vorstellung gefiel.

Rücksichtslos stieß ich in mein Kissen und kam mit einem langen Stöhnen. Das unangenehme Ziehen in meiner Lendengegend war weg, dafür rückte ein noch viel schlimmeres Gefühl nach oben.

Was zum Teufel habe ich gerade getan?

»Sag mal«, höre ich die Stimme eines Mädchens, als ich am Türrahmen zu Sams Klassenzimmer stehen bleibe. Vor seinem Schreibtisch haben sich drei seiner Mitschüler versammelt. »Kann es sein, dass Ty dich mag?«

Überrumpelt sieht Sam sie an. »Nun, hassen tut er mich ganz sicher nicht.«

»Weißt du, ein Freund meiner Familie kannte ihn, als er noch in Seoul gelebt hat«, setzt ein Junge in einem karierten Hemd und einer Hornbrille an. »Soll immer ganz schweigsam in einer Ecke gehockt haben, obwohl er Jahrgangsbester war. Wie's scheint, hat er sich allmählich aus allem zurückgezogen.«

Sein Kumpel lacht. »War er denn schon mal anders? Er benimmt sich so komisch.«

»Meinst du, er könnte –?«

»Gibt es einen bestimmten Grund, warum ihr mich wegen Ty aufhaltet?«, unterbricht Sam sie. Auch wenn ich sein Gesicht aufgrund der drei nicht sehen kann, höre ich Verärgerung und Ungeduld.

»Wir machen uns Sorgen um dich«, beginnt seine Mitschülerin. »Wir wollen verhindern, dass dir was Schreckliches zustößt.«

»Ja, genau!«, setzt der Junge mit der Brille wieder an. »Ty war damals mit jemanden befreundet. Sogar ziemlich eng angeblich. Der Junge war ein Subjekt. Gerüchten zufolge hat Ty es gewusst und nichts unternommen. Er hat absichtlich zugelassen, dass andere Kinder sich ansteckten.«

»Ziemlich egoistisch«, raunt sein Kumpel. »Würde mich nicht wundern, wenn er auch eines ist. Ich meine, von denen. Passen würde es.«

Das Mädchen lehnt sich mit einfühlsamer Miene nach vorn und berührt Sams Oberarm. »Wir sind besorgt, verstehst du? Denkst du nicht, dass es zu gefährlich ist, dich weiter auf ihn einzulassen?«

Mir ist, als würde die Welt, die sich vorher immer im gleichen Takt gedreht hat, plötzlich zum Stehen kommen. Ihre Stimmen verzerren sich wie die Töne einer zerkratzten CD. Die Unterstellung in ihren Worten durchbohrt meinen Körper und trifft einen Teil in mir, der sofort anfängt zu schmerzen. Ihre Warnungen und gut gemeinten Ratschläge schütten Benzin über mein Herz und es ist Sams Untätigkeit, die das Streichholz fallen lässt.

Oh Gott. Ich muss hier weg.

Ohne einen Laut von mir zu geben, kehre ich um und eile die Treppenstufen nach unten. Meine Beine tragen mich hinaus in die kühle Oktoberluft, durchs große Schultor, über bunte Blätter auf den Gehwegen. Ich laufe, kopflos und mit stechender Brust.

Habe ich es dir nicht gesagt?, höhnt eine Stimme, die viel zu sehr nach Mum klingt. *Sie werden dich niemals akzeptieren. Weil du verrückt und geisteskrank bist. Ein widerliches Subjekt!*

Nein.

Ich bin normal. Mir fehlt nichts.

Bist du dir da sicher? Wann siehst du es endlich ein? Niemand mag dich und niemand wird dich jemals mit offenen Armen empfangen.

Sam –

– wird dich auch verlassen, sobald ihm klar wird, was du bist. Eure Freundschaft existiert allein in deinem Kopf. Je eher du das begreifst, desto weniger wird es am Ende wehtun.

Mitten auf dem Fußweg halte ich an, so abrupt, dass ein Erwachsener mich an der Schulter anrempelt. Weder dreht er sich um, noch höre ich eine genuschelte Entschuldigung. Warum auch? Ich habe sie nicht verdient.

Links von mir befindet sich der Park. Mittlerweile dämmert es, sodass die Straßenlaternen ihn in ein goldenes Licht hüllen. Zu dieser Stunde ist der angrenzende Spielplatz vollkommen leer. Unter dem nassen Laub schmatzen meine Schritte und sinken etwas ein, nachdem ich den Sandkasten betreten habe. Erschöpft setze ich mich auf eine Schaukel und umfasse mit beiden Händen die Metallketten.

Was soll ich bloß tun?, frage ich mich verzweifelt. Werde ich wieder jemanden verlieren und allein zurückbleiben?

Dabei will ich …

Ich will …

»Ty!«

Mein Kopf fährt herum. Außer Atem und mit einem mürrischen Ausdruck im Gesicht kommt Sam zu mir gerannt. »Mensch, ich habe überall nach dir gesucht. Zu Hause, beim Tiergeschäft … Hey, sieh mich an. Hast du geweint?«

»Nein«, weiche ich ihm aus.

Mit verschränkten Armen baut er sich vor mir auf. »Wieso hast du nicht auf mich gewartet?«

»Das habe ich.« Meine Hände umfassen die Ketten der Schaukel fester. »Du warst spät dran und da wollte ich dich abholen, aber du warst …« Im Kopf suche ich nach dem richtigen Wort. »… *beschäftigt.*«

»Du hast es gehört«, zieht Sam sofort die Verbindung.

»Es ist okay«, sage ich und meine es auch so. »Ich versteh's.« Ich springe von der Schaukel und gehe an ihm vorbei.

»Ty, bitte.« Als ich mich zu ihm umdrehe, sieht er zutiefst unglücklich aus. Ein Anblick, der mir einen gewaltigen Fausthieb in die Magengrube versetzt. »Warum gehst du mir ständig aus dem Weg?«

»Tue ich nicht«, streite ich ab.

Sams Unterkiefer spannt sich an. »Das ist Blödsinn und das weißt du. Falls es wegen der Gerüchte ist – ich glaube ihnen kein Wort.«

Ich schlucke schwer. »Was, wenn sie wahr sind?«

»Dann warte ich auf den Tag, bis diese Sachen von dir kommen. Ich vertraue dir, Ty. Mehr als sonst jemandem, trotzdem kann ich nicht leugnen, dass es mich beschäftigt. Du bist seit Monaten abweisend und eigenartig distanziert und ich möchte es verstehen.« Sein Ton wechselt von besorgt zu deprimiert. Schwerfällig atmet er aus. »Wieso verhältst du dich so –«

Und bei den Worten, bei der bloßen Unterstellung, was er über mich denkt, reißt der Faden unter der Spannung meiner eigenen Angst.

»Was, huh?«, schreie ich. »Sprich es ruhig aus. *Komisch? Kindisch? Verrückt?* Was ist es?«

»Ty –«

»Du hast gezögert, Sam«, werfe ich ihm vor. »Als deine Mitschüler diese Sachen gesagt haben, hast du nicht reagiert. Daher halte ich es für das Beste, wenn –«

»Nein!«, unterbricht er mich schneidend. »Hör mir zu, bevor du den Satz beendest. Mir ist egal, was sie über dich sagen. Ich weiß, wer du bist, und das wird sich für mich auch niemals ändern. Es tut mir leid – wirklich – und ich weiß, es ist eine schwache Ausrede, aber ich war einfach zu geschockt. Du hast mir nie etwas von deinem Freund erzählt und ich mache dir keinen Vorwurf. Was mit ihm passiert ist, muss schrecklich für dich gewesen sein.«

»War es«, murmle ich.

»Bitte, Ty, rede mit mir. Was bedrückt dich?«

Zu viel, will ich sagen.

»Darf ich dir eine Frage stellen? Sie geht mir seit Längerem nicht mehr aus dem Kopf und bislang hatte ich Sorge vor deiner Reaktion.«

Unschlüssig, was ihn zurückgehalten hat, nicke ich.

Er nähert sich und nimmt behutsam meine Hand. Seine warmen Finger schieben den Ärmel meiner Jacke ein Stück weit nach oben, so weit, dass ich die Prellung sehen kann.

»Deine Wunden«, Sam nimmt einen tiefen Atemzug, »deine Erklärungsnöte und dein merkwürdiges Verhalten.« Seine klaren Augen treffen auf meine. »Ist es wegen deiner Mum?«

Mir läuft es eiskalt den Rücken runter.

»Was …?«, frage ich erstickt.

Sam bleibt standhaft. »Ich habe das Gefühl schon länger. Du sprichst nie über sie.«

»Es gibt nichts über meine Mum zu wissen«, sage ich und spüre einen schweren Klumpen in meinem Magen. »Sie ist wie jede andere auch. Manchmal ziemlich nervig, aber«, ich schlucke, »sie ist für mich da und sie … sie …« Nein. Ich bringe es nicht über die Lippen. Mum liebt mich nicht. Zumindest nicht so wie meine Geschwister.

»Ty?«

Ich entziehe mich seiner Berührung und schiebe den Ärmel hinunter, damit ich die Prellung nicht länger sehen muss – damit ich meine eigene Schwäche und mein jämmerliches Selbst vergessen kann.

»Du irrst dich«, widerspreche ich. »Ist dir eigentlich klar, was du da gerade andeutest?«

»Aus dem Grund fällt es mir schwer, dich darauf anzusprechen!«, verteidigt Sam sich. »Ich will es nicht glauben, dass sie so etwas tun würde, aber so viele Dinge passen zusammen und ich –«

»Sam«, versuche ich, ihn zu unterbrechen, doch er lässt es nicht zu.

»– kann nicht länger wegsehen. Dafür bist du mir zu wichtig. Deine Mum verhält sich komisch. Ihre Augen sind nur auf dich gerichtet, als überwache sie jeden deiner Schritte, und sie ist darum bemüht, dich in ihrer Nähe zu wissen.«

»Sie ist besorgt«, erwidere ich schwach.

»Hör auf!«, ruft Sam und überrascht mich mit seiner harschen Tonlage. Sofort entschuldigt er sich. »Bitte erfinde keine Ausreden für ihr Verhalten. Das hat nichts mit Sorge oder einem übertriebenen Beschützerinstinkt zu tun. Bei Tess und Tommy benimmt sie sich ganz anders. Nur bei dir –«

Unter dem Rauschen meiner Ohren schwindet seine Stimme.

Sams Anschuldigungen kratzen an dem Fundament, welches ich so sorgsam errichtet habe. Die Karten drohen zu fallen und eigentlich sollte es mich erleichtern. Ich sollte glücklich sein, dass ich jemandem wichtig genug bin, dass er sich die Mühe macht, hinter das Lügenkonstrukt zu schauen. Stattdessen wird der Klumpen in meinem Magen schwerer und lässt mich zittrig werden.

»… hörst du mir zu?«, dringt Sams Stimme an mein Bewusstsein.

»Entschuldige«, setze ich an und weiche seinem stechenden Blick aus. »Ich kann nicht … Ich meine …«, versuche ich abzuwehren, doch er bleibt ungewohnt hartnäckig.

»Ty, egal was es ist, du kannst mit mir reden. Und wenn nicht mit mir, dann vielleicht mit jemand anderem. Ich will –«

»Was?«, frage ich und werde wütend. »Was willst du? Hast du dich schon mal gefragt, was ich möchte? Ich will nicht darüber reden! Warum kannst du diese Grenze nicht akzeptieren? Ist es, weil du mich reparieren möchtest? Damit ich zu deinen perfekten Freunden gehöre? Der *stille, verrückte* Tobias passt da nicht hinein, hab ich recht?«

»Ty –«

»Nein, jetzt hörst du mir zu«, zische ich. »Mir ist egal, was du über mich oder meine Mum zu wissen glaubst. Es geht dich nichts an. Ich brauche dich nicht, um mit meinem Leben zurechtzukommen!«

»Ty!«, schreit er fast.

»Was?«, schreie ich zurück.

Unsicher deutet er nach unten. »Deine Hände.«

Ich folge seinem Finger und verharre. Zu schockiert und zu überrumpelt bewege ich mich kein Stück. Meine Hände … sind verschwunden.

Eiserne Stille. Keiner von uns rührt sich. Sam öffnet ein paarmal den Mund, nur um ihn gleich wieder zu schließen.

Du bist verrückt. Ekelerregend. Ein verdammtes Monster!

Die vertrauten Worte trommeln in meinen Ohren. Ich will sie wegschieben, doch mir ist bewusst, wie unsinnig das wäre. Schließlich kann ich mich nicht dagegen wehren. Ich gehöre zu ihnen. Zu den verfluchten Menschen.

»Verdammt, Ty! Warum hast du mir nie etwas gesagt?«, fragt Sam fassungslos.

»Ich …« Die Angst vor seiner Ablehnung strömt durch jede Faser meines Körpers. Wird er es seiner Mutter erzählen? NOS rufen?

Warme Hände umrahmen mein Gesicht. »Alles ist gut.«

»Gelogen«, sage ich. »Nichts ist gut. Ich bin ein –«

»Sag das nicht«, unterbricht er mich sanft.

»Aber ich –«

»Was? Du bist eine erstaunliche Person, Ty, und ich wünschte, du könntest dich mit meinen Augen sehen.«

»– bin ein Subjekt«, bringe ich meinen angefangenen Satz endlich zu Ende.

»Okay.«

Okay?

Was heißt das schon?

Okay.

Ich verstehe es nicht. Vier Buchstaben, mit denen ich nichts anfangen kann. Sie sind nicht aussagekräftig. Es könnte »*Was ist schon dabei*« oder »*Du bist infiziert, verschwinde aus meinem Leben*« bedeuten.

Okay.

Das Wort hallt in meinem Kopf nach.

»Es ist okay und weißt du auch wieso?« Sam nimmt meine unsichtbare Hand in seine und reibt sie. Es ist seltsam. Ich kann die Berührung eindeutig spüren, jeden einzelnen Finger, der zurückhaltend und interessiert meine Haut entlangfährt. Und trotzdem wirkt es, als würde Sam etwas in der Luft halten.

Unsicher suche ich seinen Blick. Seine Augen tragen so viele rohe Emotionen in sich, so ehrlich, so eindringlich und so verdammt verletzlich zugleich. »Für mich ändert sich nichts. Du bist immer noch derselbe. Der gleiche liebenswürdige Junge, der mir so viel bedeutet.«

Eine wohlige Wärme erfasst mich. So angenehm – so sanft. Und aus unerklärlichen Gründen fange ich an zu weinen. Behutsam wischt Sam die Tränen mit seinem Daumen weg. »Habe ich etwas Falsches gesagt?«

Nein. Natürlich nicht, will ich sagen, aber ich bringe keinen Ton heraus. Hemmungslos falle ich in seine Arme und kralle mich in seiner Jacke fest. Ich weine, schluchze, weine noch mehr. Die unerträgliche Last auf meinen Schultern schwindet.

»Bitte sag mir, was ich tun kann, damit es dir besser geht.«

»Küss mich.« *Lass mich vergessen.*

Sams Finger heben mein Kinn an und im nächsten Moment versiegelt er meine Lippen mit seinen. In meine Nase strömt der unverkennbare Geruch von Vanille und Zimt. Es lässt mich leichter einatmen. Auf einmal zischt und knallt etwas in unserer Nähe. Erschrocken sehe ich hoch. Innerhalb weniger Sekunden wird der Himmel von bunten Lichtern durchbrochen. Die Farben formen sich zu verschiedenen Mustern. Weit entfernt vernehme ich Rufe und lauten Beifall. Irgendwo wird gefeiert.

»Ty, schau.«

Ich folge Sams Blick und atme erschrocken ein. Meine Hände sind wieder sichtbar.

»Ich habe Angst«, gestehe ich.

»Wovor?«

Ich lehne mich vor, lege meine Stirn an seine. »Ich will nicht, dass dir etwas passiert.«

»Dummkopf, mir wird nichts passieren. Alles, was ich will, ist, bei dir zu bleiben.«

Seine Worte bedeuten mir viel. Womöglich mehr, als er ahnt.

»Ich werde dich niemals allein lassen. Das verspreche ich«, hauche ich.

Fast schon ängstlich schmiege ich mich an seinen Körper und hoffe innigst, dass es kein Hirngespinst ist. Ich fühle mich gut. Richtig gut. In Sams Nähe rückt alles in die hinterste Ecke.

Er ist mein Zufluchtsort, wann immer ich der Welt entfliehen will. Mein Regenschirm bei starkem Unwetter. Mein Licht im dunklen Keller. Mein tapferer Ritter, der gegen meine Unsicherheit ankämpft und mir zeigt, dass die Stimmen in meinem Inneren im Unrecht liegen.

Ich will verzweifelt zu ihm gehören. Nur zu ihm. Zu niemandem sonst.

Es wurde leichter und schwerer. Leichter, weil ich mich vor Sam nicht länger verstecken musste, schwerer, da Mum unberechenbar wurde. Sie verlor sich so sehr in ihren Wahnvorstellungen, dass sie mich vor Dad, Tess und Tommy schlug. Eine einfache Ohrfeige, die für mich nichts bedeutete, doch für Dad hatte sie eine Grenze überschritten. Sie stritten sich. Heftig. Am Ende flehte sie um Verzeihung und entschuldigte sich bei mir. Dennoch gerieten die beiden immer wieder aneinander. Hauptsächlich ging es um mich. Weil Mum irgendetwas über mich sagte, was Dad nicht passte.

Tess und Tommy waren gleichermaßen beunruhigt und überfordert. Mein kleiner Bruder weinte sich in den Schlaf und meine Schwester blieb ganz dicht an seiner Seite. Sie konnten nichts tun und ich fühlte mich schuldig. Meinetwegen brach unsere Familie auseinander.

Sam war mein einziger Halt. Der Anker, der mich auf dem Boden hielt. Aber … ich war am Ende. Die Müdigkeit, der Druck, ihre Anfälle, die lauten Stimmen.

»Kannst du mir einen Gefallen tun?«, bat ich Sam auf dem Nachhauseweg. Mein Atem verdampfte in der kalten Luft und instinktiv schob ich den Wollschal näher an meinen Hals. Sam, der schweigsam neben mir herlief, blieb verwundert stehen und wartete, bis ich die Bitte aussprach. »Flieh mit mir.«

Noch bevor ich es über die Lippen brachte, wusste ich, wie verrückt das in seinen Ohren klingen musste. Wir waren beide so jung. Sämtliche Argumente – *»Ich werde mir einen Job suchen«*, *»Zusammen schaffen wir das«*, *»Wir finden einen Weg«* – verpufften zu Staub. Es war irrsinnig und Sams Gesichtsausdruck verriet mir, dass er genauso dachte.

»Wie stellst du dir das vor?«, fragte er. »Wir haben weder einen Abschluss noch irgendwelche Sicherheiten. Wir würden auf der Straße leben.«

Und er hatte verdammt noch mal recht. Von uns beiden war er eindeutig der Vernünftigere. Trotzdem. Ich hielt es nicht mehr aus.

»Bitte …«

Er drückte mir einen Kuss auf die Stirn und führte mich zu sich nach Hause. Dort vergruben wir uns unter seiner Decke.

»Hab Geduld«, flüsterte er gegen meine Lippen.

Ich hörte auf ihn und ertrug die Hölle. *Nur noch ein bisschen*, beschwichtigte ich die unsichtbaren Narben auf meinem Herzen.

– Dezember 2029 –

Die Tür fällt ins Schloss und sofort fühle ich mich unwohl. Mum spricht kein Wort. Viel zu ruhig und viel zu kontrolliert in meiner Gegenwart sieht sie mich an. Dann bricht sie die unheimliche Stille: »Ich habe heute einen Anruf von Diane bekommen. Muss ich mir Sorgen um dich machen?«

Sams Mutter hat …?

Ich schlucke und weiche zurück. »Nein.«

Sie rümpft die Nase. »Und trotzdem musste ich mir von ihr anhören, wie sehr du leiden würdest. Was hast du ihr erzählt, huh?!«

»Ich habe –«

Die Ohrfeige kommt zu schnell und automatisch fallen meine Augen zu.

»Sieh mich an!«, faucht Mum. »Wirst du mir gefälligst gehorchen, wenn ich mit dir rede!« Ich kann nichts dagegen tun, also schaue ich sie an. »Glaubst du wirklich, dass sich jemand für dich interessieren würde? An wen denkst du gerade? An einen Lehrer, an deinen Vater? Den Nachbarsjungen und seine überbesorgte Mutter? Wünschst du dir, ich wäre sie?«, fragt sie mit einer kränklichen Süße, von der mir schlecht wird. »Sag's ruhig«, fährt sie lieblich fort und kommt näher. Mein Rücken stößt gegen die Haustür. »Ich werde dir nicht böse sein. Manchmal sagen mir die Stimmen, dass ich krank sei. Schau mich gut an. Denkst du, dass ich krank bin?«

»Nein«, antworte ich und ich bin verblüfft, dass ich überhaupt den Mut aufbringe, etwas zu sagen.

»Zu dumm, denn sie haben recht!« Und als ob sich ein Schalter umlegen würde, verzieht sich ihr Gesicht voller Zorn und Abneigung. Ihre Hände packen mich, zerren mich aus dem Flur. Aber anstatt mich auf mein Zimmer zu bringen, zieht sie mich in den Keller.

Meine Brust zieht sich zusammen. »Bitte nicht …«

Harsch schubst sie mich die Treppe nach unten. Gerade so finde ich Halt am Geländer.

»Mum –«

Die Ohrfeige peitscht an den Wänden wider.

»Ich bin nicht deine Mutter!«, schreit sie außer sich. »Kein Kind so *dreckig* und *verdorben* wie du könnte jemals mein wertvolles Kind sein.«

»Mum!«, rufe ich ihr hinterher, doch es ist zwecklos. Hinter sich verschließt sie die Tür und sagt kein Wort mehr. Mit den Fäusten schlage ich gegen das Holz, so fest ich kann, schreie, bis meine Stimme versagt. Machtlos rolle ich mich auf dem kalten Boden zusammen. Ich wache erst auf, als meine Blase sich meldet. Scham überrollt mich, nachdem mir keine Wahl geblieben ist, als mich in einer Ecke zu erleichtern.

Dann starre ich in die Dunkelheit. Ich habe weder Essen noch etwas zu trinken.

Es sind nur ein paar Stunden, spreche ich mir Mut zu.

Aber aus ein paar Stunden wird eine Nacht.

Aus einer Nacht zwei Tage.

Ich bleibe über das gesamte Wochenende im Keller. Mir ist es nicht gestattet, nach draußen zu gehen, zu duschen oder die Toilette zu benutzen. Sämtliche Versuche, auf mich aufmerksam zu machen, werden von Mum im Keim erstickt. Ich schreie mir den Hals wund, rufe nach Dad, nach meinen Geschwistern, nach Sam, aber meine Klagelaute werden ignoriert. Stattdessen höre ich Mum. Sie lacht, verrückt und hysterisch, und schimpft mich einen dreckigen Teufel.

Erst als sie mich am Sonntagabend rauslässt, wird mir bewusst, dass Tess und Tommy überhaupt nicht im Haus waren. Sie waren bei unseren Großeltern. Mit fröhlichem Gelächter empfangen sie mich im Wohnzimmer, doch schnell wandeln sich ihre Züge in etwas, was ich nicht benennen will. Sorge? Entsetzen? Ekel? Ich weigere mich, dem ins Auge zu blicken, und flüchte auf mein Zimmer.

Am nächsten Morgen weckt mich Tess. Das Haar in einem wirren Knoten und ihr Körper in einen rosafarbenen Bademantel gewickelt.

Sie hat geweint. Neben ihr, barfuß und im Schlafanzug, steht Tommy. Sie drückt mir ihr Handy in die Hand und fordert mich auf, Dad zu schreiben. Tränen fallen mir von den Wangen, während meine Finger über das Display tippen. Meine Nachricht besteht aus drei Worten:

Komm nach Hause.

Es dauert keine zwei Stunden, bis er mit sorgenvoller Miene vor mir steht. Nach jahrelangem Schweigen breche ich zusammen. Ich sage ihm alles, zeige ihm die blauen Flecke auf meinem Körper und gestehe, dass ich ein Subjekt bin. Ein Monster, welches er als ein Mitarbeiter von NOS töten muss. Doch Dad nimmt mich in den Arm und verspricht mir, dass sich von nun an alles ändern wird.

Noch am selben Abend eskaliert der Streit zwischen meinen Eltern. Dad verlangt die Scheidung und Mum beschuldigt mich. Ich sei kein gutes Kind und zerstöre ihr Leben.

»Ich wünschte, er wäre *niemals geboren* worden!«, schreit sie. »*Seine pure Existenz ist eine Sünde*!«

In dem Moment zerbricht etwas in mir. Mum hat mich viele Dinge genannt: verrückt, einen Freak, undankbares Balg, geistesgestört. Aber in diesen Worten … in ihnen liegt so viel Hass und Abscheu. Sie schneiden tief und hinterlassen ein klaffendes Loch in meinem Herzen.

Hastig renne ich die Treppe hinunter und streife mir meine Schuhe über. Mir ist bewusst, dass Sam am nächsten Tag verreisen wird, aber ich brauche ihn. Seine Nähe, seine Wärme, seinen tröstlichen Geruch.

Als ich später nach Hause komme, wartet Dad am Küchentisch auf mich. Unter Tränen fleht er um Verzeihung. »Ich werde nie wieder zulassen, dass sie dir wehtun kann.«

Und wie ein Kleinkind klammere ich mich an seine Worte. Ich hatte wirklich die Hoffnung, dass das Karussell gestoppt wird und die endlosen Qualen ein Ende finden. Doch … mir hätte eine Sache klar sein müssen: *Schlechte* Kinder verdienen kein Glück.

KAPITEL 15

Ein pochendes Brummen hämmert in meinen Ohren. Ich bin umgeben von Dunkelheit. Vage fühlen meine Finger einen nassen, harten Untergrund und fahren sacht die Rillen der Pflastersteine nach. Ein grelles Licht blendet mich, ehe es zwischen zwei Hausfassaden verschwindet.

Ein Auto, denke ich und will mich auf den Knien aufrichten.

»Wo willst du hin?«, zischt eine strenge Stimme, die kalt von den Mauern widerhallt.

Ich erstarre. Am anderen Ende der Gasse nehmen meine Augen eine Gestalt wahr. Ihr Aussehen hat sich verändert. Ihr langes Haar hängt ihr wirr und ungekämmt über ihre zierlichen Schultern, sie trägt kein Make-up, um ihre Falten zu kaschieren, oder Schmuck. Auch ihre Kleidung ist eine andere. Ein einfaches, ausgetragenes Kleid mit einer dicken Strickjacke darüber. Sie wirkt fremd und doch ist es unverkennbar sie. Mum sieht auf ihren dürren Körper hinab und ihre Züge verdunkeln sich.

»Schau an, was du getan hast«, schimpft sie. »Das ist deine Schuld! Du und deine grässlichen Lügen haben mich so abscheulich gemacht. Dabei wollte ich bloß dein Bestes.«

Ich kneife die Augen zusammen, presse beide Hände auf die Ohren, doch so sehr ich mich vor ihrem Anblick schützen will, ich kann ihre manische Stimme nicht ausblenden.

»Du bist ein *schlechtes* Kind, Tobias. Egoistisch, so verdammt selbstverliebt und unausstehlich«, wirft sie mir vor. »Aber du hast mich zum letzten Mal erniedrigt. Ich werde dir zeigen, was mit Sündern passiert.«

Bei ihren hasserfüllten Worten krieche ich weiter Richtung Mauer. Die kühlen Backsteine drücken in meinen Rücken.

Mums Hand langt nach mir, und am liebsten will ich schreien, sie solle gefälligst verschwinden und mich in Ruhe lassen, aber ich bringe keinen einzigen Ton über die Lippen. Die furchtbare Gewissheit, was sie mit mir anstellen würde, lässt mich jämmerlich erstarren. Selbst nach Jahren kann ich ihr nicht entkommen.

»Bitte«, bringe ich heraus. »Es tut mir leid.«

Keine Ahnung, wofür ich mich entschuldige – was ich getan habe, um ihren Zorn abzubekommen, aber wenn ich ruhig bin und tue, was sie verlangt, sind ihre Bestrafungen ertragbarer.

Auf einmal ist sie mir ganz nah. Ihre rissigen Lippen verzerren sich zu einem grotesken Lächeln. Ich blicke in ihre grausamen Augen.

»Für deine schäbige Entschuldigung ist es zu spät«, spuckt sie. »Ich weiß, was du in Wahrheit bist. Eine widerwärtige Kreatur, ein Subjekt.«

Mühsam schlucke ich Galle hinunter, die in mir hochkommt. Meine Bitten um Vergebung sind zwecklos, denn ich weiß, dass sie letzten Endes recht hat. Ich bin all diese Dinge. Ein Monster, ein geistesgestörter Freak, ein ekelerregendes Subjekt.

»Ganz genau. Niemand wird dich jemals akzeptieren. Du wirst für immer allein bleiben.«

»Ty, ich bin hier«, erklingt eine neue Stimme. Sie ist gedämpft, als wären meine Ohren unter Wasser. »Es ist alles gut.«

»Ich bin allein.«

»Ganz recht«, lobt Mum. Fast schon zärtlich streichen ihre eiskalten Finger über meine Wange.

»Niemand wird mich retten.«

»Tobias! Ty. Ich bin hier, Ty. Ich bin hier«, ruft die Stimme, die sich zähflüssig durch meine Nervenbahnen wühlt. Gierig schnappe ich nach Luft und versuche, mich auf sie zu konzentrieren. Sie ist ruhig und bedacht. Ganz anders als das Chaos in meinen Gedanken.

Wer bist du?, will ich fragen, doch im selben Moment taucht Mums Gesicht vor meinem auf und ich merke, wie ich der Realität immer weiter entgleite und in die Erinnerungen zurückfalle.

Nein.

Nein, nein, nein, nein. NEIN!

Bitte nicht. Ein weiteres Mal verkrafte ich das nicht.

»Hilf mir!«, schreie ich und klammere mich an etwas fest; einem Arm. Am Rande meines Bewusstseins spüre ich, dass jemand mich hält und langsam hin und her wiegt.

»Es ist alles gut«, flüstert die Stimme. »Ich hab dich. Du bist –«

»– ein Niemand«, übertönt Mum sie. »Dachtest du wirklich, du könntest mir entkommen? So schwach und zerbrechlich. Ein armes, verwirrtes Kind.«

»Hör auf.«

Starr blickt sie mich an. »Wann begreifst du es endlich? Keiner bei klarem Verstand würde sich freiwillig mit einem Dämon wie dir abgeben wollen.«

»Du lügst!«

»Oh nein«, singt sie. »Du weißt, dass ich recht habe. Du bist krank, dreckig und ein missratenes Kind. Deine pure Existenz –«

»Sag es nicht.«

»*– ist eine Sünde.*«

»Nein!«, schreie ich panisch. Alles, was ich so vehement unterdrücken wollte, spült sich mit einem Schlag an die Oberfläche. Mein Körper brennt zu einem Häufchen Elend zusammen, während Mum teilnahmslos dasteht. In ihren Augen blitzt Erheiterung.

»Ty«, schiebt die Stimme sich in den Vordergrund. Allmählich kommt sie mir bekannt vor. Sie schmilzt süßlich in meinen Ohren. »Du musst dich beruhigen.«

»Es tut weh«, schluchze ich.

In meinem Kopf laufen die Szenen aus meiner Vergangenheit ab. Allerdings sitze ich nicht nur in einem Privatkino in der ersten Reihe. Ich bin dabei. Live und als reale Person. Mein Körper spürt jede Ohrfeige, jeden Tritt, jeden Schlag, einfach *alles*.

»Ich hab dich, okay?«, sagt die Stimme. »Du bist nicht allein. Ich bin hier. Shhhh. Ganz langsam, ja? Atme tief ein und aus. Niemand wird dir wehtun. Das verspreche ich.« Etwas Nasses tropft auf mein Gesicht. »Ich werde dich beschützen. Wenn's sein muss, auch vor *ihr*.«

»Aber –«

»Nein, hör mir zu, Ty. Sie kann dir nichts tun. Egal was dir dein Verstand vorspielt, es ist nicht echt. Sie ist nicht hier.«

Mum beginnt am ganzen Körper zu zittern. Ihre Lippen wirken bleicher als zuvor und ihre Augen strahlen vor Hass. Wütend spuckt sie einen Fluch aus und greift nach mir, allerdings schiebt sich ein Schatten vor sie. Zwei Hände umrahmen mein Gesicht.

»Schau mich an. Bitte, Ty.«

Ich will der Anweisung folgen, doch ein scharfer Schmerz, der sich von meinem rechten Handgelenk ausbreitet und sich über Arm, Wirbelsäule und Beine bewegt, verjagt jeglichen Gedanken. Jeder Muskel beginnt zu zucken.

»Es brennt«, versuche ich, irgendwem klarzumachen.

»Ty?«

»Es brennt!«, rufe ich verzweifelt. Wieso hört es nicht auf? Warum erlöst mich niemand von meinen Qualen? Ich will, dass es endet. Dass mich jemand – egal wer – aus der Dunkelheit befreit, die mich in den Abgrund zu reißen droht.

Feuer.

Ich verbrenne innerlich.

Es ist zu viel

Zu schmerzhaft.

Zu –

»Ty, konzentriere dich auf mich«, bittet die Stimme verzweifelt. »Es ist alles gut. Sag, wie ich dir helfen kann. Was brauchst du? Bitte, ich –«

»Bleib bei mir«, flehe ich gebrochen.

Ohne Vorwarnung werde ich in eine Umarmung gezogen. »Immer.«

Klar und in einem kräftigen Rhythmus spüre ich einen Herzschlag.

THA-BUMP. THA-BUMP.

Ich höre es. Der Takt ist beruhigend.

THA-BUMP. THA-BUMP.

Und plötzlich wird alles ganz still. Durch meinen Körper fließt eine Taubheit, die sämtliche Gedankenstränge durchschneidet. Die brutale Hitze klingt ab und das Pulsieren schrumpft zu einem kleinen Häufchen, bis es sich endgültig auflöst.

Ich blinzle. Vor mir tauchen zwei glasige honigbraune Augen auf.

»Sam?«, hauche ich seinen Namen.

»Ja!«, ruft er. »Ich bin's. Ich bin hier. O Gott.« Zärtlich drückt er mich fester in seine Arme und streicht mir über die Haare. »Ich hatte solche Angst um dich. Du warst in Panik und hattest starke Schmerzen. Nichts, was ich sagte, konnte dich beruhigen und deine Augen«, zittrig atmet er ein, »sie waren so leblos.«

Vorsichtig riskiere ich einen Blick über seine Schulter, spähe auf die andere Seite der Gasse. Ich schlucke. Mum ist weg. Wir sind allein.

»Deine Kräfte waren außer Kontrolle«, fährt Sam unbeirrt fort. »Du lagst verkrampft auf dem Boden und hast Dinge in dich hineingemurmelt, während dein Körper verschwand und wieder auftauchte.«

Das erklärt den brennenden Schmerz an meinem Handgelenk.

»Mir geht es gut, Sammy«, sage ich und hoffe, dass es ihn beruhigt. Für eine kleine Weile lausche ich seinem gleichmäßigen Herzschlag. Es genügt, um das beklemmende Gefühl in meiner Brust zu lösen. Dann entziehe ich mich seiner Berührung, um ihn besser ansehen zu können. In seinem Gesicht steht die Sorge. Ich möchte mir nicht vorstellen, wie die letzten Minuten für ihn gewesen sein müssen.

Meine Hand schlingt sich um seine, drückt sie. *Mir fehlt wirklich nichts.*

Darauf erwidert er nichts. Ich merke, dass ihm etwas auf der Seele liegt, und ich ahne auch, was es ist. Meinetwegen hält er sich zurück. Aus Rücksicht vor meinen Gefühlen.

»Was ist?«, ermutige ich ihn, mit mir zu reden.

»Damals im Park«, beginnt er vorsichtig. »Als du mir wegen deiner Mutter ausgewichen bist. Ich habe mich nicht getäuscht, oder? Sie hat dir wehgetan.«

»Ja«, gestehe ich.

»Für wie lange?«

»Mein ganzes Leben.«

Bestürzt fallen Sams Züge in sich zusammen. »Warum …?«

»Weil es niemand sehen wollte«, beantworte ich seine unausgesprochene Frage. »Am Anfang habe ich versucht, es jemandem zu sagen, aber Mum hatte einen guten Ruf in der Nachbarschaft. Keiner traute ihr zu, dass sie ihr eigenes Kind schlagen würde. Und als mir das klar wurde, gab ich es auf. Allein schon für Tess und Tommy wollte ich stark bleiben und unsere kleine Familie aufrechterhalten.«

»Es tut mir so leid.« Seine Stimme klingt beschämt, als hätte er gerade einen unfassbaren Fehler eingestanden. »Wäre ich hartnäckiger geblieben –«

»– dann hätte ich dich weiter zurückgestoßen.« Ich drücke seine Hand, die ich immer noch fest in meiner halte. »Dich trifft keine

Schuld, Sam. Niemals, hörst du? Wärst du nicht gewesen, hätte ich mich längst aufgegeben. Und immerhin führte mich das alles zu Neil und schlussendlich zu dir zurück.«

»Sie hat dich verletzt«, protestiert er trotzig.

»Aber das kann sie nicht mehr.«

»Erzähl mir alles, Ty«, bittet er. »Und zwar wirklich alles. Was ist mit dir nach Heiligabend passiert? Wie hat NOS dich gefunden?«

Ich seufze. »Die Fragen sind nicht so leicht zu beantworten und ich habe keine Ahnung, wie du das Ganze aufnehmen wirst.«

Jetzt ist er es, der aufmunternd meine Hand drückt.

»Versuch's.«

– Februar 2030 –

Müde und kraftlos zähle ich die Kacheln über der Toilette. *Zehn. Elf. Zwölf.* Es ist das Einzige, was mich beschäftigt hält. *Fünfzehn. Sechzehn.* Seit meiner Ankunft bin ich isoliert und es treibt mich in den Wahnsinn. *Zwanzig. Einundzwanzig.* Nicht die kahlen weißen Wände, die weiße Decke oder der weiße Boden. Nicht dass es kein Fenster gibt und das Licht in den späten Abendstunden ausgemacht wird. In dem Raum hängt keine Uhr und das Essen wird nach einem strengen Zeitplan durch eine schmale Öffnung unterhalb der Metalltür geschoben. Zusammen mit einem durchsichtigen Behälter mit zwei Pillen. *Dreißig. Einunddreißig. Zweiunddreißig.*

Niemand redet mit mir.

Niemand kommt zu mir.

Langsam zweifle ich, ob mein Zeitgefühl überhaupt noch richtig ist. Die Mahlzeiten und das Deckenlicht geben mir zwar einen groben Hinweis, aber ich weiß nicht, ob ich dem Rhythmus vertrauen kann.

Fünfundvierzig. Sechsundvierzig.

Ich bin allein. Gefangen in einem Raum, in dem es nur ein Bett, ein Waschbecken und eine Toilette gibt.

Die Stille kratzt an meinen Nerven.

Dann höre ich ein Klicken. Pünktlich öffnet sich die Durchreiche für mein Abendessen. Zwei Scheiben Schwarzbrot, Salami, Kochschinken, Paprika, ein paar Tomatenscheiben und ein gemischter Rohkostsalat. Neben dem Teller finde ich einen Behälter. Statt zwei Tabletten sind es heute drei. *Achtundfünfzig. Neunundfünfzig. Sechzig.*

– März 2030 –

»Tobias«, fängt ein Mann im Kittel an. »Wenn du nicht kooperierst, wird das Ganze noch schmerzhafter für dich.«

Ich sitze in einem der Verhörräume. Ein Tisch, zwei Stühle und eine Kamera. Das rote Licht signalisiert mir, dass sie bereits läuft. An der Tür stehen zwei Aufseher. Alles an ihnen ist weiß; Schuhe, Hose, Rollkragenpullover. Nur ihre Rüstung auf Brust, Kopf und Armen ist aus silbernem Metall. An ihrem Gürtel hängen ein Schlagstock und eine Pistole.

Der Mann vor mir seufzt und senkt die Akte, die er bis eben gelesen hat.

»Welcher Tag ist heute?«, fragt er.

»Mittwoch.«

»Und welcher Monat?«

»Februar.«

Erneut seufzt er. Dieses Mal klingt es enttäuscht. »Die Dosis war wohl etwas zu hoch«, sagt er und schreibt eine Notiz. »Wir sollten mehr auf dein Gewicht und deine Größe achten.«

»Wovon sprechen Sie?«

»Überzeug dich selbst.« Lässig fischt er sein Handy aus der Innenseite seines Kittels. Mir stockt der Atem. »Wir haben den 14.03. Ein Donnerstag, mein Junge.«

Nein. Das ist …

»Warum bin ich hier?«, frage ich.

»Mir wurde berichtet, dass du dich weigerst, deine Medizin zu nehmen«, erklärt er und schüttelt den Kopf. »Dabei wollen wir dir helfen.«

Ich glaube ihm kein Wort. »Wo bin ich? Wieso haltet ihr mich gefangen? Wo sind meine Geschwister?« Mit jedem Satz habe ich Mühe, ruhig zu bleiben.

»Die Fragen habe ich dir schon beantwortet.« Hat er das wirklich? Mir kommt sein Gesicht nicht im Geringsten bekannt vor. »Du musst dich auf das Wesentliche konzentrieren, Tobias. Du willst doch kein *schlechter* Junge sein, oder?«

Meine Wangen brennen. Ich schäme mich und es verwirrt mich. Warum habe ich das Gefühl, etwas falsch gemacht zu haben? Am liebsten will ich aufstehen und den Raum verlassen. Der Mann scheint das zu spüren, denn er legt eine Spritze auf den Tisch. In der Kanüle schwimmt eine bläuliche Flüssigkeit.

»Ich bringe dich erst zurück, wenn ich merke, dass du ab sofort keine Dummheiten mehr machst.« In seinem Ton ruht eine Endgültigkeit, die mir einen eiskalten Schauer über den Rücken jagt. Er meint das ernst. Todernst. »Wir tun das zu deinem Besten. Du bist schwer krank, Tobias. Verstehst du das?« Ich nicke. »Dann begreifst du auch, dass wir keine andere Wahl haben.«

– Mai 2030 –

Sie spielen mit mir. Mit meinen Gefühlen. Ihnen ist egal, ob sie zu weit gehen. Die Medikamente und Injektionen machen mich kaputt. Ich spüre ihre Finger, sehe ihre Euphorie, wann immer ich auf ihre Experimente reagiere. Ich weiß nicht, wieso sie es tun, und es ist mir auch egal geworden. In ihren Augen bin ich ein Versuchsobjekt. Ein lebender Körper, der eigentlich bereits tot ist.

– Juni 2030 –

Ein grelles Licht schwebt über mir. Neben mir stehen zwei Männer in merkwürdigen blauen Overalls. Sie tragen Handschuhe und Schutzbrillen.

»Alles ist in Ordnung«, spricht eine freundliche Frauenstimme zu mir. Ich kann den Kopf nicht bewegen. Er scheint fixiert, aber ich spüre ihre warme Hand, die beruhigend über meine Stirn fährt. »Hab keine Angst.«

Ein kurzer Stich im Oberarm. Schemenhaft nehme ich ein Gespräch wahr.

»Meinst du, wir tun das Richtige?«

»Uns bleibt keine Wahl.«

»Wenn NOS –«

»Und woher sollen sie das mitbekommen? Wir sind vorsichtig.«

»Aber unsere Experimente könnten fehlschlagen und er ist ein Kind.«

»Er ist auch ein Monster. Vergiss das nicht. Er könnte uns alle umbringen.«

»Meinst du nicht –«

»Hör auf, dir Sorgen zu machen. Unsere Forschung wird uns retten.«

»Oder uns töten.«

– August 2030 –

Ich betrachte mich im Spiegel und erkenne den Jungen kaum wieder: eingefallene Züge, blasse Haut, rissige Lippen, leere Augen. Eine Aufseherin hat mir anvertraut, dass heute der vierzehnte August ist. Mein Geburtstag. Bei der Erkenntnis sticht und drückt es unangenehm in meiner Brust. Letztes Jahr lag ich in seinen Armen, behütet und geschützt vor der Außenwelt, und jetzt? Jetzt bin ich endgültig allein. Genau wie Mum es vorhergesehen hat.

Ich fühle mich, als würde ein Teil von mir unter dem Rausch der Medikamente für immer verschwinden. Es macht mir Angst, weil ich befürchte, dass ich ihn vergessen könnte. Sam ist alles, was mir noch Halt gibt. Er ist meine Stärke, mein Antrieb, mein Herz, mein Zuhause. Aber nach den grauenhaften Monaten habe ich den Eindruck, ihn langsam zu verlieren.

Sam, denkst du an mich? Vermisst du mich? Wenigstens ein kleines bisschen? Ich habe dir nie diese drei kleinen Worte gesagt und ich wünschte, ich hätte es.

– Oktober 2030 –

Die Forscherin nimmt ihre Brille und legt sie grimmig auf der Tischplatte ab. Die Frau trägt ihre Haare zu einem strengen Zopf geflochten. Ihr süßliches Parfüm beißt sich in meiner Nase fest.

Seit Minuten fixiere ich das rote Blinken der Kamera.

»Warum isst du nichts mehr?«, will die Forscherin von mir wissen. »Du verweigerst seit fünf Tagen das Essen.«

Ich schweige. Keine Reaktion, die ihr gefällt.

Genervt stößt sie die Luft aus. »Du musst wissen, dass wir dir niemals wehtun würden. Wir handeln in deinem Interesse.«

»In meinem Interesse?« Ungläubig sehe ich sie an. Das ist das Dümmste, was ich bislang von ihr gehört habe. »Ihr sperrt mich gegen meinen Willen ein und zwingt mich, an irgendwelchen Tests teilzunehmen. Wieso lasst ihr mich nicht einfach gehen?«

»Und wohin sollten wir dich schicken?«, fordert sie mich heraus.

»Nach Hause.«

»Wo soll das sein?«, fragt sie spöttisch.

»Kensington.«

»Dir ist bewusst, dass du nicht länger in London bist?«, sagt sie und beugt sich vor. Ihr Blick ist beinahe amüsiert. »Du bist in Seoul. Genau genommen in einer Nervenheilanstalt. Ist dir das gar nicht aufgefallen?« Ihre Finger blättern in meiner Akte herum. »Richtig. Du fragst ständig nach deinen Geschwistern und einem Jungen namens Sam. Keine Ahnung, wer er für dich ist, aber du wirst ihn wohl niemals wiedersehen. Schließlich bist du ein kostbares Testobjekt für unsere Forschung. Was deine Mutter betrifft«, sie lacht in sich hinein, »sie hat dich aufgegeben. Sie war es, die dich zu uns gebracht hat und meinte, dass du psychisch krank seist. Die Frau war wohl völlig überfordert mit dir.«

Mir dreht sich der Magen um. »Unmöglich. Sie lügen. Mum würde –«

»Glaub mir ruhig. Ohne zu zögern, hat sie die Verfügung unterschrieben, dass wir alles mit dir machen dürfen. Bis heute hat sich deine *Mum* nicht einmal gemeldet, um sich nach dir zu erkundigen. Scheint, als wäre sie erleichtert, dich endlich los zu sein.« Auf ihren Lippen zuckt ein Schmunzeln. »Unter uns beiden wundert mich ihr Verhalten nicht. Du bist ein *schlechtes* Kind, Tobias. Niemand hätte es einfach mit dir, was schade ist. Wärst du ein guter Junge, wäre alles um so vieles leichter.«

Damit steht sie auf und geht zur Tür. Die beiden Aufseher kommen an meine Seite. Ein letztes Mal dreht die Frau sich um.

»Vielleicht verbessert sich dein Verhalten. Wenn du lieb bist, kann ich dir möglicherweise helfen.«

– November 2030 –

Ich bin verrückt. Ein Niemand. Ein fucking Monster. Widerlich und krank.

Die Medikamente halten mir einen beschissenen Spiegel vors Gesicht und zeigen die unwiderrufliche Realität. Ich verliere mich, so sehr, dass ich nach neuen Pillen bettle, um die Leere in meinem Herzen zu stopfen.

Die Forscherin verspricht mir, dass ich am Ende ihrer Experimente Sam sehen darf. Als Zeichen ihrer Glaubwürdigkeit zeigt sie mir ein Foto von meinen Geschwistern. Es ist echt. Beide sind gewachsen und lächeln zufrieden in die Kamera. Es genügt, um mich fügsam zu machen.

In Trance glaube ich, jemanden zu sehen. Ein Junge steht in meiner Zelle und betrachtet mich wachsam. Er ist hier. Er ist wirklich hier, bei mir. Ich kann ihn sehen, ihn hören, ihn riechen.

Doch sobald ich aufspringe, bin ich allein. Sein Lachen. Seine Gesten. Sein Wesen. Alles ist eine Projektion meiner wirren Gedanken. Er war niemals hier.

Die Sehnsucht schlägt in eine Leere um, die mein Herz zum Brennen bringt. Es schmerzt. Meine Hoffnungslosigkeit wird zur Quelle meines Kummers.

»Sei ein *guter* Junge«, wispert die Stimme der Forscherin. Ekel und Schauder überkommen mich. Ein Stich. Eine süße Halluzination.

In mir geht das letzte Fünkchen Etwas zu Bruch, das mich aufrecht gehalten hat. Ein unreparierbarer Teil, dessen Scherben sich tief in mein Herz bohren.

– Dezember 2030 –

Den Mund halb geöffnet, starrt ein Psychologe mich an. Immer wieder befeuchtet er seine Lippen und lässt den Blick gierig über meinen Körper wandern. Nicht aus Verlangen oder Lust, sondern aus purer Aufregung.

Äußerst vorsichtig berührt er mich. Ich kann nichts dagegen tun. Die Spritze mit dem Alfenantil beeinträchtigt meine motorischen Fähigkeiten. Seine Finger streifen meinen Hals, meine Schultern, meine Brust. Sie hinterlassen ein warmes, fast schon tröstliches Gefühl auf der Haut.

Der Psychologe entzieht sich mir, um sich ein paar Zeilen zu notieren, und mir wird schlecht, als ich merke, dass ich seine Berührungen vermisse. Das ist nicht normal. Ich will weinen, schreien, im Erdboden versinken. Es ist eine Ewigkeit her und gegen meinen Willen fühlt es sich gut an. Mein Körper lehnt sich sehnsüchtig seinen Händen entgegen. Ich brauche jemanden, mit dem ich reden kann, der mich berührt und mir das Gefühl gibt, ein Mensch zu sein. Es ist nicht so, dass ich den Mann anflehe zu bleiben. Nein. Das hier ist eine einmalige Sache. Sam würde das sicherlich verstehen. Ich betrüge ihn nicht. Doch wieso weine ich mich dann stundenlang in den Schlaf und denke daran, wie verdorben und ekelhaft ich bin, mich von diesen Händen trösten zu lassen?

– Januar 2031 –

Ich will sterben. Ich halte es nicht mehr aus. Keine weitere Sekunde. Ich wünschte mir, sie würden zu weit gehen. Mir aus Versehen eine Überdosis geben. Ich will nicht mehr. ICH WILL NICHT MEHR.

Es tut mir leid, Sam. Bitte vergib mir …

– Februar 2031 –

Viele Hände drücken mich in das grüne Polster und zwingen mich, ruhig zu bleiben. Stimmen reden wild durcheinander und geben bellend Befehle von sich.

Mir ist so furchtbar heiß. Ich schreie. Das Dröhnen in meinen Ohren wird mit jedem Herzschlag lauter. Ich kann die Empfindungen nicht länger nachvollziehen. Es ist zu viel.

»Bitte«, bewege ich meine tauben Lippen. »Ich will nicht mehr.«

Jemand zerrt an meinem Arm und ich beginne, ziellos um mich zu schlagen. Ich bekomme nicht viel mit. Meine Zähne bohren sich tief in etwas, so fest, dass ich das metallische Aroma von Blut auf meiner Zunge schmecke. Eine Frau schreit.

»Du widerliches Monster! Lass mich los. Helft mir doch, verdammt!«

Wenige Sekunden später verspüre ich einen reißenden Schmerz an meiner Schulter.

Plötzlich kracht etwas zu Boden. Dann wird alles ganz ruhig. Ich schwebe und tauche unter.

– März 2031 –

»Was machen wir mit dem Jungen? Seine Vitalwerte sinken in den kritischen Bereich. Wenn wir nichts tun, wird er sterben.«

»Nur noch ein kleines bisschen.«

»Ist das nicht zu gefährlich für ihn?«

»Er wird alles machen, was wir von ihm verlangen.«

»Wie kannst du dir so sicher sein?«

»Er frisst mir aus der Hand. Solange er an seinen Geschwistern und seinem Freund hängt, wird er alles tun, um sie wiederzusehen.«

»Und? Wirst du ihm seinen Wunsch erfüllen?«

»Was denkst du?«

»Du bist grausam.«

Zwei Wochen später erzählt man mir, ich hätte die Forscherin bei meiner monatlichen Befragung getötet. Die Todesursache wäre Blutverlust gewesen, herbeigeführt durch mehrere Einstichstellen im Hals, die ihr mit ihrem eigenen Kugelschreiber zugefügt worden wären. Neben ihrem Leichnam soll ich das Wort *Lügner* mit ihrem Blut geschrieben haben. Ich halte das für ziemlich verrückt.

– April 2031 –

Unzählige Male habe ich es mir vorgestellt. Was ich tun würde, wenn ich die Chance bekäme, aus diesem Drecksloch zu entkommen. Was ich meinen Geschwistern sagen würde und ob Sam mir vergeben würde, sobald ich ihm erkläre, was passiert ist. Dabei ist mir klar, dass die Forscher das niemals dulden würden. Fast schon panisch überwachen sie jeden meiner Schritte und zeichnen mein Verhalten mit der kleinen Kamera auf.

Doch dann, eines Tages, wird die Tür mit einem leisen *Klick* entriegelt und ich bin überrascht: Anstatt eines Forschers steht ein Mann in Anzug, Lackschuhen und Gehstock vor mir. Lange Nase, freundliche Züge, dunkelbraunes Haar.

»Tobias?« Hastig kommt er an meine Seite und rüttelt an meiner Schulter. Unsicher, was der Fremde von mir möchte, nicke ich. »Ich kann es kaum fassen, dass ich dich endlich gefunden habe. Ich hatte Sorge, dich niemals wiederzusehen. Bist du wirklich Tobias Young?« Wieder nicke ich. »Wie kann das sein? Du bist ... Was haben sie ...?« Er verzieht das Gesicht und beendet den Satz nicht. »Was ist passiert?«

Ich traue ihm nicht. Viel zu oft hat man mir falsches Mitgefühl vorgespielt.

»Fragen Sie Ihre Kollegen«, erwidere ich schroff. »Die haben alles aufgezeichnet.«

Mein Blick gleitet zu den beiden Aufsehern, die an der Tür stehen geblieben sind. Eigenartigerweise wirken sie zurückhaltend und verängstigt. Ob es an dem Mann liegt?

»Du scheinst verwirrt. Ich gehöre nicht zu den Leuten, die dich hier festhalten.« Der Fremde hält inne und atmet durch. Bei seinem Anblick habe ich ein flaues Gefühl im Magen. »Mein Name lautet Neil O'Brien«, setzt er fort. Er ist ganz sonderbar. Noch nie hat sich ein Forscher namentlich bei mir vorgestellt. »Und ich werde alles in meiner Macht Stehende tun, um dich hier rauszuholen.«

Ich bleibe misstrauisch. »Was wollen Sie von mir?«

»Dir eine Wahl anbieten«, meint er. »Du hast sicherlich von NOS gehört.«

»Ich bin ein Subjekt«, erinnere ich ihn. »Müssten Sie mich nicht töten?«

»Mitnichten. Wir wollen euch beschützen.«

Unfreiwillig muss ich über seine absurden Worte lachen.

»Beschützen?« In meinem Kopf tauchen die unzähligen Reportagen auf. Die dürren, leblosen Körper sowie das Gesicht von Spencer. »Ihr seid es doch, die uns in eine Ecke treiben und, ohne mit der Wimper zu zucken, umbringen!«

»Wenn du mit mir kommst, werde ich dir alles erklären«, verspricht er.

»Das können Sie nicht –«, will ein Aufseher sich beschweren, doch der kalte Blick von Neil lässt ihn verstummen.

»Das kann und werde ich. Wenn Sie verhindern wollen, dass die AUTORITÄT mitbekommt, was Sie hinter seinem Rücken mit Subjekten anstellen, rate ich Ihnen, mich nicht auf die Probe zu stellen. Der Junge wird die Einrichtung verlassen. Haben wir uns verstanden?« Gehorsam nicken sie. »Zudem will ich Einsicht in sämtliche Unterlagen von Tobias. Und zwar sofort!«

Ich bin beeindruckt. Total eingeschüchtert salutieren die Aufseher und weichen zurück. Noch einmal wendet Neil sich an mich und hält mir seine Hand entgegen. »Du hast die Wahl: Willst du leben und mit mir kommen oder willst du in der stickigen Zelle sterben?«

»Wo ist der Haken?«

»Du bist uns wichtig, Tobias. Ein wertvoller Rohdiamant, den wir kaum verachten können. Alles, was wir von dir verlangen, ist, ein Werkzeug für die Regierung zu werden. Im Gegenzug verspreche ich dir, dass ich dich hier raushole und auf deine Geschwister aufpasse. Wenn du willst, werde ich auch dafür sorgen, dass deine Mum ihre gerechte Strafe bekommt. Also, was sagst du?«

Ich muss nicht überlegen. Mir ist egal, was der Sonderling von mir verlangt, solange ich aus diesem Drecksloch entkomme.

»Ja«, sage ich entschlossen. »Ich werde euer Werkzeug.«

»Danach ging es ganz schnell«, erzähle ich langsam. »Neil leitete alles in die Wege und brachte mich nach Amerika. Die Nervenheilanstalt wurde wenige Wochen nach meiner Befreiung durch eine Explosion zerstört. In den Nachrichten wurde von einem tragischen Unfall gesprochen, doch ich glaube, dass mehr dahintersteckte. Für mich wirkt es nicht zufällig. Die AUTORITÄT muss von ihren Experimenten erfahren und Gegenmaßnahmen ergriffen haben.«

»Meinst du, Neil –«

Ich nicke. »Du hättest ihn erleben müssen. Nachdem er meine Akten durchgesehen hatte, war er außer sich. Er befragte mich mehrmals, was dort geschehen war, und erzählte mir, dass ich nicht ihr einziges Opfer gewesen war. Schätzungsweise sind zwanzig Subjekte bei ihren Experimenten ums Leben gekommen.«

Sam zieht scharf die Luft ein. »Das ist grausam.«

»Ich weiß nicht, wer von beiden am Ende grausamer ist. Es hat ein Jahr gedauert, bis ich mich einigermaßen von ihren Experimenten und Tabletten erholen konnte. Erst dann wies Neil mich einer Einheit zu. Isaacs Einheit.«

»Aber du lebst.«

Fragt sich, für wie lange …

»Und deine Mum?«, fragt Sam. »Was ist mit ihr passiert?«

»Neil schickte die Polizei zu ihr. Sie stritt sämtliche Vorwürfe ab und wollte wissen, seit wann sie einem geistesgestörten Jungen glaubten. Überhaupt verlangte sie, nach mir zu sehen. Schließlich sei sie meine Mutter und hätte einen Anspruch darauf. Womit sie nicht rechnete, war, dass Neil mittlerweile mein Vormund war. Zu allem Überfluss sagte Tommy gegen sie aus, sodass ihr Netz aus Lügen sich auflöste.«

Ich schlucke schmerzhaft. »Mein Bruder hatte viel mehr mitbekommen, als mir lieb war. Er hatte gehört, wie sie mit mir sprach, und gesehen, dass sie mich ohne Grund schlug. Durch seine Aussage wurde ein Eilverfahren eingeleitet und seither sitzt sie im Gefängnis.«

»Warum hat er nicht schon viel eher sein Schweigen gebrochen?«, fragt Sam leise. Sein Unterkiefer ist angespannt. Ich kann seinen Einwurf durchaus verstehen, aber –

»Tommy hatte furchtbare Angst vor ihr«, antworte ich. »Wenn Mum einen Anfall hatte, war sie absolut unberechenbar. Als man ihre Akten überprüfte, stellte sich heraus, dass sie selbst unter psychischen Krankheiten litt. Bevor sie Dad kennengelernt hatte, war sie von vielen Menschen übel behandelt worden. Neil ging nicht näher darauf ein, was ihr passiert war, aber daraus resultierten wohl ihre Wahnvorstellungen und der unbändige Hass. Nach meiner Geburt besuchte sie seltener ihren Arzt, bis sie gar nicht mehr ging und aufhörte, ihre Tabletten zu nehmen. Nachdem die Zwillinge auf die Welt gekommen waren, hatte sie keine Veranlagungen, ihnen wehzutun, weil sie ihren Hass bereits auf mich fokussierte. Ich war ihr Ventil – ihr persönlicher Punching Ball.«

»Das ist nicht richtig«, wirft Sam zwischen zusammengepressten Zähnen ein. »Sie hat all ihre kranken Probleme an dir ausgelassen und dich dein ganzes Leben lang missbraucht! Ihr eigenes Kind. Ein wehrloses und unschuldiges Kind.«

»Sam –«

»Nein«, grollt er wütend und springt auf. »Das ist verdammt noch mal nicht in Ordnung. Du hattest eine Scheißpanikattacke. Du lagst total verkrampft auf dem Boden und ich hatte keine Ahnung warum, und jetzt, wo ich es weiß, kann ich nicht mehr aufhören, daran zu denken.«

»Sammy.«

»Nein!«, unterbricht er mich ein weiteres Mal. »Du hast dieses fucking fotografische Gedächtnis. Du erinnerst dich nicht einfach, Ty. Du erlebst es.«

Ich kann es nicht leugnen. Jeder einzelne Moment ist abrufbar. Der Vorfall mit dem Mädchen und wie ihre Eltern auf sie reagiert haben, muss meine Erinnerungen an Mum hervorgelockt haben.

»Was ist mit deinem Vater?«

Ich seufze. »Er hat zuerst nichts mitbekommen. Sobald er zu Hause war, spielte Mum die allerliebste Hausfrau, die sich aufopferungsvoll um ihren Sohn kümmerte.« Plötzlich umfängt mich ein mulmiges Gefühl.

»Was ist?«, hakt Sam nach, als ich nicht weiterrede.

»Nichts«, wehre ich ab. »Ich habe ihm zwar erzählt, wie sie mich behandelt hatte, aber nicht, wie oft sie ihn hinter seinem Rücken betrogen hatte.«

Es dauert, bis Sam die Information verarbeitet. »Willst du damit andeuten, dass Tess und Tommy –«

»Ja«, sage ich. »Sie sind meine Halbgeschwister. Allerdings wissen sie das nicht und ich denke, dass Dad überzeugt war, dass sie seine leiblichen Kinder sind.«

Sam atmet tief durch. »Hast du eine Idee, was an Heiligabend wirklich passiert ist?«

Ich schüttle den Kopf. »Neil hat mir versprochen, Informationen zu sammeln, doch bislang ist er nicht weitergekommen. Sämtliche Notizen von Dad sind verbrannt worden und auch auf der geretteten Festplatte konnten keine brauchbaren Spuren sichergestellt werden. Offiziell stempelt NOS den Vorfall als Attentat ab.«

Zwischen uns wird es still. Sam wirkt in sich gekehrt. Seine Augen ruhen auf mir, doch etwas ist anders. In ihnen lodern Unverständnis und so viel Wut. Nicht auf meine Mum direkt oder das, was mir passiert ist, sondern auf sich selbst.

Auf wackligen Beinen stemme ich mich von der Wand ab.

»Es ist okay«, sage ich und hoffe, Sam irgendwie aus seinen Gedanken zu ziehen. Mein Herz krampft sich zusammen. Er sieht zutiefst unglücklich aus und ich ahne, was ihm gerade durch den Kopf geht.

»Es ist okay«, wiederhole ich.

»Wie kannst du das alles einfach so hinnehmen?«, fragt Sam und seine Stimme ist erfüllt von seiner inneren Anspannung. »Verdammt, ich kann mich kaum beherrschen. Am liebsten möchte ich deine Mutter finden und sie schlagen. Sie hat dich all die Jahre misshandelt und trotzdem sprichst du, als ob es dir nichts ausmachen würde. Warst du nicht sauer nach allem, was sie dir zugemutet hat?«

»Glaub mir, ich war wütend. Ich dachte, ich verdiene ihren Zorn, weil ich nicht gut genug für sie war. In ihren Augen war ich ein Monster und mit der Zeit glaubte ich ihr.«

»Ich hätte –«

»– nichts tun können«, schneide ich ihm sanft das Wort ab.

Sam gibt einen Laut von sich, der wie ein verzweifeltes Schnauben klingt. »Das ist keine Entschuldigung.«

»Was, wenn ich keine hören will?«

»Bitte?!«

Oh, seine Augen. In ihnen tobt ein Wirbelsturm, der mich innehalten lässt.

»Genau das hatte ich befürchtet«, flüstere ich.

Sam funkelt mich an. »Was?«

»Du denkst, dass es deine Schuld ist. Hättest du besser hingesehen, wärst du standhafter geblieben, hättest du auf meine Bitte gehört und wärst mit mir geflohen. Das denkst du doch, richtig?« Er beißt sich auf die Unterlippe und weicht meinem Blick aus. Volltreffer. »Ich kenne dich, Sam. Ständig suchst du die Fehler bei dir, dabei bist du nicht verantwortlich für das, was mir passiert ist. Du hast mich im Licht gehalten, mir Hoffnung geschenkt.« Zaghaft lege ich meine Arme auf seine Schultern und spüre, wie er unter der Berührung zusammenzuckt. »Wärst du nicht gewesen, hätte ich mich längst in der Finsternis verloren. Du hast mir gezeigt, dass ich geliebt werde und nicht allein bin. Dass all die Sachen, die Mum behauptete, nicht stimmen. Die letzten vier Jahre waren die Hölle, aber ich will nicht zurückblicken. Ich will es hinter mir lassen und nach vorn sehen. Mit dir gemeinsam.«

»Ich weiß nicht, ob ich das kann«, haucht Sam. Seine Wut schwindet und wird durch Leid ersetzt. »Ich möchte dich nicht verlieren. Von dir getrennt zu sein … Ich kann das nicht. Nicht noch einmal. Aber Claire …«

»Wir sind nicht zusammen«, räume ich das Missverständnis ein für alle Mal beiseite. »Das waren wir nie.«

Seine Augen weiten sich. »In der Einrichtung –«

Innerlich verfluche ich meine eigene Untätigkeit. »Ja, es gibt diese dummen Gerüchte und es tut mir leid, dass ich nichts unternommen habe, um sie zu beseitigen. Ich hatte den närrischen Gedanken, es wäre sicherer für dich, wenn NOS glaubt, wir wären ein Paar.«

»Weil ich ein Druckmittel bin?«

»Ich hatte es dir schon einmal gesagt. NOS überwacht jeden unserer Schritte. Sie nutzen unsere Schwächen, um ihre Ziele zu erreichen. Meine Schwäche bist du, Sam. Das warst du schon immer.«

»Meinst du das wirklich?«, fragt er und die kleine Unsicherheit in seiner Stimme schnürt mir die Luft ab. Es tut weh, mehr als es sollte, denn zwischen uns sollte es keine Grenzen geben.

Ich nähere mich seinem Gesicht. In Sams Augen funkeln Sterne, hell, abwartend, erwartungsvoll. Dieser Mensch, dieser Blick, entfacht in mir ein Feuer, das ich nicht löschen will. Ohne zu zögern, drücke ich ihm einen zärtlichen Kuss auf die Lippen und hoffe, dass er sämtliche Fragen beantwortet. *Ich werde dich beschützen. Ich darf dich nicht verlieren. Ich kann dich nicht verlieren. Ich liebe dich.*

Langsam löse ich den Kuss, aus Angst, zu weit gegangen zu sein, doch plötzlich schiebt sich Sams Hand an meinen Hinterkopf und packt meine Haare. Mein erschrockener Laut wird von zwei zarten Lippen verschluckt, die mich viel intensiver küssen, als mein Herz ertragen kann. Es hüpft vor Aufregung, hart und schnell. Es überwältigt mich. Seine Zunge streift meine Unterlippe und entlockt mir ein leises Keuchen. Meine Hände gleiten über Sams Hemd, suchen etwas, woran ich mich festhalten kann, weil ich das Gefühl habe, jeden Moment zu fallen. Die Welt um mich herum zerfasert und bleibt stehen. Der Kuss ist alles. Er fühlt sich genauso gut an, wie ich ihn in Erinnerung behalten habe – nein, sogar noch besser. Unsere Zungen berühren, ertasten, umschlingen sich zaghaft und doch voller Verlangen. Ich höre auf zu denken, denn scheiße. Alles ist so wahnsinnig intensiv: Sams Lippen. Sams Mund. Sams Zunge. Sams Geruch. Die Flamme, die in meinem Bauch zum Leben erwacht, giert nach seiner Nähe.

Wie konnte ich nur all die Jahre ohne ihn existieren? Noch nie habe ich jemanden so geliebt wie ihn. Noch nie. Er ist der Erste und der Einzige. Es wird nie einen anderen in meinem Leben geben. Es kann keinen anderen geben.

Sam zieht sich zurück und legt seine glühende Stirn an meine. In seinen Augen finde ich so viele Emotionen, von Lust und Leidenschaft bis hin zu Liebe und Glückseligkeit.

»Alles in Ordnung?«, fragt er besorgt und streicht mir mit seiner warmen Handfläche über die Wange.

Ein Schalter legt sich um – meine Sicht verschwimmt und der stechende Schmerz drängt sich in den Vordergrund. Er trifft mich unvorbereitet und mit solcher Wucht, dass ich mich nicht länger auf den Beinen halten kann. Sams Hände schlingen sich um meine Taille und ich versuche, mich an ihm festzuhalten.

»Meine Kräfte … Du sagtest, ich hätte die Kontrolle verloren?« Er nickt. »Die Panik und das Strapazieren meiner Fähigkeit … Ich muss mich ausruhen.«

Seine Finger gleiten zu meinem rechten Handgelenk, genau dorthin, wo sich mein Armband befindet. Egal welche Frage ihm auf den Lippen brennt, ich kann sie ihm nicht beantworten. Mir schwirrt der Schädel und mir ist bewusst, dass wir zurückmüssen – und das am besten, bevor meine Beine den Dienst quittieren.

Vor mir geht Sam in die Hocke. »Du solltest nicht laufen, Ty. Ich werde dich tragen.«

»Falls ich mich weigere, küsst du mich dann noch mal?«, necke ich ihn.

»Ganz schön fordernd.«

»Wir haben viel nachzuholen.«

Grinsend lasse ich mich auf seinen Rücken fallen. Seine Arme schlingen sich um meine Beine und hieven mich hoch. Der sanfte Geruch von Vanille und Zimt umhüllt mich.

Dass Sam dermaßen die Fassung verliert, überrascht mich. Ich wusste, dass er sich meine Geschichte zu Herzen nimmt, doch dass sein liebevoller Ausdruck von Rachsucht überschattet wird, hätte ich niemals für möglich gehalten. Er ist stärker geworden. Trotz der Distanz der letzten vier Jahre bleibt er bei mir und ist bereit, für mich zu kämpfen.

»Sam?«, frage ich und breche die angenehme Stille zwischen uns.

Sein Atem ist etwas gehetzt – vermutlich weil er uns schnellstmöglich zu den anderen zurückbringen will. »Mhm?«

Zögerlich halte ich inne. Damals, in der Anstalt, habe ich es bereut, ihm diese drei Worte nicht gesagt zu haben. Bislang hatte ich den Eindruck, dass wir sie nicht brauchen. Ich wusste, wer Sam für mich war – wer er noch heute für mich ist –, und das wird sich auch niemals ändern.

Ich denke daran, wie Sam mir an einem verregneten Märztag einen selbstgemachten Pudding geschenkt hat. Wie er durch seine liebevollen Gesten sicherstellte, dass es mir gut ging, und mir zu verstehen gab, an welchem Platz mein Zuhause ist. Bei ihm.

»Ich liebe dich«, gestehe ich zufrieden und lasse die Müdigkeit über mich siegen. Meine Lider flattern und ich verliere mich in der Dunkelheit, die mir zum ersten Mal nicht kalt, sondern warm erscheint.

KAPITEL 16

Ich bahne mir einen Weg durch den Dämmerzustand des Beruhigungsmittels und wache in einem sterilen Krankenzimmer in der Einrichtung auf. Das Licht ist angenehm gedimmt. Es muss spät sein. Vermutlich mitten in der Nacht.

Egal was sie mir gegeben haben, es muss etwas Starkes gewesen sein, denn es dauert, bis ich wieder vollständig zu mir komme.

Probehalber setze ich mich auf. Ein ziehender Schmerz drückt auf der linken Bauchseite. Dort wurde ich von der Kugel getroffen. Meine Finger betasten den Verband und ich frage mich, was ich hier mache. Niemand landet wegen einer minimalen Schussverletzung auf der Erste-Hilfe-Station. Ich sollte bei meiner Einheit sein.

Mein Blick gleitet auf den großen Monitor, der die halbe Wand einnimmt. Auf ihm werden meine Vitalwerte aufgezeichnet. Blutdruck und Puls sind normal.

Auf einmal wird der weiße Vorhang, der mein Bett von der Tür trennt, zur Seite geschoben und Claire schaut mich mit besorgter Miene an. Durch die großzügige Glasscheibe kann ich erkennen, dass der Flur von der Nachtbeleuchtung in ein schauriges Licht getaucht wird. Im ersten Moment bin ich verwirrt, weil die Vorschriften Subjekten und Spezialisten untersagen, in den Abendstunden ihre Quartiere zu verlassen. Aber ich schätze, Claire nutzt ihre Sonderprivilegien, um die Regeln nach ihren Vorstellungen zu biegen.

»Was machst du hier?«, frage ich mit rauer Stimme.

Claire schiebt den Stuhl zur Seite und setzt sich. Ihre Hand will nach meiner greifen, doch ich verwehre es ihr. Ich habe nicht vergessen, was sie getan hat. Ein verletzter Zug huscht über ihr Gesicht.

»Ich habe mir Sorgen gemacht«, beginnt sie leise. »Ich wollte wissen, wie es dir geht.« Ihre Augen heften sich auf die Infusionsnadel in meinem rechten Arm und folgen dem durchsichtigen Schlauch bis zum Beutel. »Du liegst seit zwei Tagen auf der Station und niemand will mir verraten, was los ist.«

»Zwei Tage?« Sie nickt. »Was ist passiert?«

»Nachdem du weggerannt warst, hat Reed versucht, die Medien zu beruhigen, indem er eine Stellungnahme abgab. Die Schutzgarde kümmerte sich um die Schaulustigen und befahl uns, unsere Abreise vorzubereiten. Dann kam dieser –« Sie schnauft verächtlich und schüttelt den Kopf. »*Sam*«, korrigiert sie, obwohl ich ihre Abneigung deutlich heraushören kann, »gemeinsam mit dir zurück. Er erzählte uns, dass die Sache mit dem Mädchen bei dir eine heftige Panik ausgelöst habe. Dr. Price versorgte deine Schussverletzung und gab dir verschiedene Medikamente für einen besseren Schlaf.«

Tja, besser geschlafen habe ich nicht. Es fühlt sich eher an, als wäre ich durch eine Albtraumwelt gewandert, in der ich allein zurückgeblieben bin. Niemand, der meine Hand hält oder sagt, dass alles gut gehen wird. Einsamkeit ist eine Angst, die mir bekannt ist, doch trotz der Vertrautheit schnappe ich schluchzend nach Luft und werde hysterisch. Selbst in meinen Träumen ist es schwer, Realität und Einbildung zu trennen.

»Und Sam?«, frage ich.

»Was soll mit ihm sein?«

Ihre Abwehr drückt mir unangenehm auf der Brust. »Geht es ihm gut?«

Claire rümpft die Nase. »Ob es ihm gut geht? Kümmere dich erst mal um dich selbst. Schließlich bist du verletzt.«

»Ach, und wessen Schuld ist das?«

»Bitte?«

»Vergiss nicht, dass du –«

Meine Stimme wird von einem Signalton verschluckt. Obwohl wir den Monitor nicht berühren, flackert er und das Bild ändert sich. Das Emblem von NOS wird gezeigt.

SONDERBERICHTERSTATTUNG

Mein Magen krümmt sich. Jeder Fernseher ist so programmiert, dass er automatisch anspringt, sobald NOS in den Nachrichten eine wichtige Verkündung überträgt.

Ich will mich abwenden, als Claire, die gespannt auf den Bildschirm starrt, erschrocken die Luft einzieht und meine Aufmerksamkeit zurückgewinnt. Innerlich versuche ich, mir auszumalen, was für sie so derart interessant sein könnte. Es wird ständig das Gleiche gezeigt. Fortschritte in der Erforschung eines Gegenmittels. Schreckensbilder von den Gräueltaten der Subjekte. Propaganda zum Schutz der Bevölkerung und die mutigen Opfer derer, die gegen die Kreaturen kämpfen. Daher bin ich verblüfft, einen Mann gehüllt in Schatten zu sehen, der den Bildschirm mit seinem Oberkörper ausfüllt. Breite Schultern, ein scharfes Kinn, gepflegte Hände, die in einer offenen Geste locker vor ihm verschränkt sind. Sein goldener Siegelring am rechten Zeigefinger glänzt im schwachen Licht.

Meine Nackenhaare stellen sich auf. Es passiert selten, dass das Programm für eine Live-Übertragung der AUTORITÄT unterbrochen wird. Er sitzt hinter seinem Rednerpult, verschanzt in einem dunklen Raum.

Aus Sicherheitsgründen, hat Dad mir mal erklärt, als ich ihn fragte, warum der Mann niemals zu uns direkt spricht. Für mich zeugt sein Versteckspiel von Feigheit und Bequemlichkeit.

»Meine werten Mitbürger und Mitbürgerinnen, ich spreche in dieser späten Stunde zu Ihnen, um Ihnen ins Gewissen zu rufen, dass wir alles in unser Macht Stehende tun, um Sie und Ihre Liebsten zu beschützen.« Seine Stimme klingt mechanisch, trotzdem höre ich den ruhigen und eindringlichen Klang. *»Heute Nacht hat der Widerstand sich erhoben und sein wahres barbarisches Gesicht gezeigt. Ich frage Sie, wo das alles hinführen soll. Was soll am Ende übrig bleiben? Eine Welt versunken im Chaos?«*

Das Bild wechselt, zeigt eine Aufnahme von einem entgleisten Zug in einem Schneegebiet. Flüssigkeit läuft aus den Waggons und tränkt die weiße Landschaft pechschwarz. Im Hintergrund spricht die AUTORITÄT weiter: *»In immer mehr Gebieten wird die Infrastruktur gezielt angegriffen, um die Versorgung zu unterbinden.«*

Ein ausgebranntes Kraftwerk wird eingeblendet. Ein gebrochener Staudamm in China. Kämpfe in einer Kleinstadt, in denen Gefallene achtlos auf den Straßen liegen bleiben. Kinder, die in dreckigen Lumpen am Rand stehen und verzweifelt nach ihren Eltern suchen. All das passiert, weil der Widerstand seine Stimme zum Aufstand erhebt, ohne zu wissen, was er damit anrichtet. *»Ich möchte, dass Sie alle – ob Sie nun hinter der Regierung stehen oder für den Widerstand kämpfen – einen kühlen Kopf bewahren und sich fragen, was ein Aufstand bedeutet. Für jeden Einzelnen von uns. Wir haben schon mehrere Kriege hinter uns. Furchtbare, sinnlose Konflikte, die einen friedlichen Ausgang gefunden hätten, wenn wir aufgehört hätten, so egoistisch und temperamentvoll zu handeln. Unsere Gefühle trügen unser Urteilsvermögen.*

Unsere Lage ist prekär. Immer mehr Menschen infizieren sich und sterben qualvolle Tode. Wir tun das nicht, um Subjekte zu bestrafen. Wir tun es, um Sie zu schützen. Vertrauen Sie NOS. Vertrauen Sie mir. Wenn Sie das nicht können, vertrauen Sie auf Ihren eigenen Glauben.«

Die Kamera wechselt auf eine tanzende Menge. Bunte Lichtstrahler erfassen ihre sorgenfreien und ausgelassenen Mienen. Die Aufnahmen stammen vom Club *Mirror*. Die Schutzgarde muss das Material gesichtet und der AUTORITÄT überlassen haben. Binnen Sekunden bricht Chaos aus. Die Menschenmassen hetzen zu den Ausgängen. Dann wird ein neues Bild gezeigt. Eines, welches mir fremd ist. Es zeigt den Raum, in dem die vermissten Schüler im Rausch gefeiert haben. Auch Kei ist unter ihnen. Seine Haltung ändert sich schlagartig. Schlaksig und unkontrolliert bewegt er sich durch die Gäste, direkt auf ein Mädchen zu, das ihm den Rücken zeigt. Es geht ganz schnell. Ein Messer. Dutzende Hiebe. Blut, das auf den Boden spritzt. Ein ohrenbetäubender Schrei. Das Bild verzerrt sich, bis die Kamera ausgeht. Auf dem Monitor kehrt die AUTORITÄT zurück.

»*Sie haben es mit eigenen Augen gesehen. Die Kreaturen verlieren jeglichen Bezug zur Realität und greifen unkontrolliert jeden an, der sich in ihrer Nähe aufhält. Das sind keine Menschen. Sie tragen Masken, um uns zu verwirren, damit wir zögern, die Wahrheit zu erkennen. Lassen Sie sich nicht täuschen. Solange wir nicht wissen, wie wir ihre Ausbreitung verhindern können, müssen wir Vorsicht walten lassen und jegliche Bedrohung für die nationale Sicherheit im Keim ersticken. Unschuldige Menschen sterben und das betrifft uns alle. Auch wenn es sich falsch anfühlt, sie zu töten – wir müssen tun, was notwendig ist.*« Die AUTORITÄT macht eine bewusste Pause und ich kann fast spüren, was die Stille bewirkt. Die Menschen vor den Bildschirmen lassen seine Worte nachhallen. Wie ein kleines Beben rüttelt es etwas in ihnen wach. Ganz gleich ob Euphorie, Angst, Besorgnis, Nervosität oder unsagbare Wut.

»Was in dem Club passiert ist, ist kein Einzelfall und ich entschuldige mich aufrichtig bei jedem Einzelnen von Ihnen, dass es mir nicht gelungen ist, die schrecklichen Verluste zu verhindern. Ich verspreche, dass die notwendigen Schritte eingeleitet wurden, damit so etwas in Zukunft rechtzeitig verhindert werden kann. Ich danke Ihnen. Kämpfen wir gemeinsam für das Wohl unserer Liebsten.«

Das Bild wird schwarz, bevor es wieder meine Vitalwerte anzeigt. Der Blutdruck ist erhöht, der Puls auf achtundneunzig.

»Findest du nicht auch, dass er ein geborener Anführer ist?«, fragt Claire und in ihrem Ton ruht Bewunderung.

Ich verkneife mir ein frustriertes Aufstöhnen über ihre Blindheit. »Nicht jeder, der gute Reden schwingt, hat positive Absichten.«

»Zweifelst du?«

»Ich meine nur, dass es ein Fehler ist, sich von hübsch verpackten Worten blenden zu lassen.«

»Er gibt uns Hoffnung. Genau das brauchen die Menschen.«

»Hoffnung, uns eines Tages auszulöschen?«, frage ich schroff. »Ich bin ein Subjekt, Claire. Du weißt, dass wir niemandem schaden wollen.«

»Das trifft vielleicht auf dich zu.«

Schockiert sehe ich sie an. »Was willst du damit andeuten?«

»Was die AUTORITÄT sagt, ist kein Gerede, um irgendwen zu überzeugen. Subjekte sind gefährlich. Sie töten und zerstören ohne Rücksicht. Gäbe es NOS nicht, wer weiß, wo wir jetzt stünden.«

Ihre Worte treffen mich. Bislang dachte ich, dass wir beide gleich denken würden. »Wir wollen einfach in Frieden leben. Ist das zu viel verlangt?«

Sie tut es mit einem Schulterzucken ab. »Die meisten wollen eine Revolution. Einen Putsch, um die jetzige Regierung zu stürzen. Glaubst du, sie würden den Konflikt friedlich lösen? Du kannst nicht für alle sprechen.«

»Claire«, sage ich möglichst ruhig. »Du siehst tagtäglich, wie NOS mit uns umgeht. Diejenigen, die sie nicht mitnehmen, werden auf offener Straße gefoltert und qualvoll getötet. Ich bin mir sicher, dass die meisten sich dem Widerstand anschließen, weil sie keine andere Wahl sehen. Leben oder sterben, etwas anderes bleibt uns nicht übrig. Willst du sie wirklich anklagen, weil sie sich eine Veränderung wünschen?«

»Ja, würde ich«, sagt sie entschlossen. »Sie sind Verräter, die nicht erkennen, dass wir auch dafür kämpfen, ihre Opfer so gering wie möglich zu halten; damit sie ihren Liebsten nichts antun können.«

»Und was würdest du tun?«, frage ich. »Wenn du infiziert wärst?«

Sie muss nicht überlegen. »Mich freiwillig NOS ergeben, um meine Mitmenschen zu beschützen.«

Ich weiß, dass sie die Wahrheit sagt. Dass sie ihr eigenes Leben opfern würde, aber das von anderen zu verlangen, ist hartherzig.

»Wenn du das wirklich glaubst, dann erkenne ich dich nicht wieder«, sage ich. »Wer bereit ist, seine Kinder zu opfern, um Konflikte zu lösen, ist selbst ein Monster.«

»Was –«

»Angst ist ein wirksames Kontrollinstrument«, unterbreche ich sie schneidend. »NOS nutzt es, um uns wie Schachfiguren herumzuschieben. Ich will keine Figur sein, doch du bist eine. Du glaubst den Worten eines Mannes, der sich im Hintergrund versteckt hält, und ignorierst alles, was um dich herum passiert. Genau wie das Werkzeug, zu dem sie mich schmieden wollen.«

Erschrocken atmet sie ein. »Das meinst du nicht –«

»Was, wenn doch?«, fordere ich sie heraus. »Was dann? Wirst du mich melden, damit sie mich töten können?«

Sie schüttelt den Kopf.

»Du bist verwirrt«, meint sie und blickt auf den Beutel mit dem Medikamentencocktail, der durch meinen Blutkreislauf strömt, als wolle sie sich selbst davon überzeugen. »Die Medikamente sprechen aus dir, nicht du.«

Ein bitteres Lachen entweicht mir. »Und ich dachte, du würdest mich kennen.«

»Du hast dich verändert.«

»Das stimmt nicht«, widerspreche ich. »Ich passe nur nicht mehr in das Bild, welches du von mir im Kopf hast.«

»Weil *er* hier ist.« Sie wartet darauf, dass ich es abstreite, doch das kann ich nicht. »Meidest du mich deshalb?«

»Zum Teil«, gebe ich zu. »Trotz meiner Worte ignorierst du meine Grenzen und tust so, als wären wir zusammen.«

»Weil wir es sind!«

»Ich liebe ihn, Claire«, spreche ich es direkt aus und hoffe, dass sie es endlich versteht. »Daran wird sich auch nichts ändern. Es tut mir leid, falls ich dir falsche Hoffnungen gemacht habe. Das war niemals meine Absicht.«

Claires Miene verdüstert sich. »Ich war bei dir, als es dir schlecht ging. Stundenlang habe ich über dich gewacht und deine Hand gehalten, wenn du schreiend aus einem Albtraum erwacht bist. Ich war da, habe dich beschützt. Haben dir unsere Momente nichts bedeutet?«

»Natürlich!«, streite ich ab. »Ich bin dir dankbar. Für so viele Dinge, Claire, aber ich sehe in dir eine Freundin. Eine Schwester, wenn du willst. Was ich für ihn empfinde, ist ganz anders.«

»Du lügst.«

»Es ist nichts als die reine Wahrheit«, sage ich ernst. »Bitte vergib mir.«

Ich habe Angst vor Claires Reaktion, aber ich kann meine Worte nicht zurücknehmen. Schweigend sitzt sie vor mir, die Lippen zu einer schmalen Linie gezogen. Keine Ahnung, was ihr in dem Moment durch den Kopf geht. Sie sieht nicht danach aus, als hätte man ihr gerade das Herz gebrochen – nein. Sie wirkt erschreckend gefasst.

Mason erscheint in der Tür und hastig springt Claire auf. Im Vorbeigehen stößt sie ihn an der Schulter an und rennt den Gang nach unten. Mit hochgezogener Augenbraue schaut er ihr hinterher.

»Will ich wissen, was ihr über die Leber gelaufen ist?«, fragt er und nimmt den Stuhl in Beschlag, der vor wenigen Sekunden von ihr besetzt war.

Ich atme tief durch. »Vermutlich ich.«

»Hast du –« Er muss seinen Satz nicht beenden. Ein Blick in mein Gesicht beantwortet seine Frage bereits. »Sie wird klarkommen«, setzt er aufmunternd hinterher.

»Da wäre ich mir nicht sicher.« Ich seufze bedrückt und wende mich an ihn. »Und? Warum bist du hier?«

Er grinst. »Was? Darf ich meinem besten Freund keinen Krankenbesuch abstatten?«

»Du missachtest die Regeln.«

»Als ob du nicht das Gleiche tun würdest.« Seine Augen landen auf dem Monitor. »Dir scheint es besser zu gehen. Obwohl du mir einen Gefallen tun würdest, wenn du damit aufhören könntest, dich ständig in Gefahr zu bringen.«

»Ich weiß. Leider kann ich nicht anders«, sage ich. Ich sehe auf seine Kleidung. Anstatt der Alltagsbekleidung trägt er seine Uniform. Es verwundert mich, bis mir klar wird, dass es wohl aufgrund der Nachrichtenübertragung eine Versammlung in der Mensa gab.

»Du hast den Sonderbericht bestimmt gesehen«, beginnt Mason nachdenklich und bestätigt meinen Verdacht. »*Auch wenn es sich falsch anfühlt, sie zu töten – wir müssen tun, was notwendig ist.* Was für ein schlechter Witz.«

»Die Leute werden es glauben.«

»Meinst du, der Widerstand könnte Erfolg haben?«, fragt er.

Ich denke an die Ziele, die sie angreifen, an ihre Vorgehensweise und auch an Calebs Worte.

»Dafür verhalten sie sich zu zurückhaltend. NOS steht in der günstigeren Position und hat den Großteil der Bevölkerung hinter sich.«

»Aber denkst du, dass sie eine Chance hätten?«

Sein dringlicher Unterton lässt mich hellhörig werden. »Was wird das, Mason?«

Er seufzt müde. »Nichts. Ich frage mich, was ich getan hätte, hätte ich früher gewusst, dass es einen Widerstand gibt.«

»Die Frage ist zwecklos«, meine ich und blicke auf mein Armband. Erst jetzt nehme ich den dicken Verband um mein Handgelenk wahr. Stutzig öffne ich ihn. Verbranntes Gewebe ziert meine Haut.

»Sam erzählte mir, dass du die Kontrolle verloren hast. Die Freigabe hatte sich gleich nach unserer Mission geändert und muss wohl auf deine Kräfte reagiert haben. Es wird keine Narben hinterlassen.«

»Was ist mit Sam?«

Sein Ausdruck ändert sich. Er wirkt zögernd, eine Reaktion, die mir ganz und gar nicht gefällt.

»Du hast die Nachrichten doch gesehen. Die AUTORITÄT war mit unserer Leistung unzufrieden und forderte eine Erklärung.« Nein. Er kann nicht das meinen, was mir gerade durch den Kopf geht.

Ich verspreche, dass die notwendigen Schritte eingeleitet wurden, damit so etwas in Zukunft rechtzeitig verhindert werden kann.

Sätze, die nur eines bedeuten, und da Mason mir ausweicht, erhalte ich die Antwort wie auf einem Silbertablett. Sam wird bestraft. In diesem Scheißmoment und ich sitze tatenlos auf der Krankenstation. Zähneknirschend ziehe ich die Infusionsnadel aus dem Arm und werfe die Beine über die Bettkante.

»Warte«, hält Mason mich auf. »Wo willst du hin?«

»Dreimal darfst du raten.«

»Das wird nichts ändern, Ty«, redet er mir ins Gewissen. »Du würdest es nur schlimmer für ihn machen.«

Ich hasse es. Hasse, wie recht er damit hat und wie verdammt hilflos ich mich fühle.

»Warum wurde er ausgewählt?«, frage ich leise. »Für seine erste Mission hat Sam alles richtig gemacht.«

»Die AUTORITÄT verlangte Antworten und jemanden aus unserer Einheit, der die Bestrafung in Kauf nimmt. Da Liam und ich nicht direkt vor Ort waren, lag die Entscheidung zwischen Isaac, Claire, Sam und dir. Du warst bewusstlos und ...« Seine Stimme schwindet. Mason sieht gequält aus.

»Und was?«, frage ich erstickt.

Er sieht mich wachsam an. »Claire stellte sich gegen Sam, erzählte, wie sehr er dich ablenken würde und dass wir es ohne ihn geschafft hätten. Ich wollte seinen Platz einnehmen, aber Isaac ließ es nicht zu. Er bekräftigte ihre Aussage, sodass selbst der Direktor nachgeben musste.«

Ich schlucke den schmerzhaften Klumpen in der Kehle hinunter.

Gott – ich glaube, mir wird schlecht. Eine Flut von Bildern drängt sich vor mein Sichtfeld. Sam, der gefoltert wird – geschlagen, unter Wasser gedrückt, verbrannt, mit Stromstößen gequält, bis sie zufrieden mit seinen Antworten sind. Fest drücke ich die Augen zu und will ihm beistehen, seine Hand nehmen und sagen, dass er nicht allein ist. Aber er ist es. Zusammen mit seinem Peiniger. Und ich bin machtlos.

»Es tut mir so leid, Ty.«

»Wann kann ich ihn sehen?«

»Er ist noch nicht zurück«, sagt Mason vorsichtig.

Claire meinte, ich sei seit zwei Tagen hier. Zwei Tage. Die Einzelheiten über die Bestrafung von Subjekten und Spezialisten sind streng geheim, doch jeder weiß, wie brutal sie sein können. NOS spielt mit der Angst. Mehr als einmal lösten ihre Medikamente bei mir albtraumhafte Halluzinationen aus. In jeder einzelnen verlor ich meine Liebsten. Die Stromschläge sind dahingehend ertragbar.

»Du solltest schlafen.« Masons Hände umfassen meine Schulter und drücken mich zurück in das Kissen. Dann zieht er die Bettdecke bis unter mein Kinn. »Ich werde bleiben. Versprochen.«

»Wird dich das nicht in Schwierigkeiten bringen?«, frage ich.

Er grunzt. »Wenn ich gehe, wirst *du* Schwierigkeiten machen. Ernsthaft, hör auf, dich in Gefahr zu bringen. Du wirst ihn sehen. NOS ist nicht so dumm, einen Spezialisten bei einer Bestrafung umzubringen.«

Ich sehe auf die gekachelte Zimmerdecke, versuche, die Bilder von Sam und seine Schmerzensschreie auszublenden. »Ich habe Angst, dass sie zu weit gehen. Ich kann ihn kein zweites Mal verlieren.«

»Ich glaube, dir ist nicht klar, wie viel du unserem Direktor bedeutest, Ty. Er wird niemals zulassen, dass sie ihn töten. Er hat bis zuletzt gezögert«, vertraut er mir an. »Hätte die AUTORITÄT keine Bestrafung verlangt, wären wir mit einem blauen Auge davongekommen.«

Stimmt wohl, dass ich für Neil wichtig bin. Er hat eine Menge in Kauf genommen, um mich zu retten. Er hat mir sogar erlaubt, die Hasen zu halten.

Der Stuhl knarzt, als Mason sich nach vorn lehnt und seine Hand meine umschließt. Sanft drückt er sie. »Du solltest jetzt wieder schlafen, ja?«

Ich schließe die Augen und lasse mich von seiner Wärme ablenken. Sie schützt mich vor meiner eigenen Vorstellung und meiner Sorge, was gerade mit Sam passiert.

KAPITEL 17

Unbeholfen sitze ich auf dem Stuhl und warte. Hinter dem großen Metallschreibtisch sitzt Dr. Iva Price, die leitende Ärztin der Erste-Hilfe-Station. Sie ist um die vierzig. Ihr graues Haar wird von einer Spange zusammengehalten, aber vereinzelte Strähnen fallen ihr wellig ins Gesicht.

Vor ihr liegt meine Akte, die sie seit einigen Minuten stillschweigend durchgeht. Schließlich heften sich ihre Augen auf meine. Sie erinnern mich an den Winter. Kühl und unberechenbar, aber dennoch liebevoll.

»Wie geht es dir, Tobias?«, fragt sie.

»Gut«, entgegne ich knapp. »Meine Schussverletzung ist verheilt und die Brandwunden um mein Armband machen mir keine Probleme. Die Salbe wirkt wahre Wunder.«

Ihre Mundwinkel zucken. »Sie zählt zu meinen größten Errungenschaften. Wenigstens eine Sache, womit ich euch Linderung verschaffen kann.« Sie blickt auf ihre Notizen. »Wie ist dein Schlaf?«

»In letzter Zeit plagen mich keine Albträume.«

»Und deine Fähigkeit?«, bohrt sie weiter und ihre Hartnäckigkeit um mein Wohlergehen überrascht mich ein wenig. »Irgendwelche *Veränderungen*?«

»Definieren Sie Veränderung.«

»Innere Unruhe, Erschöpfung, Schwindelanfälle oder Kopfschmerzen beim Einsatz deiner Kräfte«, zählt sie auf.

Wüsste ich es nicht besser, würde ich denken, ihre Frage ziele darauf ab, ob ich eine Veränderung durchmache, doch das ist undenkbar. Es gibt keine Subjekte, die mit der Zeit eine zweite Fähigkeit entwickeln. Wenn es sie gäbe, würde es sich herumsprechen.

»Ist mit meinem Ergebnis alles in Ordnung?«, frage ich stutzig.

Ohne es direkt zu beantworten, dreht sie den Monitor in meine Richtung. Auf dem Bildschirm sind meine Werte abgebildet, eine detaillierte Messung meines Armbands sowie eine Auswertung, wie oft ich meine Fähigkeit innerhalb der letzten drei Monate eingesetzt habe.

»Ich finde das schlichtweg faszinierend«, fängt Iva an. Mit dem Zeigefinger zeigt sie auf die auffälligen Spitzen. »Siehst du diese Ausschläge? Dein Armband hat außergewöhnlich hoch auf deine freigesetzte Energie reagiert.«

Ich zucke die Schultern. »Was soll daran unüblich sein?«

»Stell dich nicht dumm, Tobias«, sagt sie und klingt enttäuscht. »Dir ist bewusst, dass deine Unsichtbarkeit eine passive Fähigkeit ist, die, verglichen mit anderen, wenig Energie beim Einsatz freisetzt. Dennoch hast du in Memphis knapp dreißig Prozent verbraucht.«

Ich runzle die Stirn. »Bei der Mission habe ich meine Fähigkeit nicht einmal eingesetzt.«

»Laut Reeds Bericht wurde ein Schuss durch etwas Bläuliches aufgehalten. Es gab dem Jungen die Chance zur Flucht.«

»Das stimmt«, bestätige ich. »Allerdings kann ich Ihnen dazu nicht mehr sagen.«

Iva lässt meine Worte ein paar Sekunden in der Luft schweben, ehe sie etwas notiert. »Was ist mit Kensington? Bevor die Freigabe deines Armbands geändert wurde, hat es eine starke Messung gegeben. Erinnerst du dich, was gegen neunzehn Uhr passiert ist?«

Eine heimtückische Falle. Iva weiß von meinem fotografischen Gedächtnis und wenn ich den vorliegenden Daten vertrauen kann, dann war es genau der Zeitpunkt, als ich diese eigenartige Vision von Sam hatte. Wie er in der Küche stand und dabei zusehen musste, wie sein Vater von zwei unbekannten Personen bedroht wurde.

»Vermutlich hat das Armband auf meine Emotionen reagiert«, versuche ich zu erklären. »Ich war wütend über Isaacs Verhalten, sodass ich kaum etwas anderes wahrgenommen habe.«

»Deswegen lehren wir euch Kontrolle«, meint Iva in einer neutralen Tonlage. »Eure Fähigkeiten sind eng daran geknüpft. Ein kleiner Funke genügt, um verheerenden Schaden anzurichten.« Sie schaut auf die Messergebnisse. »Sam sagte, du hättest bei eurer letzten Mission eine Panikattacke gehabt, was die anormale Energie erklären würde. Allerdings machen mir die Ausschläge Sorgen.«

Irritiert sehe ich auf die Details, die Iva mit einem Mausklick öffnet.

> **Messung: 4 Ergebnisse**
> **Energieverbrauch: 83 %**
> **Warnung: undefinierbarer Energiestrom nach Änderung der Freigabe festgestellt. Subjekt bewusstlos in die Krankenstation aufgenommen und unter Beobachtung gestellt. Prüfung offen.**

In meinem Magen macht sich ein unwohles Gefühl breit, während ich mir die nachfolgenden Daten genauer ansehe. Selbst an den darauffolgenden Tagen, an denen ich bewusstlos war, hat das Armband reagiert.

»Während einer Panikattacke ist ein erhöhter Ausschlag normal, doch das Ergebnis ist anhand deiner Fähigkeit unmöglich und die Messungen im Krankenflügel ergeben keinen Sinn. Die Auswertung der Überwachungskameras hat gezeigt, dass du deine Unsichtbarkeit nicht eingesetzt hast, und trotzdem liegen uns solche Daten vor.« Ihre Lippen werden schmal. »Worauf führst du das zurück?«

Ich bin selbst überfordert. »Keine Ahnung.«

»Du hast dich nicht unwohl oder stark übermüdet gefühlt?«

»Nein«, antworte ich ehrlich. Mein Blick landet auf meinem Handgelenk. Die Haut um mein Armband ist gerötet, aber dank der medizinischen Versorgung brennt sie nicht länger. Was hat das zu bedeuten? Verliere ich allmählich die Kontrolle?

Das Leder knirscht, als Iva sich nachdenklich zurücklehnt. »Irgendwie ist das schwer zu glauben, dass dir überhaupt nichts aufgefallen ist. Und dann ist da auch noch Sam …«

Mein Herz macht einen Sprung und meine Finger umfassen die Stuhllehne fester. »Sam? Was hat mein Ergebnis mit ihm zu tun?«

»Erinnerst du dich, wie es dir nach deiner ersten Bestrafung ging?«

Was für eine bescheuerte Frage. Bilder durchströmen mich – in meinen Ohren hallen meine verzweifelten Schreie wider, die von dem Surren der Elektroden unterbrochen werden. Ich habe sie angefleht, mich gehen zu lassen, doch NOS zeigt weder Vergebung noch Barmherzigkeit. Tagelang wurde ich im Krankenflügel behandelt, mich krümmend vor Schmerzen und Albträumen, die mich in Form eines neuen Monsters heimsuchten. Ein furchtbares Geschöpf, welches hässlich die Fratze verzog und laut applaudierte, sobald ich panisch aufwachte und von den Nachwirkungen geschüttelt wurde. Ich habe Wochen gebraucht, um mich davon zu erholen.

»Ich habe Sam persönlich untersucht«, fährt Iva fort und allein die Tatsache, dass seine Bestrafung vorbei ist und er offenbar auf der Station ist, lässt mich nervös werden. »Seine Verletzungen sind bei Weitem nicht so schlimm, wie man es vermuten würde. Was, glaubst du, könnte das verursacht haben?« Darauf finde ich keine plausible Erklärung. Aber der Blick, den sie mir zuwirft, erinnert mich an eine

Person, die ein Rätsel unter allen Umständen entschlüsseln möchte. Ganz gleich, welche Konsequenz es mit sich führen würde. »Lass mich meine Frage anders formulieren: Hältst du es für denkbar, dass du ihm unbewusst geholfen hast?«

»Unmöglich«, streite ich, ohne zu zögern, ab. »Falls Sie es vergessen haben, ich war bewusstlos.«

»Und doch hat dein Armband reagiert.«

»Eine Fehlfunktion?«

Unzufrieden legt sie ihren Block und Stift beiseite. »Ich werde es in meinem Bericht festhalten und deine Messungen genauer überprüfen. Vielleicht wäre es sinnvoll, wenn du dich in Zukunft etwas zurückhalten würdest, um unnötiges Aufsehen zu vermeiden.«

Hinter ihren Worten spüre ich keine bösen Absichten – im Gegenteil. Sie sind eine offene Warnung an mich. Eine, die einen bitteren Beigeschmack hinterlässt. In einem Punkt bin ich mir sicher: Was immer sie mir verheimlicht, es hängt mit Sam oder mir zusammen. Das bedeutet, ich muss dringend mit ihm reden.

»Wann kann ich Sam sehen?«, wechsle ich das Thema.

Iva zieht eine dünne Mappe aus ihrem Aktenstapel. Fahrig überfliegt sie die Zeilen.

»Seine Behandlung dürfte in einer Stunde abgeschlossen sein.« Sie lächelt mich an. »Ich denke, wir sind für heute fertig. Sobald ich mit ihm gesprochen habe, werde ich ihn zu dir in den Garten schicken.«

»Woher –«

Sie lacht herzhaft. »Wo solltest du dich sonst aufhalten? Die Hasen beruhigen dich schließlich.«

Punkt an sie. Ich stehe auf und schiebe den Stuhl zurück an den Tisch.

»Bevor du gehst, möchte ich dich bitten, mir eine Frage mit einem einfachen ›Ja‹ oder ›Nein‹ zu beantworten.«

»Welche?«

Sie lehnt sich vor und stützt die Ellbogen auf der gläsernen Schreibtischplatte ab. Ihre Augen sehen wachsam in mein Gesicht. »Vertraust du NOS?«

Das Herz schlägt mir automatisch bis zum Hals. Mit der Frage habe ich nicht gerechnet und dass sie mich für wenige Sekunden aus der Fassung bringt, scheint Iva nicht zu entgehen.

»Es ist eine einfache Frage, Tobias.«

»Ich finde sie lächerlich.«

Sie hebt eine Braue. »Lächerlich?«

»Sie wollen wissen, ob ich der Einrichtung vertraue, der ich so viel schulde?« *Mach weiter. Spiel deinen Zug überzeugend.* »Gäbe es die AUTORITÄT nicht, wäre ich mit Sicherheit in der Nervenheilanstalt gestorben und hätte nicht die Möglichkeit auf ein Leben in Freiheit. Ich verdanke es Neil, dass meine Mutter ihre gerechte Strafe erhalten hat und meine Geschwister sorgenfrei leben können. Ich habe keinen Grund, das Vertrauen, welches mir entgegengebracht wird, zu verletzen.«

»Auch nicht für Sam?«, fragt sie vorsichtig. »Ich weiß, wie viel er dir bedeutet.«

Lüg weiter. Sie will dich bloß in die Enge treiben.

»Ist das ein Problem? Kann ich nicht mit ihm zusammen sein und trotzdem für die AUTORITÄT kämpfen?«

»Ich persönlich sehe darin keinen Widerspruch, allerdings …« Iva spitzt die Lippen und wartet ein paar Sekunden, bevor sie den Satz zu Ende spricht. »… macht Liebe bekanntlich blind.«

»Das ändert nichts daran, dass ich NOS vertraue.«

»Darf ich also annehmen, dass du unsere Einrichtung Sam vorziehen würdest. Natürlich nur für den Fall der Fälle.«

»Selbstverständlich.« Gott, ich ersticke fast an meiner Lüge. Allein bei dem Gedanken, in Sams strahlenden Augen Betrug und Enttäuschung zu sehen, wird mir speiübel. »Darf ich jetzt gehen?«

»Du bist wirklich faszinierend«, entgegnet sie und erhebt sich aus ihrem Stuhl. »Dein Gesichtsausdruck widerspricht den Werten auf meinem Monitor.«

Mein Körper spannt sich an, als ich ihrem Blick folge. Mein Puls liegt bei achtundneunzig und für eine schwindelerregende Sekunde vergesse ich das Atmen. »Gibt es ein Problem?«

»Du zeigst keine Angst, obwohl dein Herz gerade rast. Im Normalfall lähmt sie euch, bringt euch dazu, dass NOS euch nach ihren Vorstellungen formen kann. Bei dir ist das nicht so. Angst stachelt dich an, macht dich stärker und lässt dich klarer denken. Das ist beeindruckend und unsinnig zugleich. Es weckt Aufsehen.«

»Weil ich anders bin?«

»Ich muss dir hoffentlich nicht erklären, wie NOS zu Veränderungen steht.«

Ich schnaufe. »Als Forscherin ist das sicherlich schwer zu ertragen.«

Sie schließt das Programm und kommt um den Tisch herumgelaufen. Das Klackern ihrer Riemchensandalen hallt von den Wänden wider.

»Du solltest wachsamer sein.« Ihr Gesicht ist plötzlich ganz dicht an meinem, sodass ich ihre dichten Wimpern zählen kann. »Ich werde es dir nur einmal sagen, also hör gut zu. Sie beobachten dich. Dich speziell. Wenn du keinen Verdacht erregen willst, solltest du deine Worte klüger wählen.«

»Was –«

»Du bist ein grauenhafter Lügner«, unterbricht sie mich.

Der Stein auf meiner Brust wird tonnenschwer. Hastig blicke ich hinter mich, in die rechte obere Ecke. Zu meinem eigenen Erstaunen ist die Kamera ausgeschaltet. Mit Nachdruck fügt Iva hinzu: »Ich will dir helfen.«

»Indem Sie mir nicht alles sagen? Ist das Ihre *Hilfe*?«

»Wir tun das zu deinem Besten. Nichts zu wissen, kann hilfreich sein.«

»Wer ist *wir*?«, hinterfrage ich. »Sie und Neil?«

Iva seufzt entkräftet, tritt zwei Schritte zurück und lehnt sich mit verschränkten Armen gegen den Metallschreibtisch.

»Unsere Motive sind unwichtig. Du solltest dir mehr Mühe geben, deine Neugier zu verstecken«, warnt sie. »Denn wenn die Falschen dein Misstrauen entdecken, dann kann selbst Neil nichts mehr für dich tun.«

»Warum? Warum wollt ihr mich unbedingt beschützen?«

»Ich kann nicht für unseren Direktor sprechen, aber ich möchte dir wirklich helfen. Die Methoden von NOS sind berechenbar. Sobald ihr nicht nach einer bestimmten Norm handelt, seid ihr eine potenzielle Gefahr für sie. Deswegen kann ich es euch nur immer wieder ins Gedächtnis rufen: *Stellt keine Fragen. Verhaltet euch unauffällig. Befolgt die Regeln.*«

»Dann sind Sie genau wie sie«, sage ich verbittert. »Sie behandeln uns wie Marionetten, die nach den Launen ihrer Meister tanzen dürfen. Ist das in Ihren Augen ein lohnenswertes Leben?«

Auch Iva wirkt unglücklich. »Ich wünschte, ich könnte dir etwas anderes sagen.«

Ich trete zur Tür. Bevor ich den silbernen Knauf in die Hand nehmen kann, hält ihre Stimme mich auf.

»Eines noch.« Ich drehe mich nicht um. »Claire ist seit heute Morgen nicht mehr Teil dieser Einrichtung. Sie ist in die Hauptzentrale zurückgekehrt und wird ihre Trainerfunktion fortführen. Ich dachte, das solltest du wissen.«

Damit hätte ich nicht gerechnet, aber vermutlich ist das besser so. Ich würde sie verletzen und auch wenn wir unsere Differenzen haben, will ich sie als Freundin nicht verlieren. Der Abstand wird ihr guttun.

Im Garten ist es ruhig. Sanftgrüne Beleuchtung. Eine angenehme Brise von der Belüftungsanlage. Friedlich. Ich nehme mir Zeit und gehe durch die Beete, die sorgsam beschnitten sind. Reihe um Reihe türmen sich Blüten in träumerischem Nachtblau, kräftigem Rosa und gefährlichem Rot. Der Geruch ist intensiv, doch auf eine Weise beruhigend. Sams Mum hat Rosen geliebt. Zum Muttertag haben wir ihr einen kleinen selbstgeflochtenen Strauß geschenkt. Später verband sie unsere Hände mit Superman-Pflastern. Sam war zu ungeduldig gewesen und hatte sich an den Dornen geschnitten; ich war geduldiger gewesen, aber ungeschickter beim Zusammenstecken. Ihr Lächeln war es wert.

Vor einer roten Rose bleibe ich stehen. Ihre Knospe ist noch nicht ganz geöffnet. Einmal habe ich Ms Koenig versprochen, dass sie sich keine Sorgen zu machen brauche. Ich würde auf Sam aufpassen und ihn notfalls mit meinem Leben beschützen. Mein fünfzehnjähriges Herz hätte nicht ahnen können, wohin diese Worte es führen würden.

Ich hoffe, du kannst mir verzeihen, denke ich und trete über eine Holzbrücke. Vor dem großen Baum sitzen zwei kleine Körper zusammengerollt im Gras. Ihre rosafarbenen Nasenspitzen zucken interessiert. Zögerlich setze ich mich neben sie. Der schwarze Hase drückt sich an meine Seite, bevor er auf meinem Schoß springt und es sich bequem macht. Der Kleine ist unverbesserlich und genauso besitzergreifend, wie ich ihn kenne.

Jetzt, wo alles stillsteht, lastet ein schweres Gefühl auf mir. In meinem Kopf herrscht das reinste Gedankenkarussell: Wie wird Sam mir gegenüberstehen? Verletzt? Eingeschüchtert? Von Reue geplagt, mir gefolgt zu sein? Die Angst, ihn erneut zu verlieren, hält mich gefangen. Also versuche ich, in mir die positiven Erinnerungen heraufzubeschwören.

Aber für mich sind Erinnerungen schwierig. Sie sind oft an schmerzhafte Ereignisse aus meinem Leben gekettet. Selbst meine erste Begegnung mit Sam lässt mich unweigerlich an Mum denken. Daran, wie sie mich schlug und mir tagelang kein Essen gab. Schmerz hat die seltsame Wirkung, dass er sich einprägt. Er verändert einen. Auf welche Art, ist uns selbst überlassen. Und nun ist mein Wiedersehen mit Sam ebenfalls von einem dichten Schatten überzogen. Meinetwegen ist er bei NOS. Wegen meiner Selbstsüchtigkeit.

Was bleibt, ist das Warten und Warten und –

Das Unterholz knackt und die Hasen richten sich neugierig auf. Ich sehe hoch, treffe auf vertraute Augen. Achtsam setze ich den schwarzen Fellball ins Gras und eile an Sams Seite. Bei ihm angekommen, suche ich sofort nach einem Anzeichen von Schmerz und bin erstaunt. Ich finde nichts. Weder in seiner Haltung noch in seinem Ausdruck.

»Dir … geht es gut«, stelle ich fest. Meine Kehle ist trocken. Sam sieht gesund aus. Keine Blässe, keine Kratzer, kein Humpeln. Die Ärmel seines Pullovers sind bis zu seinen Ellbogen hochgekrempelt und die einzige erkennbare Wunde ist ein kleiner Nadelstich. »Sie hatte recht.«

»Wer?«, will er wissen.

»Iva«, bringe ich den Namen langsam über die Lippen und ehe er die Chance bekommt, darauf etwas zu erwidern, bricht der Damm. »Es tut mir leid, Sam. Scheiße. Niemals hätte ich gedacht, dass die AUTORITÄT eine Bestrafung ansetzen würde und unsere Einheit dich auswählt. Es tut mir so unfassbar leid. Wäre ich stärker gewesen, hätte ich mit Neil reden können, dann wäre das alles nicht passiert. Verdammt! Ich hätte niemals zulassen dürfen, dass du als Spezialist trainiert wirst, nein, ich hätte verhindern müssen, dass Neil dich mitnimmt, und ihm sagen sollen, dass ich mich ab sofort mehr anstrenge, bessere Ergebnisse zu bekommen, wenn er dich gehen lässt. Es tut mir leid, so unfassbar leid –«

»Ty«, sagt Sam sanftmütig und führt meine Hand an seine Brust. Die tröstliche Wärme kann mein mit Panik gefülltes Herz nicht beruhigen, aber unter den Fingerspitzen spüre ich ein kräftiges Pochen. *Sam geht's gut. Er lebt.* »Atme. Ich bin hier, Ty. Ich habe nicht vor, von deiner Seite zu weichen.« Er berührt meine Wange und bringt mich dazu, ihn wieder anzusehen. »Iva meinte, dass ich mit dir sprechen solle. Ist was passiert?«

Typisch. Sie überlässt es mir, ihre Befürchtungen offenzulegen. Ein Teil von mir ist ihr dankbar, ein anderer wünscht sich, sie hätte mir die Verantwortung abgenommen.

»Woran hast du gedacht?«, breche ich das Schweigen. »Während deiner Bestrafung?«

Sam sieht mich komisch an, so als könne er sich keinen Reim auf meine Frage machen. Zugegeben, sie klingt aus dem Kontext gerissen, doch mein Kopf läuft auf Hochtouren und lechzt nach einer plausiblen Antwort.

»Ich habe versucht, an nichts zu denken«, verrät er und atmet tief durch. Ich spüre, wie ihn bei der Erinnerung ein leichter Schauder durchwühlt. »Ich wollte ihnen nicht den Gefallen tun und Schwäche zeigen. Dann dachte ich an dich, dass ich dich wiedersehen muss, und das gab mir die notwendige Stärke, die Qualen zu ertragen.«

»Du hast an mich gedacht?«

Ein Schmunzeln schiebt sich auf seine Lippen. »Wieso schockiert dich das?«

Ich bleibe ernst. »Und damals bei dir zu Hause. Hast du da auch an mich gedacht?«

»Ja«, gibt er zu. »Insgeheim betete ich, du würdest kommen und uns retten.«

»Dann war es keine Einbildung …«

»Hm?«

»Ich habe dich wirklich *gehört*«, sage ich. »Erinnerst du dich? Bei unserem Wiedersehen sagte ich dir, dass ich dich gehört habe. Ich habe *gesehen*, wie dein Vater bedroht wurde, und konnte deine Panik fühlen.«

»Aber das ist –«

»Das Gleiche denkt Iva auch.« Sorgsam nehme ich seine Hände in meine. »Deshalb frage ich dich noch einmal: Fühlst du dich anders?«

»Ich bin kein Subjekt«, streitet er kopfschüttelnd ab. »Meine Werte sind unverändert und laut Iva ist mein Blutbild unauffällig.« Er sieht mir direkt in die Augen. »Ty, was ist los?«

Soll ich es ihm sagen? Ich ahne, dass er sich Vorwürfe machen wird. So unterschiedlich wir auch sind, bei einer Sache ticken wir gleich: Wir wollen niemanden verletzen. Doch … keine Geheimnisse. Wir haben es uns versprochen.

»Für deine erste Bestrafung bist du verhältnismäßig gut weggekommen«, beginne ich vorsichtig und beobachte sein Gesicht, sauge jegliche Veränderung in seiner Mimik auf. »In der Regel erholt man sich nicht so schnell. NOS nimmt ihre Bestrafungen sehr ernst, erst recht, wenn sie von ganz oben angeordnet wird.«

»Es war überhaupt nicht leicht«, widerspricht Sam und reißt sich los. »Sie haben meinen Kopf unter eiskaltes Wasser gedrückt, immer und immer wieder, und mich danach an Elektroden verkabelt. Am Ende haben sie mich ausgepeitscht. Erklär mir bitte, was daran *gut weggekommen* ist?«

»Du wurdest …« Rasch trete ich um ihn herum und ziehe den Stoff seines Pullovers nach oben, sodass ich seinen Rücken klar und deutlich sehen kann. Dort kreuzen und schneiden sich feuerrote Linien. Mir stockt der Atem. Die Wunden stammen von der Disziplinarpeitsche. Eine Schlagwaffe mit mehreren Riemen aus geflochtenem Leder. Äußerst vorsichtig fahren meine Finger über die Kruste. Durch die speziell entwickelte Heilsalbe wird es keine Narben zurücklassen. Nur einmal wurde ich ausgepeitscht. Ein Hieb genügt, um die Haut aufzureißen und einen höllischen Schmerz zu verursachen. In der Regel werden wenige Schläge als Disziplinarmaßnahme verordnet, um keine bleibenden physischen Schäden zu riskieren. Bei dem Anblick von Sams Rücken müssen es um die zehn gewesen sein.

Es lähmt mich, so sehr, dass es sich anfühlt, als hätte man mir einen Eimer mit kaltem Wasser ins Gesicht geschüttet und mich danach mit einer kräftigen Ohrfeige gewaltsam in die Realität zurückbefördert. Zittrig lasse ich die Hand sinken und entferne mich.

»Sam«, meine Stimme ist heiser, »bist du … wütend auf mich?«

»Wütend auf dich? Warum denn?«

»Wegen der Bestrafung.«

Sam gibt ein unzufriedenes Brummen von sich. »Hast du das die ganze Zeit in dich hineingefressen?«

Zögernd halte ich inne – ich weiß nicht, wie ich es ausdrücken soll.

»Du bist ein Dummkopf.« Seine Hände umgreifen sanft meine Schulter. »Ich würde dir niemals die Schuld geben. Das lag außerhalb deiner Verantwortung.«

Ich weiche ihm aus. »Meinetwegen –«

»Mit dir zu kommen, bei dir zu bleiben, stärker zu werden, mein Wunsch, dich zu beschützen. Ich bereue es nicht.«

»Aber du musstest so viel aufgeben.«

»Du bist es wert«, sagt er und mein Herz macht einen Sprung. »Ich streite nicht ab, dass es furchtbar gewesen ist, und offen gesprochen habe ich dieses Vorgehen nicht erwartet. Ich wusste, dass NOS keine Fehler vergibt, doch die Art der Bestrafung«, ein schwerer Seufzer, »hat nichts mit einer Disziplinarmaßnahme zu tun. Sie zielen darauf ab, einen zu brechen.«

»NOS hat keine Verwendung für unbrauchbare Werkzeuge«, spreche ich die Wahrheit aus, der ich unbedingt entkommen will. »Wenn du ihre Methoden überlebst, zeugst das von Wert, zerbrichst du, bist du Zeitverschwendung für sie.«

»Autsch.«

»Deswegen überrascht es mich«, kehre ich zum Ursprung unserer Unterhaltung zurück. »Ich kenne ihre Praktiken und dich jetzt so zu sehen … Ich verstehe nicht, wie du vor mir stehen kannst.«

»Ty?«

Ich antworte nicht sofort. »Wie war dein Schmerz?«

Irritiert kräuselt er die Stirn. »Worauf willst du hinaus?«

»Bei meiner ersten Bestrafung schliffen die Aufseher mich in den Krankenflügel, weil ich allein nicht mehr gehen konnte. Meine Arme waren verbrannt und ich hatte drei Frakturen am Oberkörper und Kiefer. Ich konnte tagelang nicht schlafen und schreckte von meinen eigenen Schreien aus meinen Albträumen. Jeder Neuankömmling, der seine erste Bestrafung überstanden hat, hat damit zu kämpfen. Einige von ihnen überleben das nicht. Daher will ich begreifen, wie du vor mir stehen kannst. Du kannst nicht abstreiten, dass es merkwürdig ist.«

Ich sehe es ihm an, erkenne den Moment, als er die Verbindung zwischen meinen Fragen knüpfen kann. Die Farbe schwindet schlagartig aus seinem Gesicht. Bleich und mit einer erschütterten Miene schaut er mich an.

»Willst du damit andeuten«, er schluckt heftig und seine Stimme bricht für zwei Sekunden, »dass du meinen Schmerz aufgenommen hast?«

Ich nicke. Ruckartig lässt er mich los, so harsch, dass die Hasen erschrocken zurückweichen. In großen Schritten geht er auf und ab, rauft sich die Haare, bevor er sich wieder zu mir wendet.

»Nein«, sagt er rau. »Das ist ein Scherz. Ich …«

»Wir wissen es nicht«, versuche ich, ihn zu besänftigen. »Nur dass mein Armband reagiert hat.«

Keine Antwort, die ihm genügt.

»Wie lange warst du bewusstlos?«, fragt er.

»Zwei Tage.«

»Genau so lange ging meine Bestrafung.«

Ich schüttle den Kopf. »Das muss nichts bedeuten.«

»Was, wenn doch?«, fragt er ungehalten. »Falls ich –«

»Sammy.« Ich verkürze unseren Abstand und ziehe ihn in meine Arme. »Das alles sind Vermutungen. Mir geht es gut. Meine Werte haben sich nicht verändert.«

»Und wenn sie lügt?«, spricht Sam meine eigene Sorge aus. »Wenn Iva mehr weiß, als sie zugeben möchte?«

Das ist sogar höchstwahrscheinlich. NOS hüllt sich in Schweigen. Die Mitarbeiter und Vorstandsmitglieder geben schwammige Erklärungen, die beim genaueren Zuhören mehr Fragen als Antworten liefern. Schon als Kind wollte ich wissen, wie es eine einfache Einrichtung geschafft hat, an so viel Einfluss zu gelangen. Weil sie sich der Forschung der unheilbaren Krankheit verschrieben hat? Weil sie eng mit dem Militär korrespondiert und dieses mit Waffen versorgt? Das alles ist schwer vorstellbar. Menschen sind von Natur aus egoistische Wesen. Niemand würde einer Einrichtung ein Monopol zusichern, ohne einen eigenen Nutzen daraus zu ziehen. Hierbei kann es nicht nur um die Auslöschung von Subjekten gehen. Es muss noch etwas Weiteres dahinterstecken, etwas, was die Regierung will und weswegen sie NOS freie Handlungsgewalt gewährt.

»NOS ist gut«, flüstere ich und vergrabe meine Nase in Sams Halsbeuge. »Glaubst du daran?«

»Ich vertraue grundsätzlich meinem eigenen Urteil und nicht dem, was andere mir einreden wollen. Sollte NOS wirklich gut sein, dann müssten sie es nicht ständig in ihren Propagandafilmen wiederholen.« Sein warmer Atem streift mein Ohr. »Aber ich weiß zu wenig, um mich festzulegen. Was sie euch antun, ist unverzeihlich, doch wenn ich so denke, würde das bedeuten, dass meine Eltern genauso abscheulich sind. Meine Mum hat dich geliebt, Ty. Ich will mir nicht vorstellen, dass sie dich getötet hätte.«

»Mein Dad hat geweint, als er begriffen hat, was ich bin.«

Sam löst sich von mir. »So schwer es auch ist, wir müssen abwarten.«

Er hat recht. Es ist egal, was ich glaube.

Sam führt mich zu den Hasen. Sie liegen friedlich im Gras, die Augen zu kleinen Schlitzen geschlossen. Wir setzen uns zu ihnen, direkt unter den Baum. Ich lehne mich an Sams Seite, mein Kopf auf seiner Schulter.

»Claire soll nach Seoul zurückgekehrt sein«, meint Sam nach einer Weile.

Ich atme schwer aus. »Hab davon gehört.«

»Ist zwischen euch –«

»Wir haben uns ausgesprochen«, schließe ich seine Lücke. »Zumindest hoffe ich, dass sie es verstehen kann. Sie war von Anfang an dort stationiert und für die Ausbildung der Spezialisten zuständig.«

»Ernsthaft?«

»Claire war von klein auf bei NOS und wurde von den Besten trainiert. Ich war nur kurz in der Hauptzentrale und konnte ihr einige Male beim Training zusehen. Ihre Entschlossenheit und ihr Kampfgeist haben mich überrascht; auch ihre Offenheit. Sie sagt dir, was sie denkt, und lässt dich wissen, wenn sie dich nicht ausstehen kann.«

Sam brummt. »Oh, ihr Hass auf meine Anwesenheit war kaum zu übersehen.«

»Sie hat sich meinetwegen versetzen lassen«, sage ich und fühle mich schuldig. »Anfangs glaubte ich, dass sie eine gute Freundin sein wolle. Sie hörte mir zu, nahm mir einen Teil meiner Sorgen und heiterte mich auf. Doch allmählich merkte ich, wie fixiert sie auf mich war.«

»Sie liebt dich.«

»Ich weiß«, murmle ich und beobachte, wie die Hasen sich gegenseitig putzen. »Und trotzdem werde ich ihre Gefühle niemals erwidern können.«

»Ty?«

»Hm?«

»Ich habe dich gehört. Bevor du das Bewusstsein verloren hast.« Erschrocken fährt mein Kopf zu ihm herum. An seinen Lippen hängt ein kleines Lächeln. »Als ich dich wiedergesehen habe, hatte ich Sorge, dass deine Gefühle sich verändert haben, und Claires Auftreten bestärkte meine Zweifel. Doch sie zeigte mir auch, wie sehr ich dich immer noch liebe. Es tut weh, von dir getrennt zu sein. Ich weiß nicht, wann ich mich in dich verliebt habe. Vielleicht als du zu unsittlichen Uhrzeiten Zuflucht unter meiner Bettdecke gesucht hast. Als ich dir beim Geigespielen zusah und mich fragte, wie solch ein toller Mensch im Stillen leiden kann. Als ich merkte, dass du mich auf eine Weise glücklich machst, auf die niemand sonst es tut. Nachdem du verschwunden warst, habe ich innerlich gebrannt. Viel zu oft wollte ich aufgeben, doch mein Herz weigerte sich, den Gerüchten zu glauben. Es konnte den Gedanken nicht ertragen und rief mir zu, dass du noch irgendwo dort draußen seist. Und dann hast du wirklich die Dreistigkeit besessen, meine Zweifel zu begraben. Du standest vor mir, lebendig, und scheiße, deine Augen sagten mir alles, was ich wissen musste. Ich liebe so viele Dinge an dir. Die Art, wie du das Kinn reckst, um hart zu wirken, wie du lachst und dabei die Nasenspitze ganz unbewusst nach oben ziehst, dass du mich besser als sonst irgendwer verstehst, wie entschlossen du handelst und versuchst, das Richtige zu tun, und natürlich dein großzügiges, unfassbar schönes Herz. Ich weiß, wir haben es uns niemals gesagt und dein Geständnis hat mich ziemlich überrascht, aber ich hoffe, du weißt, dass ich dich liebe. Mehr als –«

Überschwänglich werfe ich mich in seine Arme und drücke ihn ins Gras. Meine Lippen treffen auf seine, viel stürmischer, als ich es normalerweise tue. Sie verschmelzen in einer lang anhaltenden Explosion all der Gefühle, die sich seit unserem Wiedersehen angestaut haben.

Wir trennen uns für ein paar Sekunden, atmen die Luft des jeweils anderen ein und unsere Lippen treffen sich erneut. Der Kuss ist langsam, aber er ist innig und berauschend. Sam umfasst meinen Kiefer und fährt mit seiner Zunge leicht über den Rand meiner Unterlippe. Ein kehliges Knurren entfährt ihm, als ich ihm Einlass gewähre, woraufhin er seine Zunge sanft in meinen Mund gleiten lässt. In meinem Bauch entflammt ein Inferno. Es ist überwältigend und ich will mehr davon.

»Scheiße, Ty«, stöhnt Sam und dreht uns herum, sodass ich mit dem Rücken im Gras liege und er sich zwischen meine Beine schiebt. Seine Finger sind in meinem Nacken, in meinen Haaren und ich neige den Kopf, damit er einen besseren Winkel hat, um mich noch tiefer zu küssen.

Ein Strom aus Glück durchrauscht meine Brust und lässt mich alles vergessen. Meine Sorgen, meine Ängste, meine Verwirrung – einfach alles ist wie weggewischt. In mir lodert ein Verlangen, ihm noch näher zu sein. Ihn zu halten. Ihn nie wieder gehen zu lassen. Ich lege die Arme um seine Taille, drücke ihn an mich, bewege die Lippen gegen seine, erkunde und küsse ihn immer weiter.

Ungehalten stöhne ich in seinen Kuss hinein, mein ganzer Körper erwacht zum Leben, und plötzlich spüre ich alles: den sanften Luftzug, der unsere erhitzten Körper streift, das Rascheln der Hasen neben uns, das Gras, das im Nacken kitzelt, das Brennen meiner Haut, wo immer Sam sie berührt.

Unsere Küsse gehen endlos, so lange, bis wir nicht mehr können. Bis unsere Lungen nach Luft ringen.

»Ty?« Ich öffne meine Lider. »Ich weiß, unsere Situation ist nicht perfekt, und ich wünschte, ich könnte dir versprechen, dich an die Hand zu nehmen und all dem den Rücken zu kehren. Aber ich kann dir mein Wort geben, dass ich an deiner Seite bleibe und zu dir stehe. Ich will für immer ein Teil deines Lebens sein. Solange ich atme.«

Meine Hand findet den Weg zu seinem Gesicht und ich streiche mit dem Daumen über seine Wangenknochen. Hinter meinen Augen spüre ich die Tränen. Nicht aus Trauer oder Schmerz, sondern aus purer Ergriffenheit.

»Sei nicht nur ein Teil. Sei mein Ganzes.«

KAPITEL 18

Verschwitzt und triefend vom Regenwasser betrete ich die Waschkabine und streife im Gehen die Dienstjacke von den Schultern. Der kühle Zug der Belüftungsanlage ist angenehm und wirkt wie eine Kaltkompresse auf meiner geschundenen und von Blasen übersäten Haut. Die heutige Mission war furchtbar. Nicht nur, dass ich stundenlang im Regen stehen musste, um unser Ziel nicht aus den Augen zu verlieren, nein, der Typ von der Widerstandsbewegung hätte durch seine Dummheit fast alles vermasselt. Ich kann mir kaum vorstellen, was passiert wäre, wenn Liam die Bombe nicht rechtzeitig entschärft hätte.

Der Sprengsatz war an einem Stützpfeiler eines Bürogebäudes befestigt, mit der einzigen Aufgabe, alles und jeden in die Luft zu sprengen, der dort arbeitet. Ein Vorstandsmitglied von NOS führt das Unternehmen und finanziert einen Teil der Spendengelder für die Forschung. Es war ein gezieltes Attentat ohne Rücksicht auf die Zivilbevölkerung. Am Ende blieb uns keine Wahl. Isaac musste den Widerständler erschießen und ich überwältigte gemeinsam mit Sam unsere Zielperson. Ein Verräter, der offenbar Informationen verkaufte. Sein Verhör findet in diesem Augenblick statt.

In trägen Bewegungen öffne ich den Spind und werfe die Jacke über den Kleiderbügel. Dabei bleiben meine Augen an dem Emblem auf der linken Brustseite hängen. Echtes Gold. Wunderschön verarbeitet.

»Trage die Uniform mit Stolz«, erinnere ich mich an Neils Worte. *»Sie repräsentiert unseren Glauben.«*

»An was?«, hatte ich naiverweise gefragt.

»An eine Welt in Gemeinschaft, ohne Angst vor euren Fähigkeiten.«

Seine Worte klangen ernst gemeint und mein jüngeres Ich krallte sich sehnsüchtig an seine Ideale. Allerdings wurde es viel zu schnell in die grausame Realität zurückgeworfen. Ich musste mich der Wahrheit stellen, dass NOS sich kaum von meinem vorherigen Gefängnis unterscheidet. Statt einer verschlossenen Tür und Tabletten gab es ein hochmodernes Armband, Trainingspläne und ein streng überwachtes Areal.

Meine Finger fahren die Vertiefungen des Löwenkopfes nach. Tapferkeit und Gerechtigkeit, huh? Attribute, die ich NOS nicht zuordnen kann. Ihre Herangehensweise ist weder gerecht noch tapfer, und trotzdem kann ich nichts tun, als das Schauspiel aus der ersten Reihe anzusehen. Die Frage ist, ob ich das Ende miterleben werde.

»Hier steckst du also.« Isaacs Stimme holt mich aus meiner Versunkenheit. Er steht in der Tür, als überlege er, ob er hereinkommen sollte oder es sicherer wäre, Abstand zu halten. Bei seinem Anblick durchfluten mich mehrere Gefühle auf einmal. Keines davon ist friedlicher Natur. Selbst nach Wochen bin ich nicht gut auf ihn zu sprechen. Letzten Endes war es seine Entscheidung, Sam für eine Bestrafung auszuwählen, und ich kann es ihm nicht verzeihen. »Ich war mir sicher, du wärst bei deinen Hasen.«

»Was willst du, Isaac?«, frage ich, obwohl ich mir denken kann, was er möchte. Ein Blick in seine Augen bestätigt meinen Verdacht. In ihnen schimmert die Überheblichkeit der Gruppenführer, allerdings entdecke ich noch etwas anderes – einen Ausdruck, der mich verunsichert. Eine aufrichtige Sorge, die er nicht ganz überdecken kann.

»Du überraschst mich immer wieder aufs Neue«, setzt er an und entscheidet, in den Waschraum zu treten. »Zuerst dachte ich, du wärst ein gebrochener Junge mit einem starken Überlebenswillen. Deine Fähigkeit ist mittelmäßig und im Training hast du kaum nennenswerte Ergebnisse erzielt. Ich war mir sicher, dass du es keine zwei Wochen aushalten würdest. Nachdem Neil dich meiner Einheit zugewiesen hatte, protestierte ich. Ich wollte keinen, der meine Freunde durch Unerfahrenheit und Schwäche in Gefahr bringt. Doch dann hast du mir bewiesen, wie stark du bist und dass ich mich im Ernstfall auf dich verlassen kann. Deine Ergebnisse verbesserten sich rapide und ich lernte, dir zu vertrauen. Mit der Zeit begann ich jedoch, vorsichtiger in deiner Gegenwart zu werden. Viel zu oft musste ich mit ansehen, wie du die Belange von NOS infrage gestellt hast und anfingst, selbst an meinen Entscheidungen zu zweifeln. Und nun, tja«, ein tiefes, lang anhaltendes Seufzen, »bist du wieder der Junge, der gehorsam den Regeln folgt und die Rangliste nach oben klettert.«

Ich hebe eine Braue, unschlüssig, worauf er hinausmöchte. »Ist Neil unzufrieden?«

»Im Gegenteil«, verkündet er und setzt sich auf die Umkleidebank. »Er ist beeindruckt von deinem Ehrgeiz.«

»Aber du scheinst ein Problem damit zu haben.«

»Ich habe kein *Problem*, solange es meiner Einheit zugutekommt. Doch ich vermute, hinter deinem plötzlichen Interesse, NOS in den Arsch zu kriechen, steckt weitaus mehr, und ich will wissen, was in dir vorgeht.«

Ich hasse mich dafür, dass ich über seine Worte lachen muss. »Was? Kein Glück, meine Gedanken zu lesen?«

»Vorsicht«, erwidert Isaac scharf.

Ich balle die Fäuste. Sein maßregelnder Ton strapaziert meine Geduld.

»Ich werde mich nicht zurückhalten. Nicht vor dir«, knurre ich. »Ich tue das, was ich für richtig halte. Für die Konsequenzen bin ich allein verantwortlich.«

»Selbst wenn du deine Einheit gefährdest?«

»Womit bringe ich euch in Gefahr, huh?«, verlange ich nach einer Antwort. »Ich habe heute Masons Leben gerettet und unsere Zielperson gefangen genommen. Ich war konzentriert und habe keinen einzigen Fehler gemacht. Neil ist zufrieden. Mein derzeitiger Rang ist ›B‹. Uns geht es gut. Was willst du noch?«

»Ich will, dass du ehrlich zu mir bist.«

»Das bin ich.«

»Nicht sobald es um den Jungen geht.« *Den Jungen.* Sam. Selbst nach all der Zeit fällt es Isaac schwer, seinen Namen auszusprechen, und wenn er es tut, ist da dieser unterschwellige Ton, der ihn verrät und mir sagt, wie sehr er ihn ablehnt.

»Sam ist nicht *er*, Isaac.«

»Er könnte es aber werden«, zerschmettert er meinen Versuch, seine festgefrorene Meinung zu ändern. »Wenn du ihn in irgendeiner Weise beschützen willst, solltest du dir weniger Gedanken um ihn machen. Deine Sorge trübt deinen Verstand und lässt dich angreifbar werden.«

»Sam macht mich nicht schwach!«, raune ich.

Enttäuscht schüttelt er den Kopf und ich fühle mich, als würde ich von meinem Vater belehrt werden.

»Wieso musst du so verdammt stur sein?«, fragt Isaac. Seine Stimme ist jetzt sanfter. »Ich will vermeiden, dass du den gleichen Fehler machst.«

Ich verstehe, was in ihm vorgeht. Wirklich. Ganz automatisch präsentiert mir mein Kopf die Bilder der missglückten Mission. Isaacs Befehlsverweigerung. Eine ohrenbetäubende Explosion. Schutt. Asche. Unzählige Verletzte. Loderndes Feuer. Blut, welches sich in zickzackartigen Linien auf dem nassen Asphalt ausbreitet, und Schreie, qualvoll und von so viel Schmerz überzogen, dass sie mich bis in meine Träume verfolgen.

»Du hast keinen Fehler gemacht«, wiederhole ich meine Worte von damals. »Was passiert ist, hätte niemand vorhersehen können.«

»Da irrst du dich«, streitet Isaac missmutig ab. »Mir hätte es klar sein müssen. Wegen meiner Unachtsamkeit ist *er* gestorben. Ich habe mir geschworen, dass ich so etwas niemals wieder zulassen würde.« Er sieht mich an und erschrocken halte ich die Luft an. In seinen Augen brennt Entschlossenheit. »Dein Verhalten erregt ungewolltes Aufsehen. Damit bringst du uns alle in Gefahr.«

Ich fische Handtuch und Wechselkleidung aus dem Spind. Härter als beabsichtigt schlage ich die Tür zu.

»Was willst du eigentlich von mir?«, rufe ich aufgebracht. »Wenn ich meine Unsicherheit zeige, bist du wütend und ermahnst mich, den Regeln zu folgen. Tue ich genau das, bist du ebenfalls unzufrieden. Wieso lässt du mich nicht einfach in Ruhe?«

Doch Isaac macht keine Anstalten zu gehen.

»Du bist wütend, ängstlich, nervös und … irritiert«, stellt er nüchtern fest und scheiße, ich verachte seine Fähigkeit, die es ihm erlaubt, mich so leicht zu entschlüsseln. »Dich beschäftigt etwas und das besorgt mich. Ich will dich nicht belehren oder dich anweisen, wie du dich zu verhalten hast. Ich möchte dir bloß ans Herz legen, wachsamer zu sein.«

»Was willst du mir damit sagen?«, frage ich entnervt.

»Ich mache es dir einfach.« Isaacs Miene ist aus Stein geschlagen. »Wenn Sam dich bitten würde, mit ihm aus der Einrichtung zu fliehen, würdest du es tun?«

Für mehrere Sekunden bin ich baff. Dass unser Gespräch diese Wendung nimmt, hätte ich nie für möglich gehalten. Gerade weil Iva von mir einen ähnlichen Vertrauensbeweis gefordert hat.

Ich lasse die Schultern hängen. »Wieso willst du das wissen?«

»Ich muss es einfach«, sagt er.

»Weil Neil die Antwort braucht?«

»Hierbei geht es nicht um ihn oder darum, was NOS von uns verlangt«, meint Isaac gepresst. »Ich frage dich als dein Freund.«

Die Aufrichtigkeit hinter seinen Worten ist spürbar, doch zwischen den Worten versteckt sich weitaus mehr.

»Du weißt, was Sam mir bedeutet«, sage ich milde gestimmt. »Du kannst es sehen. Also ja, sollte der eine Tag kommen und er würde mich darum bitten, würde ich nicht eine Sekunde zögern.«

»Das habe ich befürchtet.« Er seufzt niedergeschlagen.

»Isaac –«

Er hebt eine Hand und steht auf. »Schon gut. Ich musste es hören.«

»Warum?«

Doch er ignoriert meine Frage. »Ich will, dass du mir eine Sache versprichst: Egal was heute Abend passiert, handle nicht überstürzt. Lass dich nicht von deinen Gefühlen lenken und bitte«, in seine harten Züge mischt sich ein flehender Ausdruck, »ändere deine Meinung nicht über mich.«

Ich brauche einen Moment, um eine Verbindung zu ziehen. Nach dem Abendessen findet eine außerplanmäßige Selektion statt. Die erste überhaupt, die von der AUTORITÄT angeordnet wurde. Aus welchem Grund sie stattfindet, wurde uns natürlich nicht mitgeteilt, aber es reicht, dass alle ein wenig aus dem Häuschen sind. Auf den Gängen wird über nichts anderes gesprochen und wenn ich ehrlich bin, macht mich das nervös. Doch was mir viel mehr Unbehagen bereitet, ist Isaacs Distanz.

»Was wird heute Abend passieren?«, frage ich ihn direkt.

Wie erwartet geht Isaac auf Abstand. »Das kann ich dir nicht sagen.«

»Aber es belastet dich.«

»Bitte.« Seine Stimme bricht. »Versprich es mir.«

Ihn so zu sehen, ist noch erschreckender. Isaac ist jemand, der seine Gefühle kaum offen zeigt, und gerade erblicke ich so viele Emotionen: Furcht, Vorsicht, Nervosität, Reue. Mich um dieses Versprechen zu bitten, ist untypisch für ihn und ich weiß nicht, was ich davon halten soll.

»Also schön«, gebe ich nach. »Ich werde mich ganz vorbildlich benehmen und dir keine Schwierigkeiten bereiten.«

Seine Mundwinkel zucken. »Danke, mehr brauche ich nicht.«

Damit lässt er mich allein zurück und ich trete unter das kalte Wasser.

In der Mensa halte ich mein Armband vor einen Sensor und warte, bis der Metallbehälter sich mit einem leisen Klick öffnet. Auf dem Tablett finde ich mein Abendessen: eine Gemüse-Reis-Pfanne auf Hähnchenstreifen, ein Glas Orangensaft und eine kleine Portion Schokoladenpudding. Ein Mädchen hinter mir fragt bei einem Aufseher nach Nachschlag, doch den gibt es nie.

NOS sieht das Essen als reine Funktion, damit wir gestärkt ins Training gehen. Die vorgesehene Ration hängt vom Alter und der medizinischen Empfehlung ab. Ich sehe auf meine Portion. Verglichen mit anderen Gleichaltrigen bekomme ich mehr. Bereits bei meiner Ankunft bemängelte Iva meine Unterernährung. Seitdem schreibt mein Essensplan vor, Gewicht zuzulegen. Mit Erfolg. In den ersten Wochen bekam ich nicht nur Muskeln, sondern fühlte mich auch fitter.

Ich stelle mein Tablett neben Sams ab.

»Alles okay?«, fragt er und rutscht automatisch näher, sodass sich unsere Ellbogen fast berühren.

»Mm«, brumme ich und schlucke einen Bissen hinunter. »Musste den Kopf freikriegen.«

»Möchtest du reden?«

Manchmal hilft das, aber dieses Mal lehne ich dankend ab. Stattdessen atme ich seinen beruhigenden Duft ein.

»Hab dich vermisst«, flüstert Sam und drückt mir einen flüchtigen Kuss auf die Wange.

Ich muss schmunzeln. »Ich war höchstens eine Stunde weg.«

»Eben«, klagt Sam. »Viel zu lange.«

Mason schnaubt. »Gott, können die zwei Turteltäubchen bitte woanders sitzen?«

»Du bist bloß neidisch.« Ich strecke ihm meine Zunge entgegen.

Seine Antwort besteht darin, mir eine Erbse auf die Nase zu schnipsen, was uns drei zum Lachen bringt.

Mein Blick kreuzt sich mit Isaacs. Noch immer verhält er sich reserviert. Er ermahnt uns nicht einmal für unser kindisches Verhalten. Seine geistige Abwesenheit lässt meine Alarmglocken anspringen. Das ist nicht gut. Ich möchte nicht, dass Isaac sich so benimmt.

Was, wenn ich selektiert werde? Wenn ich Sam verlassen muss?

Abwegige Gedanken. Neil hätte es mir bestimmt gesagt. Zudem rechtfertigen meine Ergebnisse nicht ansatzweise eine Selektion.

Es wurden schon Schlechtere ausgewählt. Sei dir nicht so sicher.

Und trotzdem halte ich es für unmöglich. In einer fahrigen Bewegung greife ich nach dem Pudding und schiebe mir einen großzügigen Löffel in den Mund. Die Schokolade schmeckt herb und klebt auf meiner Zunge. Fast schon ungenießbar.

»Gott, ich vermisse deinen Vanillepudding«, sage ich ein wenig wehleidig. »Nicht zu vergleichen mit diesem Mist.«

Sams Augen beginnen zu strahlen. »Ich würde dir sofort einen zubereiten, wenn ich könnte.«

»Du kannst kochen?«, schaltet Mason sich ein und lehnt sich interessiert in unsere Richtung.

»Ein bisschen, ja«, gesteht Sam.

Seine Antwort lässt mich grunzen. »Er untertreibt. Die Küche war fast schon sein zweites Zuhause. Pausenlos probierte er sich an neuen Rezepten aus.«

»Wow.« Mason pfeift erstaunt. »Das hätte ich dir gar nicht zugetraut.«

Auf Sams Lippen erscheint ein kleines Lächeln. Er versucht, es zu verstecken, aber ich erkenne den traurigen Zug und ergreife seine Hand.

»Mir blieb kaum eine andere Wahl, als mir das Kochen selbst beizubringen«, verrät er ihnen. »Meine Eltern waren oft außer Haus und wenn sie da waren, hatten sie keine Zeit für eine ordentliche Mahlzeit. Ihre Forschung war zu wichtig und ich wollte keine Last sein.«

»Das warst du nicht. Niemals, hörst du?«, sage ich. »Sie lieben dich.«

»Ich weiß. Ich wünschte …« Er beendet seinen Satz nicht.

Liam räuspert sich und bewirkt, dass Sam ihn ansieht.

»NOS wird deinen Vater finden«, spricht er ihm Mut zu. »Der Mann von heute scheint mit dem Widerstand zusammenzuarbeiten und Levis, der Barkeeper aus dem Club, soll sich noch immer im Gefangenentrakt befinden. Sobald Neil weiß, wo sie ihn festhalten, wird er die Schutzgarde einschalten und ihn retten.«

»Und wenn es zu spät ist?«, fragt Sam bedrückt.

Mason sieht ihn mitfühlend an. »So darfst du nicht denken. Noch besteht Hoffnung.«

»So, so«, singt Sam sarkastisch und stellt sich ihm. »Warst du nicht derjenige, der meinte, er würde realistisch denken?«

Mason zuckt die Achseln. »Bei dir mach ich 'ne Ausnahme.«

»Also hältst du es für denkbar, dass mein Vater –«

»Hey«, werden die beiden von einer Stimme unterbrochen. Ich drehe mich zu ihr um und treffe auf Peetas Augen. Er wirkt verunsichert, was für den sonst aufgeweckten Jungen ungewöhnlich ist. »Kann ich mit dir reden?«, fragt er an mich gerichtet. »Allein? Dauert nicht lang.«

Ich bin überrascht. »Wobei könnte ich dir helfen?«

»Bitte. Es ist dringend.«

Mich beschleicht ein ungutes Gefühl. Peeta verhält sich genauso eigenartig wie Isaac. Weg sind der ausdrucksstarke Blick und das freche Mundwerk. Sein Körper steht unter einer enormen Anspannung.

Ich will einwilligen, als Isaac mir zuvorkommt. »Die Selektion beginnt jeden Moment.«

»Es ist wirklich wichtig«, drängt Peeta.

Isaac straft ihn mit einem wütenden Ausdruck. »Mir egal, ob es das ist. Es kann warten.«

»Dann könnte es zu spät sein!«, platzt es aus dem Jungen heraus und unser Tisch wird schlagartig still. Die Aufseher starren in unsere Richtung, wachsam und abschätzend, ob sie zu uns kommen sollen. Peetas Hände greifen nach dem Bund seines Pullovers – eine Geste, die ihm Halt bietet.

Bevor Isaac die Fassung verliert, stehe ich auf und weise auf eine Ecke weiter hinten im Saal.

»Tobias –«

»Lass ihn«, mischt Liam sich ein und hält unseren Gruppenführer am Arm fest.

Isaac ist zuerst verdutzt, dann wird er plötzlich wütend. »Liam –!«

Auch dieser wird ungehalten. »Hör auf, ihn an der kurzen Leine zu halten. Aber du kannst ihn gern weiter beobachten und einen Narren aus dir machen.«

Die Stimmung zwischen den beiden wird feindselig. Isaacs Fingerknöchel, die den Löffel fest umschlossen halten, treten weiß hervor.

Liam ignoriert ihn und wendet sich mir zu. Seine Mimik wird weicher: »Geh, Ty.«

Dankend nicke ich ihm zu, drücke Sams Schulter und folge Peeta durch die Tischreihen. Die Aufseher schauen uns nach. Ihre übertriebene Wachsamkeit zieht an meinen Nerven. Sie wirken viel präsenter als sonst.

»Also, was brennt dir auf der Seele?«, frage ich und lehne mich an einen Pfeiler.

»Das ist nicht so leicht zu erklären«, fängt er zögerlich an. »Hast du gewusst, dass es letzte Nacht eine Führungskonferenz gab?«

Statt zu antworten, schweift mein Blick zurück zu Isaac. Wie erwartet beobachtet er uns. Natürlich habe ich das nicht gewusst und das ist eigenartig, da er solche Nachrichten normalerweise nicht vor uns geheim hält.

»Irgendeine Ahnung, worum es ging?«

»Um unsere Ergebnisse und die Entscheidung, wer von uns für eine Selektion geeignet ist, und«, er schaut mich an und in seinen Augen kann ich die gleiche Angst ablesen, die mich selbst heimsucht, »dabei ist mein Name gefallen. Mein Name steht auf der heutigen Liste.«

»Woher willst du das wissen?«, frage ich ungläubig.

Er zuckt belanglos mit den Schultern. »Die Aufseher bekommen eine lockere Zunge, sobald sie angetrunken sind.«

»Und da ist dein Name gefallen?«

Sein Schweigen genügt. Der Junge sieht nicht danach aus, als ob er lügen würde. Peeta ist nicht schlecht, aber er zählt auch nicht zu den Besten. Sein derzeitiger Rang ist ›D‹, eine Verschlechterung zu seinem bisherigen Stand. In den vergangenen Wochen bemängelte sein Gruppenführer seine Unachtsamkeit und selbst im Training macht er Fehler, die ihm sonst nie passieren würden.

»Müsstest du dich nicht freuen? Du hast die Chance, ein Leben außerhalb der Mauern zu führen.«

»Warum ich?«, stellt er die offensichtliche Frage. »Ich bin ungeschickt und stehe meiner Einheit im Weg. Meine große Klappe und meine Art, an Informationen zu kommen, sind das Einzige, was mich auszeichnet. Ich begreife es nicht. Nach welchen Kriterien werden wir ausgewählt? Ist es willkürlich oder steckt dahinter ein System?«

»Willst du damit andeuten, dass die Selektion für einen ganz anderen Zweck genutzt wird?«

Peeta sieht mich an, als hätte ich gerade etwas völlig Dummes gesagt. »Für dieses Spiel bist du zu clever. Ich weiß, dass du ähnliche Gedanken hast.«

»Peeta –«

»Du musst mir glauben«, schreit er fast. »Irgendetwas stimmt nicht. Ich fühle es. Ich sollte glücklich sein und dennoch bin ich es nicht. Scheiße, ich will nicht selektiert werden.«

Ich verstehe es. Verdammt gut sogar. Trotzdem sind mir die Hände gebunden.

»Ich habe keinen Schimmer, was du von mir hören willst. Meinst du nicht, dass du einfach nervös bist?«, versuche ich, ihn zu beruhigen.

»Verarsch mich nicht!«, raunt er schroff.

»Wie soll ich dir helfen? Sagen, dass NOS uns nur einsperrt und trainiert, um uns am Ende zu töten? Tut mir leid, aber der Gedanke ist genauso absurd.«

»So wie alles andere auch, nicht wahr?«, antwortet Peeta patzig. »NOS legt sich einen schönen Plan zurecht, damit wir glücklich und zufrieden unter der restlichen Bevölkerung leben können. Ein wahrlich prächtiges Happy End.«

»Das ist nicht witzig.«

»Natürlich ist es das nicht!«, blafft er verzweifelt. »Ich dachte, du würdest es verstehen …«

Noch bevor ich die Gelegenheit bekomme, etwas zu sagen, schwingt die große Flügeltür auf. Ohne Begrüßung beginnt eine Forscherin, die Namen für die monatliche Selektion vorzulesen. Das Klatschen umhüllt mich. Es wird begleitet von begeistertem Gejohle und aufrichtigen Glückwünschen.

»Peeta Mayls.«

Ich schlucke mühsam und blicke in sein aschfahles Gesicht. Der Junge sagt kein Wort mehr, sondern kehrt an den Tisch seiner Einheit zurück. Besonders glücklich sind sie nicht. Vielmehr wirkt es, als seien sie erleichtert, ihn loszuwerden. Einzig und allein seine Kameradin sieht bestürzt aus, dass Peeta sie verlassen muss. Sanft drückt sie seine Hand und murmelt ihm etwas ins Ohr.

Scheiße, er hatte recht, denke ich und sehe zu, wie er sich mit gesenktem Haupt zu den anderen stellt. *Er wurde tatsächlich selektiert.*

Die Forscherin sieht wieder auf ihr Tablet. Sie zögert und scheint im Raum nach jemandem zu suchen. Bei mir angekommen, verharrt sie einen Augenblick. Ich will es nicht. Rational betrachtet sollte ich es wollen, aber jede Faser meines Körpers sträubt sich dagegen.

Die Frau hustet trocken und verkündet den letzten Namen auf ihrer Liste. Es ist nicht meiner. Auch wenn sie mich genauestens im Blick behält, so, als ob sie sichergehen wollte, dass ich keine Dummheiten mache, spricht sie einen ganz anderen aus. Einen, der sich tief in meinen Magen bohrt.

»Sam Koenig.«

Beim bloßen Klang seines Namens schlingt sich ein fieser Knoten lauter unangenehmer Gefühle um meinen Bauch: Entsetzen, Unglaube, Angst. Ich schaue Sam an, während ich rechts und links von mir Bewegungen wahrnehme. Zwei Aufseher haben sich neben mir positioniert.

Um mich herum wird getuschelt; kritische und fassungslose Worte werden getauscht. Masons Augen weiten sich und er wird von Liam zurückgehalten, aufzustehen. Isaac weicht meinem Blick aus, schaut stur auf sein Essen und Sam … Sams Gesichtsausdruck zerreißt mir mein Herz. Was soll das bedeuten? Sam wird selektiert?

Dann begreife ich und mein Körper reagiert schneller als mein Verstand. Ich erwache aus meiner Starre und renne auf die Forscherin zu, die erschrocken mehrere Schritte zurücktaumelt. Weit komme ich nicht. Hände drücken mich nach unten, zwingen mich auf die Knie. Der gesamte Saal wird mucksmäuschenstill. Mein Atem geht stoßweise, viel zu gepresst und abgehackt. Stimmen zischen:

»Mach keinen Fehler, Young.«

»Willst du sterben?«

»Verhalt dich schön ruhig.«

Mein Herz klopft heftig und so wahnsinnig schnell, dass ich ihre Worte kaum verstehen kann. Ich weiß nur, wie falsch das alles ist. Die Chance, dass Sam ausgewählt wird, existiert nicht. Kein Spezialist wird für eine Selektion ernannt, weil es schlichtweg sinnlos ist. Sie sind nicht krank. Sie brauchen das Heilmittel nicht und der Grund dafür ist ganz einfach: Sie sind keine fucking Subjekte. Ihr einziger Zweck besteht darin, Leute wie mich zu finden und einzufangen. Also was zum Teufel wird hier gespielt?

»Warum?«, frage ich zischend. »Warum steht Sams Name auf der Liste?«

Niemand antwortet. Es macht mich wütend und diese Wut schlägt sich in Hitze um.

»Jetzt reden Sie endlich!«, verlange ich und wünschte, ich könnte ihr ins Gesicht spucken. »Er ist kein Subjekt. Was wollen Sie mit ihm machen? Ihm das Gegenmittel spritzen? Das ist völlig absurd! Die Selektion ist für Subjekte gedacht – unsere Chance auf Heilung.«

»Ich bin dir keine Rechenschaft schuldig, Junge.« Genervt schaltet die Forscherin ihr Tablet aus. »Die Entscheidung obliegt der AUTORITÄT. Jeglicher Zweifel gleicht Hochverrat.«

»Das ergibt keinen Sinn«, streite ich ab. »Das ist –«

Der Rest meiner Worte wird durch einen explosionsartigen Schmerz am Kieferknochen erstickt. Einer der beiden Aufseher hatte genug von meinem Protest und hat mir den Kolben seines Gewehrs mit voller Wucht gegen den Kopf gedonnert. Vor mich stellt sich eine Frau mit harten Zügen, den Finger gefährlich nah am Abzug.

»Erteilen Sie den Befehl!«, schreit sie herrisch. »Geben Sie mir den Befehl und ich jage ihm eine Kugel in den Schädel.«

Im Hintergrund fange ich Sams Gesicht auf. Er ist stehen geblieben und wird von einem Aufseher daran gehindert, zu mir zu kommen. Meine Augen nehmen alles auf einmal auf: seine Hände, die er zusammenballt, um das Zittern zu verbergen, seine zu einer schmalen Linie gepressten Lippen, den panischen Ausdruck, die zusammengefallenen Schultern.

»Was denkst du dir bloß dabei?«, fragt die Forscherin. »Wie kann man so verdammt naiv sein, hier einen Aufstand anfangen zu wollen? Und das nur wegen eines belanglosen Jungen.«

»Halten –«

»Letzte Verwarnung, Young!«, zischt die Aufseherin.

Ein lautes Klicken an meinem Ohr durchschneidet die zerreißende Stille. Die Frau drückt mir den Lauf ihrer Waffe an die Schläfe. Die Kälte der Mündung breitet sich in meinem ganzen Körper aus und doch merke ich, dass mir ihre Drohungen egal sind. In meine Gedanken mischt sich die qualvolle Angst, erneut von Sam getrennt zu sein, und diese Angst droht mich von innen zu überwältigen.

»Fickt euch doch!«, fluche ich zu meiner eigenen Überraschung. »Ihr belügt uns alle!«

»Wie bitte?«

Ich funkle sie an. »Ihr versprecht uns, dass wir hier rauskommen, wenn wir uns benehmen und gute Ergebnisse erzielen, aber ist das die Wahrheit? Ich bin das Spiel so verdammt leid.«

Jetzt habe ich es ausgesprochen. Meine Zweifel und Unsicherheiten.

»Du enttäuschst mich«, erwidert die Forscherin. »Ich dachte, du wärst schlauer. Merk dir eines: Nach deinem heutigen Verhalten wirst du niemals frei sein. Offen gesagt solltest du dich für deinen Freund freuen. Vielleicht spornt es dich an, mehr auf deine Leistung zu achten.« Mit einer Kopfbewegung ziehen die Aufseher mich auf die Beine. »Schafft ihn in die Einzelzelle und dem Rest«, ihre Stimme wird weicher, »wünsche ich viel Erfolg. Eure Zeit wird kommen.« Niemand rührt sich im Saal. »Los jetzt!«, bellt sie und fordert Sam auf, zu ihr zu kommen. Seine Augen bleiben auf mir haften. *Mach dir keine Sorgen.*

Ich kann dich nicht verlieren.

Auf seine Lippen schiebt sich ein gezwungenes Lächeln. *Bleib am Leben, Ty. Versprich es mir.*

Es bringt mich um.

Mason drückt Sam und Liam schüttelt ihm freundschaftlich die Hand. Der Anblick verstört mich. Sie verabschieden sich. Von Sam. Einem Spezialisten. Was zum Fick passiert hier? Ein Albtraum. Das muss eine grauenvolle Halluzination sein. Ich muss aufwachen. Wach auf!

Doch mit jeder weiteren Sekunde wird mir die schreckliche Realität bewusst. Mein Blick gleitet zu Isaac. Schweigsam steht er zwischen Sam und mir, mitten auf dem Gang. Seine Stirn ist gerunzelt und auf seinem Gesicht ruht eine verärgerte Miene.

Egal was heute Abend passiert …

… lass dich nicht von deinen Gefühlen lenken.

Bitte ändere deine Meinung nicht über mich.

Nein, bitte nicht …

»Du hast es gewusst«, kommt es gebrochen über meine Lippen. Sofort schaut er zu mir und ich erkenne es – scheiße, ich sehe es. Isaacs gequälter Ausdruck beantwortet mir alles.

Elend und panisch strample, ziehe und zerre ich. Nine und Isaac lösen die beiden Aufseher ab und schleifen mich aus der Mensa.

»Sam!«, schreie ich. »SAM!«

Ich rüttele fester, aber es hat keinen Sinn. Die Tür wird vor mir geschlossen. Dann werde ich grob herumgedreht und gegen die nächstbeste Wand geschleudert.

»Beruhig dich endlich!«, schnauzt Nine.

»Niemals!«, schreie ich und will mich auf ihn werfen. »Sam, er –«

Isaac packt mein Handgelenk. »Vertrau mir, Ty. Alles wird gut.«

Verarscht er mich?

»Er ist … weg! Weg! Und es ergibt keinen Sinn.« Meine Stimme bricht. »Bitte. Ich muss … zu ihm. Er darf nicht … Ich …«

»O Gott, was für ein Theater«, grunzt Nine. »Am liebsten würde ich dir in den Hals schießen und dabei zusehen, wie du verblutest, nur um meine Laune zu heben, aber damit würde ich mir selbst wohl am meisten schaden.« Die Mündung seiner Pistole erscheint vor meinen Augen. »Und jetzt setz deinen jämmerlichen Arsch in Bewegung!«

Ich verharre, unfähig, einen Schritt zu gehen. Meine Finger sind taub und jeder Atemzug brennt in meiner Kehle. Diese aussichtslose Situation hat einen einzigen Auslöser: das perverse Spiel eines Mannes, der uns für Schachfiguren hält und Freude daran hat, uns zu brechen. Und ich kann nichts tun! Scheiße! Gottverdammte Scheiße!

»Ich sag's nicht noch mal«, warnt Nine.

Mir bleibt keine Wahl, als zu gehorchen. Ein einziger Gedanke durchdringt mich. Ein Versprechen. Für mich. Für Sam.

Ich werde dich wiederfinden.

FORTSETZUNG FOLGT

Eternal Trust

Choose your Fate

VOLUME 2

GUIDE
zu Eternal Trust

PERSONEN

Die Personen, die hier aufgelistet sind, können die Handlung spoilern; benutze daher den Guide beim ersten Durchlesen des Romans mit Vorsicht.

Hauptcharaktere

Tobias Young »Ty«

STATUS: Subjekt, **geb.** 14.08.2013
FÄHIGKEIT: Unsichtbarkeit/Schutzwall
TAG DER ÄNDERUNG: genauer Zeitpunkt unbekannt, kurz nach dem 15. Geburtstag

Hinter seinem fröhlichen Lächeln verbergen sich Ängste und Unsicherheiten. Tobias hat einen starken Sinn für Gerechtigkeit und tut alles, um zu helfen. Trotz seines ausgeprägten guten Urteilsvermögens handelt er ungestüm. Oftmals stößt er aufgrund seiner Ansichten mit seinem Gruppenführer Isaac zusammen und wird von NOS für sein Fehlverhalten bestraft. Mit fünfzehn Jahren erwacht seine Fähigkeit und er ist seither als Subjekt gebrandmarkt. Sein einziger Hoffnungsschimmer ist Sam, sein bester Freund aus Kindertagen und spätere Jugendliebe. Das Versprechen ihm gegenüber lässt Tobias weitermachen mit der Hoffnung, eines Tages frei zu sein.

Sam Koenig

STATUS: Spezialist, **geb.** 03.09.2014

Sam stammt aus einer einflussreichen Familie und musste früh lernen, auf seinen eigenen zwei Beinen zu stehen. Auch wenn er selbstbeherrscht wirkt, bringt er seine Meinung klar zum Ausdruck. Sam hat einen starken Sinn für Verantwortung und tut alles, um für Tobias eine Stütze zu sein. Dabei treten seine eigenen Ängste und Unsicherheiten in den Hintergrund. Nach dem plötzlichen Wiedersehen mit Tobias wird er von NOS aufgenommen und als Spezialist ausgebildet.

Mason Parrish

STATUS: Subjekt, **geb.** 19.06.2013
FÄHIGKEIT: Wassermanipulator
TAG DER ÄNDERUNG: 2026, Stausee, 02:58 Uhr, lief über gefrorenes Wasser, welches unter seinem Gewicht nachgab. Junge überlebte. Konnte im Wasser atmen und spürte die Kälte nicht.

Mason hat eine freundliche und aufgeschlossene Persönlichkeit. Er neigt dazu, ein Lächeln auf seinem Gesicht zu tragen und viel mehr auf seine Mitmenschen zu achten als auf sich selbst. Als Subjekt ist Mason ein Realist und sehr reflektiert auf sich selbst. So macht er sich keine großen Hoffnungen, ein Leben in Freiheit zu führen. Vielmehr möchte er die Tage glücklich verbringen. Aufgrund seiner direkten und unverblümten Art ist er der perfekte Vermittler zwischen den Differenzen innerhalb seiner Einheit.

Isaac Bennet

STATUS: Subjekt, Gruppenführer Einheit 07, **geb.** 04.12.2008
FÄHIGKEIT: Empathie
TAG DER ÄNDERUNG: 2025, Chemieunfall Schulgelände, 11:05 Uhr, Subjekt verletzte sich im Unterricht. Ersthelferin schrie, als sie ihn berührte, und klagte über Kopfschmerzen. Lehrer rief NOS.

Seit seiner Jugend hält Isaac sich an die Regeln, die ihm vorgetragen werden. Er biegt sie jedoch nach seinem persönlichen Gerechtigkeitssinn. Nachdem er seine Fähigkeit entwickelt, nutzt er sie, um sich einen Vorteil zu verschaffen. So gelingt es ihm zum Beispiel, das Vertrauen seiner Ausbilder zu gewinnen, sodass er schlussendlich zum Gruppenführer ernannt wird. Dank seiner guten Menschenkenntnis sowie seinen analytischen Fähigkeiten ist Isaac ein geborener Anführer. Er plant gern alles vernünftig, um keine unnötigen Risiken einzugehen. Seine größte Furcht ist es, erneut jemanden zu verlieren, der ihm ans Herz gewachsen ist. Angetrieben von dem Gefühl, tut er alles, um seine Freunde zu beschützen.

Liam Hemfordt

STATUS: Subjekt, **geb.** 09.03.2010
FÄHIGKEIT: Feuermanipulator
TAG DER ÄNDERUNG: 2026, Gasthaus, 23:48 Uhr, Feueralarm wurde ausgelöst, Subjekt blieb als Einziger vom Feuer verschont

Liam gehört nicht zu den Menschen, die ihr Herz auf der Zunge tragen. Seine abweisende und oft barsche Art lässt ihn kaltherzig erscheinen. Er mag es nicht, wenn sich andere in seine Angelegenheiten einmischen, und hat es lieber, ungestört zu sein. Trotzdem ist er für seine Teammitglieder da und bereit, für sie bis an seine Grenzen zu gehen. Als Subjekt ist er zwar ein Naturtalent, aber wegen seines eigenen Misstrauens gegenüber NOS bleibt er im Hintergrund und verhält sich als »stiller Beobachter«.

Mitarbeiter von NOS
& sonstige Mitglieder

Neil O'Brien

STATUS: Direktor der Einrichtung von Nordamerika

Neil war Teil des Forschungsteams A und sehr eng mit Tom Young befreundet. Als er von Toms plötzlichem Tod erfuhr, wollte er sich ursprünglich von NOS abwenden, doch aus heiterem Himmel wurde er von der AUTORITÄT zum Direktor ernannt. Regelmäßig nimmt er an Konferenzen teil und betreibt in der Bevölkerung Aufklärungsarbeit zum aktuellen Stand der Verbreitung der Krankheit und dem Ergebnis des Impfstoffs. Da er vor einigen Jahren eine schwere Beinverletzung hatte, humpelt er.

Nine

STATUS: Fachausbilder in der Zweigstelle in Nordamerika

Nine besitzt einen arroganten und jähzornigen Charakter. Mit gerade einmal siebzehn Jahren absolvierte er sein Training und wurde zum jüngsten Ausbilder bei NOS ausgezeichnet. Er ist sehr streng und gilt als unbarmherziger Lehrer, der keine Grenzen kennt, um seine Schüler nach seinen Vorstellungen zu formen. Die meisten Subjekte haben Angst vor ihm. In Tobias sieht Nine einen ebenbürtigen Gegner, da dieser der Einzige ist, der ihn bislang im Zweikampf schlagen konnte.

Dr. Iva Price

STATUS: Leiterin Forschungsabteilung & Krankenstation der Zweigstelle in Nordamerika

Eine fürsorgliche Frau, die bereits zur Gründung von NOS für die AUTORITÄT forschte. Sie ist klug und wird für ihre hervorragenden analytischen Fähigkeiten wertgeschätzt. So hat sie vor einigen Jahren eine hochwirksame Salbe entwickelt, die es ermöglicht, Wunden schneller zu heilen.

Henry Marten

STATUS: Fachausbilder in der Zweistelle in Europa

Henry zeigt sehr wenig Mitgefühl und redet meist sarkastisch. Anders als die meisten anderen Ausbilder hasst er Subjekte nicht. Im Gegenteil, er findet sie äußerst nützlich. Trotzdem schreckt er nicht zurück, sie für ihre Fähigkeiten zu foltern. Oftmals führt er die Bestrafungen persönlich aus, um sich an dem Leid zu erheitern, was ihm eine sadistische Veranlagung gibt. Durch die Umstrukturierung in Europa wird Henry nach Asien versetzt.

Jackson Reed

STATUS: Kommandant der Schutzgarde in Nordamerika Unit 32

Reed ist dickköpfig, ehrgeizig und von sich selbst überzeugt. Er hasst Subjekte zutiefst und wünscht sich eine Welt, in der diese nicht länger existieren. Der Grund ist nicht bekannt. Aufgrund seiner Hingabe und Loyalität steigt er sehr schnell in die obersten Ränge auf und wird von NOS für seine Taten hoch angesehen.

Michael Koenig

STATUS: Leitender Forscher in der Zweigstelle Europa

Michael ist der Vater von Sam und Ehemann von Diane. Nachdem seine Frau bei einem Verkehrsunfall ums Leben kam, musste er seinen

Sohn allein großziehen. Bereits seit Gründung arbeitet er für NOS und steht hinter seinen Forschungen. Es wird vermutet, dass er wegen seiner Kontakte und seines Einflusses vom Widerstand entführt wurde.

Claire Kingston

STATUS: Spezialist, **geb.** 21.02.2012

Bereits in jungen Jahren übte Claire zum Spaß Nahkampf. Sie ist sehr geschickt und wird von vielen für ihre Fähigkeiten bewundert. Nachdem sie Tobias kennenlernte, ging sie mit ihm nach Nordamerika und half ihm, sich zurechtzufinden. Claire ist sehr ehrgeizig und weiß genau, was sie möchte. Daher nimmt sie auch kein Blatt vor den Mund, um ihre Gefühle zum Ausdruck zu bringen. Unter den Spezialisten zählt sie zu den Besten.

Peeta Mayls

STATUS: Subjekt, **geb.** 17.04.2017
FÄHIGKEIT: Seelengegenstand
TAG DER ÄNDERUNG: 2030, zu Hause, berührte die Kette seiner Mutter und wurde ohnmächtig. Rettungsdienst führte eine Blutprobe durch und kontaktierte NOS

Schon als Kind zeigte Peeta eine schwache Präsenz, die es ihm erlaubte, andere auszuhorchen. Daher fällt es ihm nicht sonderlich schwer, an streng vertrauliche Informationen zu kommen. Wenn er sich aktiv an Gesprächen beteiligt, redet er viel. Oft wird ihm hinterhergesagt, dass er zu viel rede. Von seinen Teammitgliedern wird er nicht sonderlich gut behandelt. Durch sie verbreitet sich das Gerücht, dass er ein Spion von NOS sein könnte.

Widerstand & Verbündete

Jonathan Redfield

Als ehemaliger Soldat erlebte er die unmenschliche Behandlung von Subjekten am eigenen Leib. Männer im Dienst von NOS verpflichten sich zu mindestens zwanzig Jahren, allerdings gelang ihm die Flucht. Seitdem ist er von der Bildfläche verschwunden und führt im Untergrund eine Gruppe Widerständler an. Er scheint Verbindungen zu Michael Koenig zu haben, die NOS auf ihn aufmerksam machen.

Caleb Ragland

Im Allgemeinen gilt er als sture und sehr zynische Person, weshalb ihn viele missverstehen. Zu Kei ist er sehr liebevoll und um seine Sicherheit besorgt. Er studierte Medizin, bis er von NOS eingezogen wurde. In der Schutzgarde war er zuerst in Asien und dann in Europa stationiert. Dort verhalf er zwei Subjekten, Levis und Karin, zur Flucht. Nachdem er Jonathan traf, beschloss er, sich seiner Bewegung anzuschließen. Er öffnete in Denver einen Nachtclub, um potenzielle Subjekte zu finden, bevor NOS es tut.

Levis

STATUS: Subjekt
FÄHIGKEIT: Schattenkontrolle

Barkeeper im Club *Mirror*. Aus Dankbarkeit für Calebs Schutz arbeitet er unentgeltlich für ihn und erledigt kleine Botengänge. Wird von NOS festgenommen und sitzt aktuell im Gefangenentrakt.

Albert

STATUS: Subjekt
FÄHIGKEIT: Spiegelauge

Türsteher im Club *Mirror* und Freund von Caleb. Unterstützt ihn bei seinen Plänen, Subjekten zu helfen. Wird von Isaac erschossen.

Kei Crown

STATUS: Subjekt
FÄHIGKEIT: Todesschrei

Kei hat einen aufgeschlossenen Charakter. Er ist zurückhaltend und scheint aus einem zerrütteten Elternhaus zu kommen. Seine Angst, andere mit seinen Fähigkeiten zu verletzen, lässt ihn die Kontrolle verlieren.

Karin Crown

Eine scharfsinnige junge Frau, die sich aufgrund ihrer Sorge um ihren jüngeren Bruder dem Widerstand anschließt, mit der alleinigen Bitte, ihn zu beschützen. Gemeinsam mit Caleb führt sie den Nachtclub. Später folgt sie ihm zum Widerstand und schließt sich denen an.

Sonstige

Mary Young

Mutter von Tobias, Tommy und Tess und Ehefrau von Tom. Sie gibt sich als ruhig und abgeklärt. Eine hilfsbereite Mutter, deren Kinder an oberster Stelle stehen. In Wirklichkeit jedoch ist sie zu Tobias ein eiskaltes Monster. Sie litt früher an mehreren psychischen Krankheiten, die sie mit Medikamenten gut in den Griff bekam, allerdings hörte sie in der ersten Schwangerschaft auf, ihren Arzt aufzusuchen. Daraus folgte ein gravierender Rückfall, sodass sie an impulsiven Wahnvorstellungen leidet, die sie gewaltsam an Tobias auslässt. Nach dem Tod ihres Ehemanns weist sie Tobias in die Nervenheilanstalt in Seoul ein, während sie mit ihren anderen beiden Kindern flüchtet. Aktuell sitzt sie im Gefängnis.

FÄHIGKEITEN

Menschen, die als Subjekt gebrandmarkt werden, erhalten in Laufe ihres Lebens einzigartige Kräfte. Es gibt passive und aktive Fähigkeiten, die je nach Energieausstoß mehr oder weniger harmlos auf den menschlichen Körper wirken.

Unsichtbarkeit, passiv

Anwender kann seinen Körper für die Augen anderer unsichtbar machen. Bei starker Konzentration ist es dem Anwender sogar möglich, eine oder mehrere Personen in die Unsichtbarkeit miteinzubeziehen.

Dehydration, aktiv

Das Subjekt ist in der Lage, mit einer einzigen Berührung Lebewesen sowie Dingen das Wasser zu entziehen. Angewendet auf einen Menschen kann dies tödlich enden. Zuerst wird der Mund trocken, dann folgt ein Gefühl von Schwäche, bis der Gegner das Bewusstsein verliert. Bei Regen verstärkt sich die Kraft des Anwenders.

Feuermanipulator, aktiv

Elementare Angriffe mithilfe einer Feuerquelle möglich. Der Anwender kann seine Gestalt in Feuer hüllen und das Element nach seinen Vorstellungen formen. So kann das Feuer zu einer gewaltigen Kugel gebündelt werden. Hitzebeständig. Bei feuchter Umgebung oder Regen sind die Kräfte unwirksam.

Wassermanipulator, aktiv

Anwender kann mithilfe einer Wasserquelle elementare Angriffe ausführen. Er kann seine Gestallt in Wasser hüllen und deren Form sowie Temperatur nach Belieben verändern. Kälteresistent. Bei hohen Temperaturen verliert die Fähigkeit an Wirkung.

Agilität, aktiv

Kann sich um einiges schneller bewegen als andere, sodass er für das bloße Auge eine Zeitlang unsichtbar ist. Zudem hat der Anwender eine höhere Ausdauer und ist in der Lage, an Wänden entlangzulaufen.

Teleportation, aktiv

Dem Anwender ist es möglich, sich und andere innerhalb weniger Sekunden von Ort zu Ort zu bewegen. Kann zudem Gegenstände bei Berührung wegteleportieren. Erfordert eine hohe Regenerationsphase aufgrund des enormen Energieverbrauchs.

Empathie, passiv

Ist eine Fähigkeit, die es dem Anwender erlaubt, Gefühle und starke Erinnerungen nachzuempfinden. Bei hoher Ausprägung ist es möglich, Dinge zu hören, die gesagt wurden, zu sehen, was bereits geschehen ist, und zu fühlen, welche Emotionen in einem vorgehen. Erlaubt dem Anwender, telepathisch mit jemanden zu kommunizieren, zu dem er eine starke Bindung aufgebaut hat. Menschen mit ausgeprägtem Willen widersetzen sich der Kraft.

Todesschrei, aktiv

Anwender stößt einen entsetzlichen Klageschrei aus, der Gegner völlig orientierungslos macht. Je nach Stärke kann er seinen Gegner töten.

Schattenkontrolle, aktiv

Anwender kann seinen eigenen Schatten manipulieren und an andere binden, um ihre Bewegungen einzuschränken.

Spiegelauge, passiv

Sieht die Energieströme, die beim Einsetzen einer Fähigkeit aus dem Körper austreten, sodass selbst Gegner, die fürs menschliche Auge nicht sichtbar sind, für den Anwender zu sehen sind.

Gegenstände

Armband

Eine Erfindung von Michael Koenig mit dem Zweck, den Energieausstoß von Subjekten beim Einsetzen ihrer Fähigkeiten zu drosseln, um einen Kontrollverlust zu vermeiden. Die Funktion wurde später von NOS erweitert, sodass es möglich ist, die Fähigkeiten komplett zu blocken. Dank der ID und dem Tracker können die Träger weltweit überwacht werden. Das Entfernen des Armbands ist nur mithilfe eines Disruptors möglich – ein Gerät, welches die Funktionen deaktiviert. Erst nach Eingabe eines sechsstelligen Sicherheitscodes lässt sich der Verschluss lösen.

Das Armband kann über verschiedene Freigaben reguliert werden:

ROT - gesuchtes Subjekt, abtrünnig, Schussfreigabe, Fähigkeiten werden blockiert

SCHWARZ - Neuankömmling, kein Ausgang, kann Fähigkeiten nicht benutzen

GRÜN - registriertes Subjekt, darf sich auf dem Gelände der Einrichtung frei bewegen, kann Fähigkeit bedingt und unter hoher Konzentration einsetzen

BLAU - Einzelhaft, kein Ausgang, Überwachung durch Aufseher, Fähigkeiten werden blockiert

GELB - Reiseerlaubnis, ausschließlich auf Missionen beschränkt, Level der Freigabe der Fähigkeiten kann auf 5 Stufen geregelt werden. Stufe 5 erlaubt den uneingeschränkten Zugriff (wird sehr selten vergeben).

Drohne Typ-A587

Begleiter der Schutzgarde. Dienen der reinen Überwachung von Subjekten auf Missionen und zeichnen ihren Verlauf auf. Mithilfe ihrer Nachtkamera nehmen sie selbst kleinste Bewegungen in weiter Entfernung bei Dunkelheit wahr. Sind an NOS-Betriebssystem angeschlossen, sodass jeder Mitarbeiter Zugriff auf die Bilder und Daten hat. Dank des eingebauten Projektors können die Hologramm-Aufnahmen bereits vor Ort abgespielt werden. Die Akkulaufzeit beträgt 20 Stunden.

Mirror's Dreams

Ein Cocktail, der durch seine violette Farbe heraussticht. Besteht unter anderem aus Wodka, Blue Curaçao, Grenadinesirup, Zitronensaft und Zitronenlimonade mit Sprudel. In dem Getränk befindet sich zudem eine geruchsneutrale Droge, die bei Subjekten hochwirksam ist. Sie versetzt sie in eine Art Rauschzustand, sodass sie unter der normalen Bevölkerung leichter zu identifizieren sind.

Disziplinarpeitsche

Eine Schlagwaffe mit mehreren Riemen aus geflochtenem Leder. In der Regel reichen wenige Schläge aus, um höllische Schmerzen zu verursachen. Der Heilprozess ist langwierig, weshalb NOS befielt, in einem angemessenen Verhältnis zur Strafe die Anzahl der Hiebe zu verordnen.

TRIGGERWARNUNG

- Darstellung von Gewalt
- Mord
- Blut
- Panikattacken
- Kindesmissbrauch/häusliche Gewalt
- Manische Episoden
- Menschliche Experimente
- Folter
- Vulgäre Sprache
- Manipulation